개념 완성 문항편

과학탐구영역

물리학 Ⅰ

KB211571

정답과 해설 PDF 파일은 EBS*i* 사이트(www.ebsi.co.kr)에서 다운로드 받으실 수 있습니다.

EBS*i* 사이트에서 본 교재의 문항별 해설 강의 검색 서비스를 제공하고 있습니다.

교재
내용
문의
교재 및 강의 내용 문의는 EBS*i* 사이트 (www.ebsi.co.kr)의 학습 Q&A 서비스를 활용하시기 바랍니다.

교재
정오표
공지
발행 이후 발견된 정오 사항을 EBS*i* 사이트 정오표 코너에서 알려 드립니다.
교재 ▶ 교재 자료실 ▶ 교재 정오표

교재
정정
신청
공지된 정오 내용 외에 발견된 정오 사항이 있다면 EBS*i* 사이트를 통해 알려 주세요.
교재 ▶ 교재 정정 신청

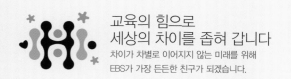

교육의 힘으로
세상의 차이를 좁혀 갑니다
차이가 차별로 이어지지 않는 미래를 위해
EBS가 가장 든든한 친구가 되겠습니다.

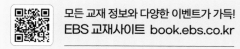

모든 교재 정보와 다양한 이벤트가 가득!
EBS 교재사이트 book.ebs.co.kr

기획 및 개발

오창호

집필 및 검토

김대현(창현고등학교)
민병도(부산외국어고등학교)
신찬욱(안양외국어고등학교)

검토

김경철
김형섭
남종민
민보경
박수환
박종웅

편집 검토

박은경 손익희

본 교재의 강의는 TV와 모바일 APP, EBS*i* 사이트(www.ebsi.co.kr)에서 무료로 제공됩니다.

발행일 2018. 12. 10. **12쇄 인쇄일** 2025. 2. 13. **신고번호** 제2017-000193호 **펴낸곳** 한국교육방송공사 경기도 고양시 일산동구 한류월드로 281
표지디자인 디자인싹 **인쇄** 동아출판㈜ **편집** 다우
인쇄 과정 중 잘못된 교재는 구입하신 곳에서 교환하여 드립니다. 신규 사업 및 교재 광고 문의 pub@ebs.co.kr

개념
완성
문항편

과학탐구영역

물리학 I

STRUCTURE

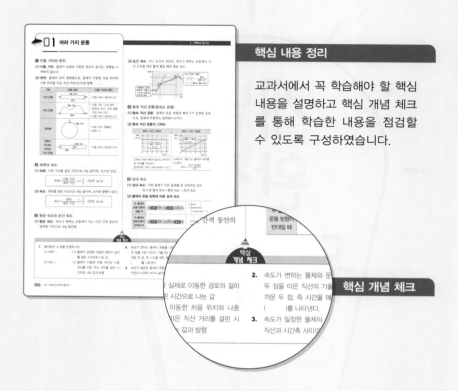

핵심 내용 정리

교과서에서 꼭 학습해야 할 핵심 내용을 설명하고 핵심 개념 체크를 통해 학습한 내용을 점검할 수 있도록 구성하였습니다.

핵심 개념 체크

출제 예상 문제

교과서 내용을 학습한 후 시험 대비를 위해 출제 빈도가 높은, 꼭 풀어 봐야 할 문제들로 구성하였습니다.

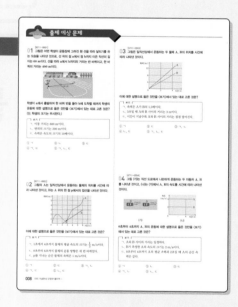

서답형 문제

내신평가의 서술형 문제와 단답형 문제에 대비할 수 있는 우수하고 유용한 문제들로 구성하였습니다.

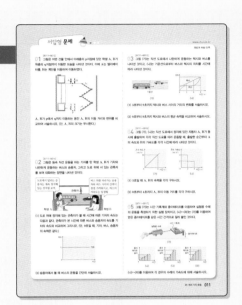

대단원 종합 문제

단원 전체에 대한 종합적인 문제 풀이로 앞서 학습한 내용을 최종 마무리할 수 있도록 다양한 문제를 수록하였습니다. 후반부에 고난도 문제를 배치하여 시험 공부에 최대한 대비할 수 있도록 구성하였습니다.

고난도 문제

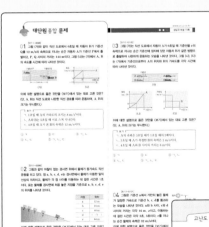

CONTENTS

차례와 우리 학교 교과서 비교

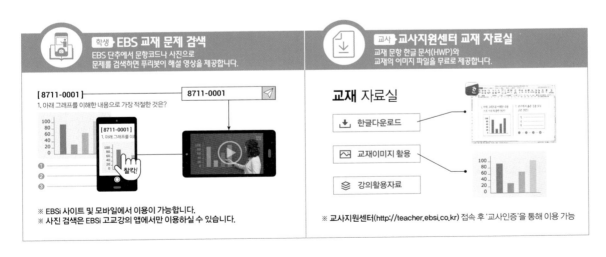

01 여러 가지 운동

1 이동 거리와 변위

(1) 이동 거리: 물체가 실제로 이동한 경로의 길이로, 방향을 고려하지 않는다.

(2) 변위: 물체의 위치 변화량으로, 물체가 이동한 처음 위치와 나중 위치를 이은 직선 거리(크기)와 방향

구분	운동 경로	이동 거리와 변위
직선 운동	A ———— B (이동 거리, 변위)	• 이동 거리＝변위의 크기
곡선 운동	A ～～ B (이동 거리, 변위)	• 이동 거리: 곡선 경로 • 변위의 크기: A와 B를 이은 직선 거리 • 이동 거리＞변위의 크기
원운동	A (원, 이동 거리)	• 이동 거리: 원둘레 • 변위: 0
방향이 반대로 바뀌는 직선 운동	A — B (이동 거리, 변위)	• 이동 거리＞변위의 크기

2 속력과 속도

(1) 속력: 이동 거리를 걸린 시간으로 나눈 값이며, 크기만 있다.

$$속력＝\frac{이동\ 거리}{걸린\ 시간},\ v=\frac{s}{t}\quad (단위:\ m/s)$$

(2) 속도: 변위를 걸린 시간으로 나눈 값이며, 크기와 방향이 있다.

$$속도＝\frac{변위}{걸린\ 시간},\ \vec{v}=\frac{\vec{s}}{t}\quad (단위:\ m/s)$$

3 평균 속도와 순간 속도

(1) 평균 속도: 속도가 변하는 운동에서 어느 시간 간격 동안의 변위를 시간으로 나눈 물리량

(2) 순간 속도: 어느 순간의 속도로, 속도가 변하는 운동에서 시간 간격을 매우 짧게 했을 때의 평균 속도

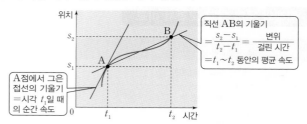

4 등속 직선 운동(등속도 운동)

(1) 등속 직선 운동: 물체의 운동 방향과 빠르기가 일정한 운동으로, 물체에 작용하는 알짜힘이 0이다.

(2) 등속 직선 운동의 그래프

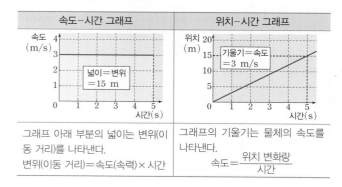

속도－시간 그래프	위치－시간 그래프
그래프 아래 부분의 넓이는 변위(이동 거리)를 나타낸다. 변위(이동 거리)＝속도(속력)×시간	그래프의 기울기는 물체의 속도를 나타낸다. 속도＝$\frac{위치\ 변화량}{시간}$

5 상대 속도

(1) 상대 속도: 어떤 물체가 다른 물체를 본 상대적인 속도

A가 본 B의 속도＝B의 속도－A의 속도

(2) 물체의 운동 방향에 따른 상대 속도

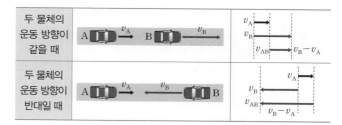

두 물체의 운동 방향이 같을 때	
두 물체의 운동 방향이 반대일 때	

핵심 개념 체크

정답과 해설 02쪽

1. 물리량과 그 뜻을 연결하시오.

(1) 속력 •

(2) 속도 •

• ㉠ 물체가 실제로 이동한 경로의 길이를 걸린 시간으로 나눈 값

• ㉡ 물체가 이동한 처음 위치와 나중 위치를 이은 직선 거리를 걸린 시간으로 나눈 값과 방향

2. 속도가 변하는 물체의 운동을 나타낸 위치－시간 그래프에서 두 점을 이은 직선의 기울기는 (   )를 나타내고, 매우 가까운 두 점, 즉 시간을 매우 짧게 하여 이은 직선의 기울기는 (   )를 나타낸다.

3. 속도가 일정한 물체의 운동을 나타낸 속도－시간 그래프에서 직선과 시간축 사이의 넓이는 물체의 (   )를 나타낸다.

6 가속도

(1) 가속도: 속도 변화량을 걸린 시간으로 나눈 값으로, 크기와 방향이 있다.

$$\text{가속도}=\frac{\text{속도 변화량}}{\text{걸린 시간}}=\frac{\text{나중 속도}-\text{처음 속도}}{\text{걸린 시간}}$$
$$\vec{a}=\frac{\Delta\vec{v}}{\Delta t} \quad (\text{단위}: \text{m/s}^2)$$

(2) 평균 가속도와 순간 가속도

① 평균 가속도: 어느 시간 동안의 평균적인 가속도

$$\bar{a}=\frac{\text{속도 변화량}}{\text{걸린 시간}}=\frac{\overline{BC}}{\overline{AC}}$$

② 순간 가속도: 곡선 위의 한 점에서 그은 접선의 기울기

$$a=\frac{\overline{CD}}{\overline{AC}}$$

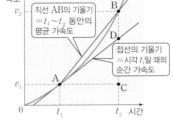

(3) 속도와 가속도의 관계: 가속도와 속도의 방향이 같을 때는 속도의 크기가 증가하고, 가속도와 속도의 방향이 반대일 때는 속도의 크기가 감소한다.

$a>0$		$a<0$	
$v>0$	$v<0$	$v>0$	$v<0$
속도 크기 증가	속도 크기 감소	속도 크기 감소	속도 크기 증가

7 등가속도 직선 운동

(1) 등가속도 직선 운동: 물체에 작용하는 알짜힘이 일정할 때 시간에 따라 속도가 일정하게 변하는 운동 예 자유 낙하 운동, 마찰이 없는 빗면을 미끄러져 내려오는 물체의 운동, 연직 위로 던진 물체의 운동 등

(2) 등가속도 직선 운동의 관계식: s(변위), v_0(처음 속도), v(나중 속도), a(가속도), t(시간) 사이의 관계는 다음과 같다.

$$v=v_0+at,\ s=v_0t+\frac{1}{2}at^2,\ v^2-v_0^2=2as$$

(3) 등가속도 직선 운동의 그래프

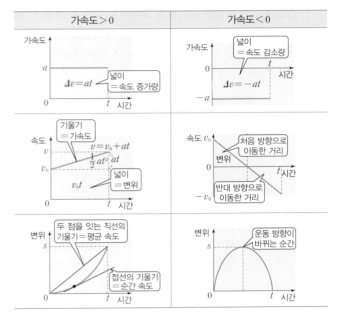

(4) 평균 속도와 이동 거리: 한 방향으로 등가속도 직선 운동을 하는 물체의 이동 거리는 평균 속도와 시간의 곱과 같다.

$$\text{평균 속도}=\frac{\text{처음 속도}+\text{나중 속도}}{2}$$
$$\text{이동 거리}=\text{평균 속도}\times\text{시간}$$

8 여러 가지 운동

속력은 일정하고 방향만 변하는 운동	예 등속 원운동 • 속력: 항상 일정 • 운동 방향: 접선 방향으로 매 순간 변한다.	(중심)
속력과 방향이 모두 변하는 운동	예 진자 운동 • 속력: 양 끝에서 0, 연직 방향이 되는 순간 최대 • 운동 방향: 매 순간 변한다.	
	예 비스듬히 던져 올린 물체의 운동(포물선 운동) • 수평 방향: 등속 직선 운동 • 연직 방향: 위로 던진 물체의 운동	속력 일정 속력 감소 ↗ ↘ 속력 증가

핵심 개념 체크

정답과 해설 02쪽

4. ( )는 속도 변화량을 시간으로 나눈 물리량으로, 크기와 ( )을 갖는다.

5. 물체의 가속도가 속도와 같은 방향이면 물체의 속도의 크기는 ( )하고, 물체의 가속도가 속도와 반대 방향이면 물체의 속도의 크기는 ( )한다.

6. 물체에 작용하는 알짜힘이 일정할 때 물체는 ( ) 직선 운동을 한다.

7. 지면으로부터 높이가 5 m인 지점에서 가만히 놓은 물체가 지면에 도달하는 순간의 속력은 ( ) m/s이다. (단, 중력 가속도는 10 m/s²이다.)

8. 일직선상에서 2 m/s의 일정한 속력으로 운동하는 물체에 운동 방향으로 일정한 힘을 작용하여 4초 후에 물체의 속력이 10 m/s가 되었을 때, 물체가 이동한 거리는 ( ) m이다.

9. 등속 원운동은 ( )은 일정하고, 방향만 변하는 운동이다.

01 [8711-0001] 그림은 어떤 학생이 운동장에 그려진 흰 선을 따라 달리기를 하는 모습을 나타낸 것으로, 선 위의 점 a에서 점 b까지 이은 직선의 길이는 60 m이다. 선을 따라 a에서 b까지의 거리는 반 바퀴이고, 한 바퀴의 거리는 400 m이다.

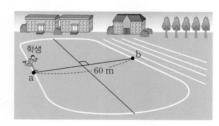

학생이 a에서 출발하여 한 바퀴 반을 돌아 b에 도착할 때까지 학생의 운동에 대한 설명으로 옳은 것만을 〈보기〉에서 있는 대로 고른 것은? (단, 학생의 크기는 무시한다.)

┌─ 보기 ┌─
ㄱ. 이동 거리는 600 m이다.
ㄴ. 변위의 크기는 200 m이다.
ㄷ. 속력은 속도의 크기의 10배이다.
└──────

① ㄱ   ② ㄴ   ③ ㄷ
④ ㄱ, ㄷ   ⑤ ㄱ, ㄴ, ㄷ

02 [8711-0002] 그림의 A는 일직선상에서 운동하는 물체의 위치를 시간에 따라 나타낸 것이고, B는 A 위의 한 점 p에서의 접선을 나타낸 것이다.

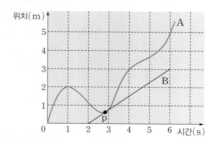

이에 대한 설명으로 옳은 것만을 〈보기〉에서 있는 대로 고른 것은?

┌─ 보기 ┌─
ㄱ. 1초에서 4초까지 물체의 평균 속도의 크기는 $\frac{1}{3}$ m/s이다.
ㄴ. 0초부터 6초까지 물체의 운동 방향은 세 번 바뀌었다.
ㄷ. p를 지나는 순간 물체의 속력은 1 m/s이다.
└──────

① ㄱ   ② ㄷ   ③ ㄱ, ㄴ
④ ㄱ, ㄷ   ⑤ ㄴ, ㄷ

03 [8711-0003] 그림은 일직선상에서 운동하는 두 물체 A, B의 위치를 시간에 따라 나타낸 것이다.

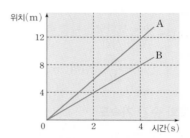

이에 대한 설명으로 옳은 것만을 〈보기〉에서 있는 대로 고른 것은?

┌─ 보기 ┌─
ㄱ. 속력은 A가 B의 1.5배이다.
ㄴ. 3초일 때 A와 B 사이의 거리는 3 m이다.
ㄷ. 시간이 지날수록 A와 B 사이의 거리는 점점 멀어진다.
└──────

① ㄱ   ② ㄷ   ③ ㄱ, ㄴ
④ ㄴ, ㄷ   ⑤ ㄱ, ㄴ, ㄷ

04 [8711-0004] 그림 (가)는 직선 도로에서 나란하게 운동하는 두 자동차 A, B를 나타낸 것이고, (나)는 (가)에서 A, B의 속도를 시간에 따라 나타낸 것이다.

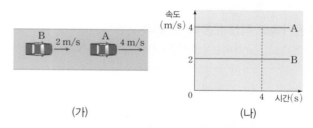

(가)   (나)

0초부터 4초까지 A, B의 운동에 대한 설명으로 옳은 것만을 〈보기〉에서 있는 대로 고른 것은?

┌─ 보기 ┌─
ㄱ. A와 B 사이의 거리는 일정하다.
ㄴ. B가 측정한 A의 속도의 크기는 2 m/s이다.
ㄷ. 0초부터 4초까지 A의 평균 속력과 2초일 때 A의 순간 속력은 같다.
└──────

① ㄱ   ② ㄴ   ③ ㄷ
④ ㄱ, ㄴ   ⑤ ㄴ, ㄷ

05 [8711-0005] 그림 (가)는 직선 도로를 따라 서로 반대 방향으로 운동하는 자동차 A, B를 나타낸 것으로, A, B의 속력은 각각 2 m/s, 3 m/s이고, A와 B 사이의 거리는 15 m이다. 그림 (나)는 (가)에서 A와 B 사이의 거리가 15 m인 순간을 0초로 하여 A, B의 속도를 시간에 따라 나타낸 것이다.

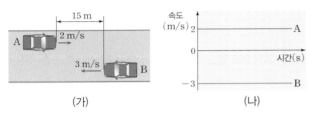

(가)　　　　　(나)

이에 대한 설명으로 옳은 것만을 〈보기〉에서 있는 대로 고른 것은? (단, A, B의 크기는 무시한다.)

보기
ㄱ. A가 측정한 B의 속력은 1 m/s이다.
ㄴ. A와 B는 3초일 때 스쳐 지나간다.
ㄷ. 6초일 때 A와 B 사이의 거리는 10 m이다.

① ㄱ　　　　② ㄴ　　　　③ ㄷ
④ ㄱ, ㄴ　　　⑤ ㄴ, ㄷ

06 [8711-0006] 그림은 일직선상에서 $-x$ 방향으로 각각 8 m/s, 6 m/s의 속력으로 운동하는 자동차 A, B와 $+x$ 방향으로 10 m/s의 속력으로 운동하는 자동차 C를 나타낸 것이다.

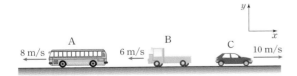

이에 대한 설명으로 옳은 것만을 〈보기〉에서 있는 대로 고른 것은?

보기
ㄱ. A가 측정할 때 B와 C의 운동 방향은 같다.
ㄴ. B가 측정할 때 C의 속력은 A의 속력의 8배이다.
ㄷ. C가 측정할 때 A와 B 사이는 1초마다 2 m씩 멀어진다.

① ㄱ　　　　② ㄴ　　　　③ ㄷ
④ ㄱ, ㄴ　　　⑤ ㄱ, ㄴ, ㄷ

07 [8711-0007] 그림은 일직선상에서 운동하는 물체의 속도를 시간에 따라 나타낸 것이다.

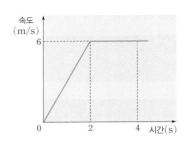

이에 대한 설명으로 옳은 것만을 〈보기〉에서 있는 대로 고른 것은?

보기
ㄱ. 1초일 때 물체의 가속도의 크기는 3 m/s²이다.
ㄴ. 물체의 이동 거리는 0초부터 2초까지와 2초부터 4초까지가 같다.
ㄷ. 0초부터 4초까지 물체의 평균 속력은 4.5 m/s이다.

① ㄱ　　　　② ㄴ　　　　③ ㄷ
④ ㄱ, ㄷ　　　⑤ ㄱ, ㄴ, ㄷ

08 [8711-0008] 그림 (가)는 직선 도로에서 자동차 B가 기준선 P를 4 m/s의 속력으로 통과하는 순간 P에 정지해 있던 자동차 A가 출발하는 것을 나타낸 것이고, (나)는 (가)에서 도로와 나란하게 운동하는 A, B의 속도를 P를 통과하는 순간부터 시간에 따라 나타낸 것이다. A, B는 각각 등가속도 직선 운동을 한다.

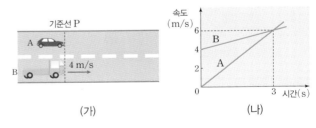

(가)　　　　　(나)

이에 대한 설명으로 옳은 것만을 〈보기〉에서 있는 대로 고른 것은? (단, A, B의 크기는 무시한다.)

보기
ㄱ. 1초일 때 가속도의 크기는 A가 B보다 크다.
ㄴ. 3초일 때 B는 A보다 6 m 앞에 있다.
ㄷ. 7초일 때 A는 B를 스쳐 지나간다.

① ㄱ　　　　② ㄴ　　　　③ ㄱ, ㄴ
④ ㄴ, ㄷ　　　⑤ ㄱ, ㄴ, ㄷ

09 [8711-0009] 그림 (가), (나)는 각각 물체 A, B가 거리 L만큼 이동하는 동안 0.1초 간격으로 A, B를 찍은 다중 섬광 사진을 나타낸 것으로, A는 등가속도 직선 운동을 하고, B는 등속 직선 운동을 한다.

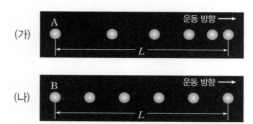

이에 대한 설명으로 옳은 것만을 〈보기〉에서 있는 대로 고른 것은? (단, 물체의 크기는 무시한다.)

┌─ 보기 ┐
ㄱ. A의 가속도 방향과 운동 방향은 같다.
ㄴ. A와 B의 평균 속력은 같다.
ㄷ. 시간이 지날수록 0.1초마다 A가 이동한 거리의 차이는 점점 감소한다.
└────────┘

① ㄱ   ② ㄴ   ③ ㄷ
④ ㄱ, ㄴ   ⑤ ㄴ, ㄷ

10 [8711-0010] 그림은 마찰이 없고 경사각이 일정한 경사면 위에서 등가속도 직선 운동을 하는 물체를 0.1초 간격으로 나타낸 것이고, 표는 물체가 기준선 P를 지나는 순간을 0초로 하여 0.1초 간격으로 물체의 위치를 기록한 것이다.

시간(s)	0	0.1	0.2	0.3	0.4	0.5
위치(cm)	0	1	5	(㉠)	22	35

이에 대한 설명으로 옳은 것만을 〈보기〉에서 있는 대로 고른 것은? (단, 물체의 크기는 무시한다.)

┌─ 보기 ┐
ㄱ. ㉠은 10이다.
ㄴ. 가속도의 크기는 3 m/s²이다.
ㄷ. 0.5초인 순간 물체의 속력은 1.5 m/s이다.
└────────┘

① ㄴ   ② ㄷ   ③ ㄱ, ㄴ
④ ㄴ, ㄷ   ⑤ ㄱ, ㄴ, ㄷ

11 [8711-0011] 그림은 정지해 있던 물체가 출발하여 일직선상에서 운동할 때 물체의 가속도를 시간에 따라 나타낸 것이다.

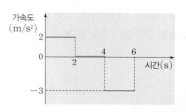

이에 대한 설명으로 옳은 것만을 〈보기〉에서 있는 대로 고른 것은?

┌─ 보기 ┐
ㄱ. 0초부터 4초까지 물체의 평균 속력은 3 m/s이다.
ㄴ. 5초일 때 물체의 운동 방향은 처음 운동 방향과 반대 방향 이다.
ㄷ. 0초부터 6초까지 물체의 변위의 크기는 14 m이다.
└────────┘

① ㄱ   ② ㄴ   ③ ㄷ
④ ㄱ, ㄷ   ⑤ ㄱ, ㄴ, ㄷ

12 [8711-0012] 그림 (가), (나)는 정지해 있던 두 물체 A, B가 일직선상에서 각각 운동을 시작한 순간부터 A의 속도와 B의 가속도를 각각 시간에 따라 나타낸 것이다.

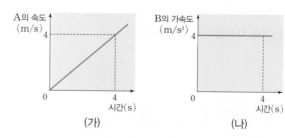

이에 대한 설명으로 옳은 것만을 〈보기〉에서 있는 대로 고른 것은?

┌─ 보기 ┐
ㄱ. 가속도의 크기는 A가 B보다 작다.
ㄴ. 0초부터 4초까지 이동한 거리는 B가 A의 2배이다.
ㄷ. 4초일 때 속력은 A와 B가 같다.
└────────┘

① ㄱ   ② ㄴ   ③ ㄷ
④ ㄱ, ㄴ   ⑤ ㄱ, ㄷ

01 [8711-0013]
그림은 어떤 건물 안에서 아래층의 p지점에 있던 학생 A, B가 위층의 q지점까지 이동한 모습을 나타낸 것이다. 이때 A는 엘리베이터를, B는 계단을 이용하여 이동하였다.

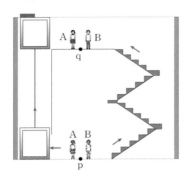

A, B가 p에서 q까지 이동하는 동안 A, B의 이동 거리와 변위를 비교하여 서술하시오. (단, A, B의 크기는 무시한다.)

02 [8711-0014]
그림은 등속 직선 운동을 하는 기차를 탄 학생 A, B가 기차와 나란하게 운동하는 버스와 승용차, 그리고 도로 위에 서 있는 관측자를 보며 대화하는 장면을 나타낸 것이다.

(1) 도로 위에 정지해 있는 관측자가 볼 때 시간에 따른 기차의 속도는 다음과 같다. 관측자가 본 시간에 따른 버스와 승용차의 속도를 기차의 속도와 비교하여 그리시오. (단, 0초일 때, 기차, 버스, 승용차의 속력은 같다.)

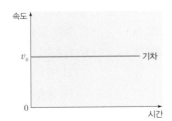

(2) 승용차에서 볼 때 버스의 운동을 간단히 서술하시오.

03 [8711-0015]
그림 (가)는 직선 도로에서 나란하게 운동하는 택시와 버스를 나타낸 것이고, (나)는 기준선으로부터 버스와 택시의 위치를 시간에 따라 나타낸 것이다.

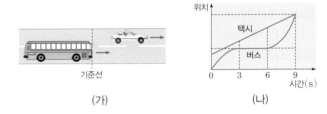

(1) 3초부터 9초까지 택시와 버스 사이의 거리의 변화를 서술하시오.

(2) 0초부터 9초까지 택시와 버스의 평균 속력을 비교하여 서술하시오.

04 [8711-0016]
그림 (가), (나)는 직선 도로에서 정지해 있던 자동차 A, B가 동시에 출발하여 각각 직선 도로를 따라 운동할 때, 출발한 순간부터 A의 속도와 B의 가속도를 각각 시간에 따라 나타낸 것이다.

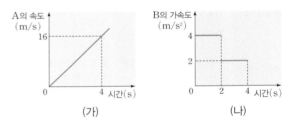

(1) 3초일 때 A, B의 속력을 각각 구하시오.

(2) 0초부터 4초까지 A, B의 이동 거리를 각각 구하시오.

05 [8711-0017]
그림 (가)는 시간 기록계와 종이테이프를 이용하여 실험용 수레의 운동을 측정하기 위한 실험 장치이고, (나)~(라)는 (가)를 이용하여 얻은 종이테이프를 같은 시간 간격으로 잘라 붙인 것이다.

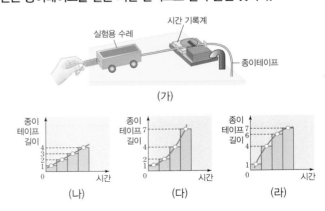

(나)~(라)를 이용하여 각 경우의 수레의 가속도에 대해 서술하시오.

1 힘의 정의

(1) 힘: 물체의 모양이나 운동 상태를 변화시키는 원인

(2) 힘의 단위: N(뉴턴), kgf(킬로그램힘) ➡ 1 kgf≒9.8 N

(3) 힘의 표시: 힘의 3요소인 힘의 크기, 힘의 방향, 힘의 작용점으로 나타낸다.

힘의 크기 / 힘의 방향 / 힘의 작용선 / 힘의 작용점

2 힘의 합력(알짜힘)과 평형

(1) 합력(알짜힘): 물체에 여러 힘이 작용할 때 이 힘들과 같은 효과를 내는 하나의 힘을 합력이라 하고, 한 물체에 작용하는 모든 힘의 합력을 알짜힘이라고 한다.

(2) 힘의 합성: 합력을 구하는 것

구분	두 힘이 같은 방향으로 작용할 때	두 힘이 반대 방향으로 작용할 때
힘의 합성	F_1 F_2 / F_1 F_2 / $F=F_1+F_2$	F_2 F_1 / F_1 / F_2 / $F=F_1-F_2$
합력의 크기	두 힘의 크기를 더한 것과 같다.	큰 힘의 크기에서 작은 힘의 크기를 뺀 것과 같다.
합력의 방향	두 힘의 방향과 같다.	큰 힘의 방향과 같다.

(3) 힘의 평형: 한 물체에 작용하는 여러 힘들의 합이 0인 경우이다. ➡ 두 힘이 평형을 이루려면 두 힘의 크기가 같고, 방향이 서로 반대이며, 두 힘이 일직선상에서 작용해야 한다.

3 뉴턴 운동 법칙

(1) 관성 법칙(뉴턴 운동 제1법칙): 물체에 작용하는 알짜힘이 0이면 정지해 있는 물체는 계속 정지해 있고, 운동 중인 물체는 계속 등속 직선 운동을 한다.

① 관성: 물체가 원래의 상태를 계속 유지하려는 성질

② 관성의 크기: 질량이 클수록 관성이 크다. ➡ 물체의 질량이 클수록 운동 상태를 변화시키기가 어렵다.

(2) 가속도 법칙(뉴턴 운동 제2법칙): 물체의 가속도는 물체에 작용한 알짜힘에 비례하고, 물체의 질량에 반비례한다.

$$가속도(a)=\frac{알짜힘(F)}{질량(m)} \Rightarrow F=ma$$

① 힘, 가속도, 질량의 관계

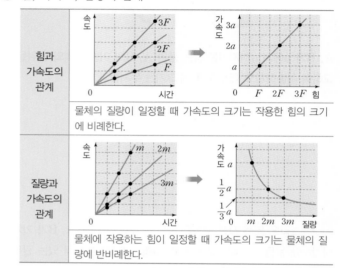

물체의 질량이 일정할 때 가속도의 크기는 작용한 힘의 크기에 비례한다.

물체에 작용하는 힘이 일정할 때 가속도의 크기는 물체의 질량에 반비례한다.

② 운동 방정식 정리: 물체 A와 B를 하나의 물체처럼 생각한다.

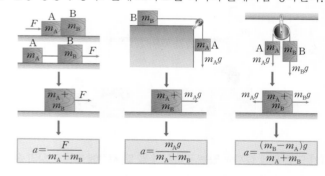

$$a=\frac{F}{m_A+m_B}$$

$$a=\frac{m_A g}{m_A+m_B}$$

$$a=\frac{(m_B-m_A)g}{m_A+m_B}$$

핵심 개념 체크

정답과 해설 04쪽

1. 힘의 3요소는 (　　), (　　), (　　)이다.

2. 한 물체에 작용하는 여러 힘의 합이 0일 때 물체의 상태로 가능한 것만을 〈보기〉에서 있는 대로 고르시오.

　┌ 보기 ┐
　ㄱ. 정지　　ㄴ. 진자 운동　　ㄷ. 등속 직선 운동
　ㄹ. 회전 운동　ㅁ. 포물선 운동　ㅂ. 등가속도 직선 운동

3. 물체가 원래 상태를 유지하려는 성질을 (　　)이라 하고, (　　)이 클수록 물체의 운동 상태를 변화시키기가 어렵다.

4. 뉴턴 운동 법칙과 그 내용을 연결하시오.

(1) 뉴턴 운동 제1법칙 •

(2) 뉴턴 운동 제2법칙 •

(3) 뉴턴 운동 제3법칙 •

• ㉠ 힘은 항상 쌍으로 작용한다.

• ㉡ 물체에 작용하는 알짜힘의 크기가 0이면 물체는 원래의 운동 상태를 유지한다.

• ㉢ 물체의 가속도는 물체에 작용한 알짜힘에 비례하고, 물체의 질량에 반비례한다.

(3) 작용 반작용 법칙(뉴턴 운동 제3법칙): 한 물체가 다른 물체에 힘을 가하면 힘을 받은 물체도 힘을 가한 물체에 크기가 같고 방향이 반대인 힘을 동시에 가한다.

$$F_{AB} = -F_{BA}$$

- 작용 반작용과 두 힘의 평형

구분	작용 반작용	두 힘의 평형
공통점	두 힘의 크기가 같고, 방향이 반대이며, 같은 작용선상에서 작용한다.	
차이점	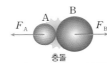 • 두 힘의 작용점이 서로 다른 두 물체에 있다. • 두 힘을 합성할 수 없다.	• 두 힘의 작용점이 한 물체에 있다. • 두 힘을 합성할 수 있다.

4 운동량과 충격량

(1) 운동량(p): 물체의 질량(m)과 속도(v)를 곱한 값으로, 크기와 방향을 갖는다.

$$운동량 = 질량 \times 속도$$
$$p = mv \; (단위:\; kg \cdot m/s)$$

(2) 충격량(I): 물체에 작용한 힘(F)과 충돌 시간(t)을 곱한 값으로, 크기와 방향을 갖는다.

$$충격량 = 힘 \times 시간$$
$$I = F\varDelta t \; (단위:\; N \cdot s,\; kg \cdot m/s)$$

① **힘-시간 그래프:** 그래프 아래 부분의 넓이는 충격량을 나타낸다.
② **충격력(평균 힘):** 물체에 충격이 가해지는 동안 작용한 힘

$$충격력(평균\;힘) = \frac{충격량}{시간}, \quad F = \frac{I}{\varDelta t} \quad (단위:\; N)$$

(3) 운동량과 충격량의 관계

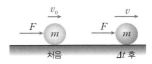

① 질량이 m인 물체에 일정한 힘 F가 시간 $\varDelta t$ 동안 작용하여 속도가 v_0에서 v가 되었을 때 운동 방정식은 $F = ma = m\left(\dfrac{v - v_0}{\varDelta t}\right)$이므로

$$F\varDelta t = mv - mv_0 = \varDelta p$$

이다. 따라서 충격량(I)은 운동량의 변화량($\varDelta p$)과 같다.

$$I = F\varDelta t = \varDelta p$$

② 물체에 작용하는 힘이 일정할 때 힘이 작용하는 시간이 길수록 물체가 받은 충격량의 크기가 증가한다.
　예 • 포신이 길수록 포탄이 멀리 날아간다.
　　　• 야구 선수가 공을 끝까지 밀어 준다.(follow through)

③ 충격량이 같을 때 충돌 시간이 길수록 물체가 받는 충격력의 크기가 작다. 예 에어백, 범퍼, 글러브, 헬멧 등

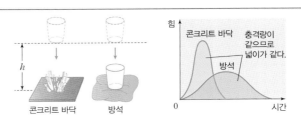

같은 높이에서 낙하한 유리컵이 받은 충격량은 같으나 유리컵이 받는 충격력의 크기는 콘크리트 바닥에서가 방석 위에서보다 크다.

5 운동량 보존 법칙
외력이 작용하지 않을 때 두 물체가 충돌한 경우 충돌 전 운동량의 합은 충돌 후 운동량의 합과 같다.

$$충돌\;전\;운동량의\;합 = 충돌\;후\;운동량의\;합$$
$$m_A v_A + m_B v_B = m_A v_A' + m_B v_B'$$

핵심 개념 체크

정답과 해설 04쪽

5. 평형 관계인 두 힘은 작용점이 (　　　) 물체에 있고, 작용 반작용 관계인 두 힘은 작용점이 (　　　) 물체에 있다.

6. 물체의 질량과 속도를 곱한 물리량을 (　　　)이라 하고, 물체에 작용한 힘과 시간을 곱한 물리량을 (　　　)이라고 한다.

7. 물체가 받은 충격량은 물체의 (　　　)과 같다.

8. 충격량이 같을 때 충돌 시간이 길수록 물체가 받는 (　　　)의 크기가 작다.

9. 다음 중 옳은 것은 ○표, 옳지 않은 것은 ×표 하시오.
　(1) 포신이 길수록 포탄은 멀리까지 날아갈 수 있다. (　　　)
　(2) 포수의 글러브가 두꺼운 것은 충돌 시간을 길게 하여 충격량을 크게 하기 위해서이다. (　　　)
　(3) 힘-시간 그래프에서 그래프 아래 부분의 넓이는 물체가 받은 충격량을 의미한다. (　　　)
　(4) 외력이 작용하지 않으면 두 물체가 충돌할 때 충돌 전후의 운동량의 합이 일정하게 보존된다. (　　　)

01 [8711-0018]
그림은 수평면에서 직선 운동을 하는 물체의 속도를 시간에 따라 나타낸 것이다.

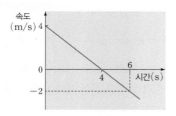

이에 대한 설명으로 옳은 것만을 〈보기〉에서 있는 대로 고른 것은?

보기
ㄱ. 0초부터 6초까지 물체의 변위의 크기는 6 m이다.
ㄴ. 4초일 때 물체의 가속도의 크기는 1 m/s²이다.
ㄷ. 4초부터 6초까지 물체는 운동 방향과 반대 방향으로 알짜힘을 받는다.

① ㄱ   ② ㄷ   ③ ㄱ, ㄴ
④ ㄴ, ㄷ   ⑤ ㄱ, ㄴ, ㄷ

02 [8711-0019]
그림은 망치를 바닥에 내리쳐서 망치 머리가 망치 자루에 단단히 박히도록 하는 모습을 나타낸 것이다.
이와 같은 원리로 설명할 수 있는 현상이 아닌 것은?

① 로켓이 가스를 분출하며 공중으로 날아간다.
② 이불을 줄에 걸어 놓고 두드려 먼지를 털어낸다.
③ 결승선을 통과한 달리기 선수가 바로 정지하지 못한다.
④ 마찰이 없는 수평면에서 물체가 계속 등속 직선 운동을 한다.
⑤ 버스가 갑자기 출발하면 승객들의 몸이 버스 뒤쪽으로 쏠린다.

03 [8711-0020]
그림 (가)는 마찰이 없는 수평면 위에서 질량이 1 kg인 수레에 질량이 1 kg인 물체 A를 올려놓고 수레에 일정한 크기의 힘 F를 수평면과 나란하게 작용하는 것을 나타낸 것이고, (나)는 (가)에서 수레의 속도를 시간에 따라 나타낸 것이다.

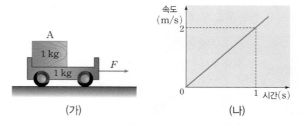

이에 대한 설명으로 옳은 것만을 〈보기〉에서 있는 대로 고른 것은?

보기
ㄱ. F의 크기는 4 N이다.
ㄴ. A와 수레에 작용하는 알짜힘의 크기는 같다.
ㄷ. 수평 방향으로 A가 수레에 작용하는 힘의 크기는 1 N이다.

① ㄱ   ② ㄷ   ③ ㄱ, ㄴ
④ ㄴ, ㄷ   ⑤ ㄱ, ㄴ, ㄷ

04 [8711-0021]
그림 (가)는 마찰이 없는 수평면 위에서 질량이 각각 m_1, m_2인 물체 A, B를 접촉시켜 놓고 A에 크기가 F인 일정한 힘을 수평 방향으로 작용하는 모습을, (나)는 (가)에서 B에 크기가 일정한 힘 F를 수평 방향으로 작용하는 모습을 나타낸 것이다.

이에 대한 설명으로 옳은 것만을 〈보기〉에서 있는 대로 고른 것은?

보기
ㄱ. (가)에서 A와 (나)에서 B의 가속도의 크기는 같다.
ㄴ. (가)와 (나)에서 B에 작용하는 알짜힘의 크기는 같다.
ㄷ. (가)와 (나)에서 A가 B를 미는 힘의 크기는 같다.

① ㄱ   ② ㄷ   ③ ㄱ, ㄴ
④ ㄴ, ㄷ   ⑤ ㄱ, ㄴ, ㄷ

05 [8711-0022] 그림 (가)는 수평면과 경사면에서 실과 도르래로 연결된 물체 A, B가 운동하고 있는 모습을, (나)는 같은 경사면에서 B가 경사면을 따라 운동하고 있는 모습을 나타낸 것이다. A, B의 질량은 각각 m_1, m_2이고, B의 가속도의 크기는 (가)와 (나)에서 각각 $2a$, $3a$이다.

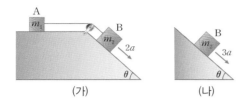

(가)   (나)

이에 대한 설명으로 옳은 것만을 〈보기〉에서 있는 대로 고른 것은? (단, 실의 질량 및 모든 마찰과 공기 저항은 무시한다.)

┌ 보기 ┌
ㄱ. $m_2=2m_1$이다.
ㄴ. (가)에서 B가 실을 당기는 힘의 크기는 $4m_1a$이다.
ㄷ. (나)에서 B에 작용하는 알짜힘의 크기는 (가)에서 실이 A를 당기는 힘의 크기의 3배이다.

① ㄱ   ② ㄴ   ③ ㄷ   ④ ㄱ, ㄷ   ⑤ ㄱ, ㄴ, ㄷ

06 [8711-0023] 다음은 가속도 법칙을 알아보기 위한 실험이다.

[실험 과정]
(가) 그림과 같이 질량이 m인 수레와 질량이 m인 추 2개를 도르래를 통해 실로 연결한 후 추를 가만히 놓고 수레의 속도를 측정한다.
(나) 수레 위의 추의 개수와 실에 매달린 추의 개수를 바꾸어 가며 과정 (가)를 반복한다.

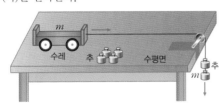

[실험 결과]

실험	수레 위의 추의 개수	실에 매달린 추의 개수	수레의 가속도
A	1개	2개	a
B	2개	(㉠)	a
C	1개	4개	(㉡)

이에 대한 설명으로 옳은 것만을 〈보기〉에서 있는 대로 고른 것은?

┌ 보기 ┌
ㄱ. ㉠은 4개이다.
ㄴ. ㉡은 $\frac{4}{3}a$이다.
ㄷ. 실이 수레를 당기는 힘의 크기는 C에서가 B에서의 $\frac{9}{8}$배이다.

① ㄴ   ② ㄷ   ③ ㄱ, ㄴ   ④ ㄱ, ㄷ   ⑤ ㄴ, ㄷ

07 [8711-0024] 그림 (가)는 실로 연결된 물체 A, B가 일정한 속력 v로 화살표 방향으로 운동하는 것을, (나)는 실로 연결된 물체 A, C가 화살표 방향의 크기가 a인 가속도로 운동하는 것을 나타낸 것이다.

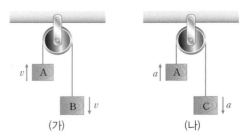

(가)   (나)

이에 대한 설명으로 옳은 것만을 〈보기〉에서 있는 대로 고른 것은? (단, 실의 실량 및 모든 마찰과 공기 저항은 무시한다.)

┌ 보기 ┌
ㄱ. (가)에서 A에 작용하는 알짜힘의 크기는 0이다.
ㄴ. (가)에서 실이 B를 당기는 힘의 크기는 B에 작용하는 중력의 크기보다 작다.
ㄷ. 질량은 C가 B보다 크다.

① ㄱ   ② ㄴ   ③ ㄷ
④ ㄱ, ㄴ   ⑤ ㄱ, ㄷ

08 [8711-0025] 그림 (가)와 같이 물체 A, B를 실로 연결하여 A를 잡고 있다가 놓았더니 A, B가 등가속도 직선 운동을 하다가 2초 후 실이 끊어졌다. B의 질량은 1 kg이다. 그림 (나)는 A를 놓은 후부터 A, B의 속도를 시간에 따라 나타낸 것이다.

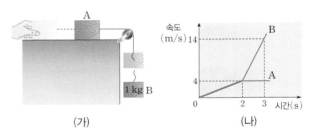

(가)   (나)

이에 대한 설명으로 옳은 것만을 〈보기〉에서 있는 대로 고른 것은? (단, 실의 질량 및 모든 마찰과 공기 저항은 무시하고, 중력 가속도는 10 m/s²이다.)

┌ 보기 ┌
ㄱ. A의 질량은 3 kg이다.
ㄴ. 1초일 때 실이 B를 당기는 힘의 크기는 8 N이다.
ㄷ. B에 작용하는 알짜힘의 크기는 3초일 때가 1초일 때의 5배이다.

① ㄱ   ② ㄷ   ③ ㄱ, ㄴ
④ ㄴ, ㄷ   ⑤ ㄱ, ㄴ, ㄷ

09 [8711-0026]

그림은 풍선에 공기를 넣은 후 공기가 새지 않도록 한쪽 끝을 손으로 잡고, 테이프로 클립을 풍선에 고정한 후 클립을 팽팽한 실에 걸었을 때 풍선이 정지해 있는 것을 나타낸 것이다.

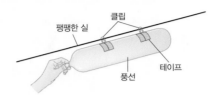

이에 대한 설명으로 옳은 것만을 〈보기〉에서 있는 대로 고른 것은? (단, 실과 클립 사이의 마찰은 무시한다.)

┌─ 보기 ┐
ㄱ. 손으로 풍선의 한쪽 끝을 잡고 있을 때 풍선에 작용하는 알짜힘의 크기는 0이다.
ㄴ. 손을 놓으면 풍선은 속력이 증가하다가 감소하는 운동을 한다.
ㄷ. 손을 놓았을 때 풍선이 줄을 따라 운동하는 것은 작용 반작용으로 설명할 수 있다.
└──────┘

① ㄱ   ② ㄷ   ③ ㄱ, ㄴ
④ ㄴ, ㄷ   ⑤ ㄱ, ㄴ, ㄷ

10 [8711-0027]

그림 (가), (나)는 수평면 위에 놓인 투명한 원통 안에 질량이 같은 자석 A, B, C가 각각 정지해 있는 모습을 나타낸 것이다.

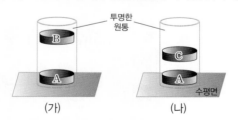

이에 대한 설명으로 옳은 것만을 〈보기〉에서 있는 대로 고른 것은? (단, 원통과 자석 사이의 마찰은 무시한다.)

┌─ 보기 ┐
ㄱ. A가 바닥을 누르는 힘의 크기는 (가)에서가 (나)에서보다 크다.
ㄴ. (가)에서 B에 작용하는 중력과 자기력은 서로 작용 반작용 관계이다.
ㄷ. (나)에서 A에 작용하는 수직 항력의 크기는 A와 C에 작용하는 중력의 합의 크기와 같다.
└──────┘

① ㄱ   ② ㄷ   ③ ㄱ, ㄴ
④ ㄴ, ㄷ   ⑤ ㄱ, ㄴ, ㄷ

11 [8711-0028]

그림 (가)는 질량이 1 kg인 물체 A가 마찰이 없는 수평면 위에 정지해 있는 질량이 2 kg인 물체 B를 향해 10 m/s의 속력으로 등속도 운동 하는 것을, (나)는 (가)에서 A, B가 충돌한 후 A, B가 각각 v, 4 m/s의 속력으로 등속도 운동 하는 것을 나타낸 것이다.

이에 대한 설명으로 옳은 것만을 〈보기〉에서 있는 대로 고른 것은?

┌─ 보기 ┐
ㄱ. $v = 2$ m/s이다.
ㄴ. A의 운동량의 크기는 A와 B가 충돌하기 전과 후가 같다.
ㄷ. 충돌 과정에서 A가 받은 충격량의 크기는 6 N·s이다.
└──────┘

① ㄱ   ② ㄷ   ③ ㄱ, ㄴ
④ ㄱ, ㄷ   ⑤ ㄴ, ㄷ

12 [8711-0029]

그림은 질량이 각각 60 kg, m인 학생 A, B가 질량이 40 kg인 물체의 양쪽을 줄 p, q로 연결하고, 수평 방향으로 일정한 크기의 힘을 작용하여 서로 당기는 모습을 나타낸 것이다. A는 오른쪽으로 2 m/s²의 가속도로 운동하고, 물체와 B는 각각 왼쪽으로 1 m/s²의 가속도로 운동하고 있다.

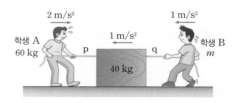

이에 대한 설명으로 옳은 것만을 〈보기〉에서 있는 대로 고른 것은? (단, 모든 마찰과 줄의 질량은 무시한다.)

┌─ 보기 ┐
ㄱ. p가 물체를 당기는 힘의 크기는 q가 물체를 당기는 힘의 크기의 $\frac{3}{2}$배이다.
ㄴ. $m = 80$ kg이다.
ㄷ. A와 B가 각각 p와 q를 이용하여 물체를 당기는 힘은 서로 평형을 이루고 있다.
└──────┘

① ㄱ   ② ㄷ   ③ ㄱ, ㄴ
④ ㄴ, ㄷ   ⑤ ㄱ, ㄴ, ㄷ

13 [8711-0030]
그림 (가)는 마찰이 없는 수평면 위에서 질량이 m인 물체가 벽을 향해 $3v_0$의 속력으로 운동하여 벽과 충돌한 후 처음 운동 방향과 반대 방향으로 v_0의 속력으로 운동하는 것을 나타낸 것이다. 그림 (나)는 (가)의 물체가 벽과 충돌할 때 시간 t_0 동안 물체에 작용한 힘을 나타낸 것으로, 그래프 아래 부분의 넓이는 S이다.

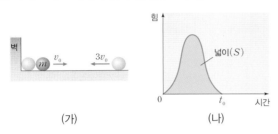

(가)   (나)

이에 대한 설명으로 옳은 것만을 〈보기〉에서 있는 대로 고른 것은?

┌─ 보기 ┌
ㄱ. $S=4mv_0$이다.
ㄴ. 물체가 벽으로부터 받은 충격량의 크기는 $2mv_0$이다.
ㄷ. 벽이 물체로부터 받는 평균 힘의 크기는 $\dfrac{4mv_0}{t_0}$이다.
└────────

① ㄱ   ② ㄴ   ③ ㄷ
④ ㄱ, ㄷ   ⑤ ㄱ, ㄴ, ㄷ

14 [8711-0031]
그림 (가)는 테니스 선수가 수평 방향으로 20 m/s의 속력으로 날아오는 질량이 0.06 kg인 테니스 공을 치기 직전의 모습을, (나)는 (가)에서 테니스 공을 치는 과정에서 테니스 공의 운동량의 변화를 시간에 따라 나타낸 것이다. 테니스 공은 라켓과 충돌한 후 처음 운동 방향과 반대 방향으로 운동한다.

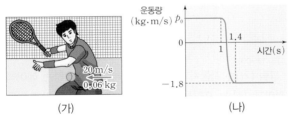

(가)   (나)

이에 대한 설명으로 옳은 것만을 〈보기〉에서 있는 대로 고른 것은?

┌─ 보기 ┌
ㄱ. $p_0=1.2$이다.
ㄴ. 테니스 공이 라켓으로부터 받은 충격량의 크기는 0.6 N·s이다.
ㄷ. 테니스 공이 라켓으로부터 받는 평균 힘의 크기는 7.5 N이다.
└────────

① ㄱ   ② ㄴ   ③ ㄷ
④ ㄱ, ㄴ   ⑤ ㄱ, ㄷ

15 [8711-0032]
그림 (가)는 마찰이 없는 수평면에서 운동하는 물체 A가 정지해 있는 물체 B를 향해 운동하는 것을, (나)는 (가)에서 A, B의 위치를 시간에 따라 나타낸 것이다. A, B의 질량은 각각 1 kg, 2 kg이다.

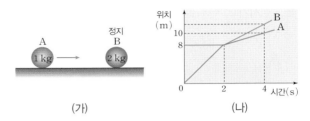

(가)   (나)

이에 대한 설명으로 옳은 것만을 〈보기〉에서 있는 대로 고른 것은?

┌─ 보기 ┌
ㄱ. 충돌 전 A의 속력은 4 m/s이다.
ㄴ. A와 B가 충돌한 후 운동량의 크기는 B가 A의 2배이다.
ㄷ. A가 B로부터 받은 충격량의 크기는 2 N·s이다.
└────────

① ㄱ   ② ㄴ   ③ ㄷ
④ ㄱ, ㄴ   ⑤ ㄱ, ㄷ

16 [8711-0033]
그림 (가)는 같은 높이에서 각각 콘크리트 바닥과 방석으로 자유 낙하 하는 유리컵을 나타낸 것으로, 콘크리트 바닥에 떨어진 유리컵은 깨졌고, 방석에 떨어진 유리컵은 깨지지 않았다. 그림 (나)는 골프 선수가 골프공을 치는 과정에서 골프채를 끝까지 스윙해 주는 것(follow through)을 나타낸 것이다.

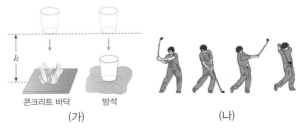

(가)   (나)

이에 대한 설명으로 옳은 것만을 〈보기〉에서 있는 대로 고른 것은?

┌─ 보기 ┌
ㄱ. (가)에서 유리컵이 받은 충격량의 크기는 콘크리트 바닥에서가 방석에서보다 크다.
ㄴ. 자동차의 에어백은 (가)에서 방석과 같이 충돌 시간을 길게 해 주는 역할을 한다.
ㄷ. 포수가 공을 잡을 때 손을 뒤로 빼면서 잡는 것은 (나)에 적용된 원리와 같다.
└────────

① ㄱ   ② ㄴ   ③ ㄷ
④ ㄱ, ㄴ   ⑤ ㄴ, ㄷ

01 [8711-0034]
그림 (가)는 갈릴레이의 사고 실험을 나타낸 것으로, 수평면으로부터 일정한 높이의 경사면에서 미끄러진 공은 마찰이 없다면 반대편 경사면의 같은 높이까지 올라갈 것이다. 그림 (나)는 스탠드에 실 A로 추를 고정시키고, 추에 실 B를 연결하여 당기는 모습을 나타낸 것이다.

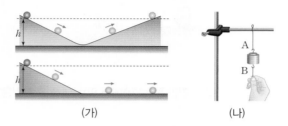

(가)   (나)

(1) (가)에서 물체를 놓은 맞은편 경사면을 수평이 되도록 할 때, 공의 운동을 관성과 관련 지어 서술하시오.

(2) (나)에서 B를 빠르게 잡아당길 때 A와 B 중 어느 부분이 끊어지는지 관성과 관련 지어 서술하시오.

02 [8711-0035]
그림 (가)는 실을 이용하여 용수철저울의 양쪽에 각각 질량이 m인 물체를 매달았을 때 정지해 있는 것을, (나)는 실을 이용하여 용수철저울의 한쪽은 벽에 고정시키고 다른 한쪽에는 질량이 m인 물체를 매달았을 때 정지해 있는 것을 나타낸 것이다.

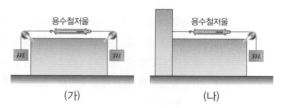

(가)   (나)

(가)와 (나)에서 용수철저울의 눈금은 얼마인지 비교하고, 그 까닭을 서술하시오. (단, 중력 가속도는 g이고, 용수철저울과 실의 질량 및 모든 마찰은 무시한다.)

03 [8711-0036]
그림 (가), (나), (다)는 질량이 각각 m_A, m_B, m_C인 물체 A, B, C가 도르래를 통해 실로 연결되어 화살표 방향으로 운동하는 모습을 나타낸 것이다.

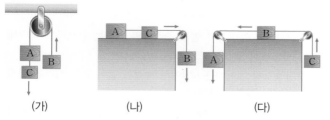

(가)   (나)   (다)

(가), (나), (다)에서 운동하는 물체의 가속도의 크기가 모두 같을 때, $m_A : m_B : m_C$를 구하시오. (단, 실의 질량 및 모든 마찰과 공기 저항은 무시한다.)

04 [8711-0037]
그림 (가), (나)는 동일한 쇠구슬을 실로 고정시킨 장치를 나타낸 것이다. (가)에서 왼쪽의 쇠구슬 한 개를 떼었다가 놓으면 충돌 후 오른쪽 끝의 쇠구슬 한 개가 같은 높이만큼 올라간다.

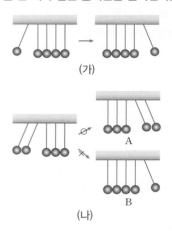

(가)

(나)

그림 (나)에서 왼쪽의 쇠구슬 두 개를 떼었다가 놓으면 쇠구슬은 충돌 후 A와 같이 오른쪽 끝에서 두 개의 쇠구슬이 같은 높이만큼 올라가며, B에서와 같이 오른쪽 끝의 쇠구슬 한 개가 더 높은 곳까지 올라가지는 않는다. 그 까닭을 운동량 보존과 운동 에너지 보존을 근거로 서술하시오.

05 [8711-0038]
그림 (가)는 자동차가 충돌할 때 사람을 보호하는 에어백을 나타낸 것이고, (나)는 포탄을 멀리 보내기 위해 포신을 길게 만든 포를 나타낸 것이다.

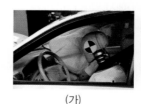 

(가)   (나)

(가)에서 에어백이 사람을 보호하는 원리를 충격력과 충돌 시간의 관계로 서술하고, (나)에서 포신이 길수록 포탄이 멀리 날아가는 원리를 충격량과 운동량 변화량의 관점에서 서술하시오.

03 일과 에너지

1 일

(1) 일의 정의: 힘이 한 일(W)은 힘의 크기(F)와 힘의 방향으로 이동한 거리(s)의 곱이다.

힘의 방향과 이동 방향이 같을 때	힘의 방향과 이동 방향이 같지 않을 때
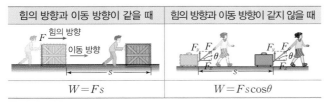	
$W=Fs$	$W=Fs\cos\theta$

(2) 일의 단위: J(줄), N·m
➡ $1\,J=1\,N\times1\,m=1\,N\cdot m$

(3) 힘–이동 거리 그래프: 그래프 아래 부분의 넓이는 힘이 한 일을 나타낸다.

넓이=일 $=Fs$

2 에너지

(1) 에너지: 일을 할 수 있는 능력으로, 물체가 일을 하거나 일을 받으면 에너지 변화가 생긴다.

(2) 에너지의 단위: J(줄)

(3) 운동 에너지: 운동하는 물체가 가지는 에너지

① 질량이 m인 물체가 v의 속력으로 운동할 때 운동 에너지 E_k는 다음과 같다.

$$E_k=\frac{1}{2}mv^2=\frac{p^2}{2m}\quad\text{(단위: J, } p\text{: 운동량)}$$

② 일·운동 에너지 정리: 물체에 작용하는 알짜힘이 한 일은 물체의 운동 에너지 변화량과 같다.

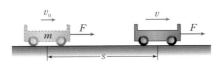

$$W=Fs=mas=\frac{1}{2}mv^2-\frac{1}{2}mv_0^2=\Delta E_k$$

(4) 퍼텐셜 에너지: 기준점에서 어떤 지점까지 물체를 일정한 속력으로 이동시킬 때 필요한 일

① 중력 퍼텐셜 에너지: 질량이 m인 물체가 기준면으로부터 높이 h인 곳에 있을 때 중력에 의한 퍼텐셜 에너지 E_p는 다음과 같다.

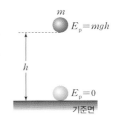

$$E_p=mgh\quad\text{(단위: J)}$$

② 탄성력 퍼텐셜 에너지: 용수철 상수가 k인 용수철의 길이가 x만큼 변형되었을 때 탄성력에 의한 퍼텐셜 에너지 E_p는 다음과 같다.

$$E_p=\frac{1}{2}kx^2\quad\text{(단위: J)}$$

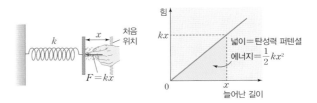

넓이=탄성력 퍼텐셜 에너지$=\frac{1}{2}kx^2$

3 역학적 에너지 보존

(1) 역학적 에너지: 물체의 퍼텐셜 에너지와 운동 에너지의 합

$$역학적\ 에너지=퍼텐셜\ 에너지+운동\ 에너지$$

(2) 역학적 에너지 보존 법칙: 공기 저항이나 마찰이 없을 때 중력 또는 탄성력에 의한 역학적 에너지는 항상 일정하다. ➡ 역학적 에너지가 보존될 때 퍼텐셜 에너지 증가량(감소량)과 운동 에너지 감소량(증가량)은 항상 같다.

$$E=E_p+E_k=일정$$

핵심 개념 체크

정답과 해설 07쪽

1. 어떤 물체에 일정한 크기의 힘 F가 작용하여 힘의 방향으로 거리 s만큼 이동하였을 때 힘이 한 일은 (   )이다.

2. 일을 할 수 있는 능력을 (   )라고 하며, 단위는 (   )을 사용한다.

3. 운동하는 물체가 가지는 에너지를 (   ) 에너지라고 한다.

4. 물체에 작용하는 알짜힘이 한 일은 물체의 (   ) 변화량과 같다.

5. 기준점에서 어떤 지점까지 물체를 등속으로 이동시킬 때 필요한 일을 (   ) 에너지라고 한다.

6. 물체의 퍼텐셜 에너지와 운동 에너지의 합을 (   ) 에너지라고 한다.

7. 역학적 에너지가 보존될 때 퍼텐셜 에너지의 증가량(감소량)과 (   ) 에너지의 감소량(증가량)은 항상 같다.

(3) 중력에 의한 역학적 에너지 보존

$$E = E_p + E_k = mgh + \frac{1}{2}mv^2 = 일정$$

① 낙하하는 물체의 역학적 에너지 보존

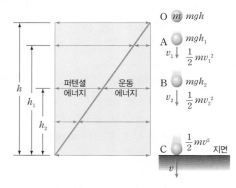

위치	퍼텐셜 에너지	운동 에너지	역학적 에너지
O	mgh(최대)	0(최소)	mgh
A	mgh_1	$\frac{1}{2}mv_1^2 = mg(h-h_1)$	$=mgh_1+\frac{1}{2}mv_1^2$
B	mgh_2	$\frac{1}{2}mv_2^2 = mg(h-h_2)$	$=mgh_2+\frac{1}{2}mv_2^2$
C	0(최소)	$\frac{1}{2}mv^2$(최대)$=mgh$	$=\frac{1}{2}mv^2$ $=$일정

② 롤러코스터에서의 역학적 에너지 보존

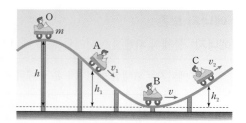

위치	퍼텐셜 에너지	운동 에너지	역학적 에너지
O	mgh(최대)	0(최소)	mgh
A	mgh_1	$\frac{1}{2}mv_1^2 = mg(h-h_1)$	$=mgh_1+\frac{1}{2}mv_1^2$
B	0(최소)	$\frac{1}{2}mv^2$(최대)$=mgh$	$=mgh_2+\frac{1}{2}mv_2^2$
C	mgh_2	$\frac{1}{2}mv_2^2 = mg(h-h_2)$	$=\frac{1}{2}mv^2$ $=$일정

③ 자유 낙하 하는 물체의 에너지 그래프

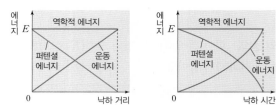

(4) 탄성력에 의한 역학적 에너지 보존

$$E = E_p + E_k = \frac{1}{2}kx^2 + \frac{1}{2}mv^2 = 일정$$

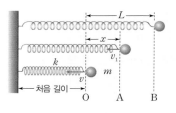

위치	퍼텐셜 에너지	운동 에너지	역학적 에너지
O	0(최소)	$\frac{1}{2}mv^2$(최대)$=\frac{1}{2}kL^2$	$\frac{1}{2}kL^2$
A	$\frac{1}{2}kx^2$	$\frac{1}{2}mv_1^2 = \frac{1}{2}k(L^2-x^2)$	$=\frac{1}{2}kx^2+\frac{1}{2}mv_1^2$ $=\frac{1}{2}mv^2$
B	$\frac{1}{2}kL^2$(최대)	0(최소)	$=$일정

4 역학적 에너지가 보존되지 않는 경우

(1) 마찰력이 있는 경우: 물체가 운동할 때 마찰력이 한 일은 물체가 잃은 역학적 에너지와 같다.

$$-fs = \left(mgh + \frac{1}{2}mv^2\right) - \left(mgh_0 + \frac{1}{2}mv_0^2\right)$$

(2) 충돌하는 경우: 탄성 충돌을 제외한 모든 충돌에서 역학적 에너지는 열, 소리 등으로 전환되므로 역학적 에너지는 감소한다.

핵심 개념 체크

정답과 해설 07쪽

8. 질량이 m인 물체를 지면으로부터 높이가 H인 곳에서 가만히 놓을 때, 물체가 지면에 도달하는 순간의 운동 에너지는 ( )이다. (단, 중력 가속도는 g이다.)

9. 역학적 에너지가 보존될 때 퍼텐셜 에너지가 최대인 곳에서 운동 에너지는 ( )이고, 운동 에너지가 최대인 곳에서 퍼텐셜 에너지는 ( )이다.

10. 질량이 m인 물체가 용수철 상수가 k인 용수철에 매달려 평형점으로부터 x만큼 변형된 지점을 지나는 순간의 속력이 v_1일 때 용수철에 매달린 물체의 역학적 에너지는 ( )이다.

11. 물체가 마찰이 있는 경사면에서 운동할 때 마찰력이 한 일은 감소한 ( )와 같고, 마찰이 있는 수평면에서 운동할 때 마찰력이 한 일은 감소한 ( )와 같다.

01 [8711-0039]
그림은 경사면 위에서 정지해 있던 물체 A에 경사면과 나란한 방향의 일정한 힘 F_1을 작용하여 거리 s만큼 이동한 것과 수평면 위에 정지해 있던 물체 B에 수평 방향으로 일정한 힘 F_2를 작용하여 거리 s만큼 이동한 것을 나타낸 것이다. F_1과 F_2가 한 일은 같다.

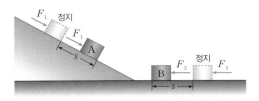

이에 대한 설명으로 옳은 것만을 〈보기〉에서 있는 대로 고른 것은? (단, 모든 마찰과 공기 저항은 무시한다.)

┌ 보기 ┐
ㄱ. F_1의 크기와 F_2의 크기는 같다.
ㄴ. A에 작용한 수직 항력이 한 일은 0이다.
ㄷ. s만큼 이동하는 동안 A와 B의 운동 에너지 증가량은 같다.

① ㄱ   ② ㄷ   ③ ㄱ, ㄴ
④ ㄴ, ㄷ   ⑤ ㄱ, ㄴ, ㄷ

02 [8711-0040]
그림은 줄과 도르래를 이용하여 지면에 있는 질량이 4 kg인 물체를 전동기와 연결한 후 전동기가 100 N의 일정한 힘으로 줄을 당겨 물체가 지면으로부터 5 m 높이까지 이동한 순간을 나타낸 것이다.

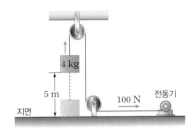

물체가 5 m 이동하는 동안, 이에 대한 설명으로 옳은 것만을 〈보기〉에서 있는 대로 고른 것은? (단, 중력 가속도는 10 m/s²이고, 줄의 질량과 모든 마찰은 무시한다.)

┌ 보기 ┐
ㄱ. 전동기가 한 일은 500 J이다.
ㄴ. 물체의 가속도의 크기는 25 m/s²이다.
ㄷ. 물체의 중력 퍼텐셜 에너지 증가량은 200 J이다.

① ㄱ   ② ㄴ   ③ ㄷ
④ ㄱ, ㄷ   ⑤ ㄱ, ㄴ, ㄷ

03 [8711-0041]
그림 (가)는 마찰이 없는 수평면 위에 정지해 있는 질량이 1 kg인 물체에 수평 방향으로 일정한 크기의 힘 F를 작용하는 것을, (나)는 물체의 속도를 시간에 따라 나타낸 것이다.

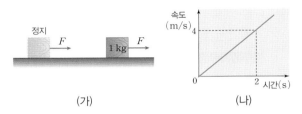

이에 대한 설명으로 옳은 것만을 〈보기〉에서 있는 대로 고른 것은?

┌ 보기 ┐
ㄱ. F의 크기는 4 N이다.
ㄴ. 0초부터 1초까지 물체가 이동한 거리는 2 m이다.
ㄷ. 0초부터 2초까지 F가 한 일은 8 J이다.

① ㄱ   ② ㄷ   ③ ㄱ, ㄴ
④ ㄴ, ㄷ   ⑤ ㄱ, ㄴ, ㄷ

04 [8711-0042]
그림 (가)는 마찰이 없는 수평면 위의 기준선에 정지해 있는 질량이 2 kg인 물체에 수평 방향으로 힘 F를 작용할 때 물체가 운동하는 것을, (나)는 (가)에서 물체의 위치 x에 따라 물체에 작용하는 힘 F를 나타낸 것이다.

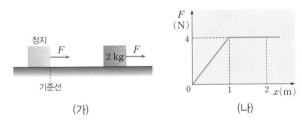

이에 대한 설명으로 옳은 것만을 〈보기〉에서 있는 대로 고른 것은? (단, 공기 저항은 무시한다.)

┌ 보기 ┐
ㄱ. $x=1$ m에서 $x=2$ m까지 운동할 때 물체의 가속도의 크기는 2 m/s²이다.
ㄴ. 물체에 작용하는 중력이 한 일은 40 N이다.
ㄷ. 물체의 속력은 $x=2$ m에서가 $x=1$ m에서의 3배이다.

① ㄱ   ② ㄴ   ③ ㄷ
④ ㄱ, ㄴ   ⑤ ㄱ, ㄷ

05 [8711-0043]

그림과 같이 마찰이 없는 수평면 위에서 2 m/s의 속력으로 운동하는 질량이 2 kg인 물체에 운동 방향으로 일정한 크기의 힘 F를 2초 동안 작용하여 x만큼 이동하는 순간의 속력이 10 m/s가 되었다.

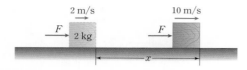

이에 대한 설명으로 옳은 것만을 〈보기〉에서 있는 대로 고른 것은? (단, 공기 저항은 무시한다.)

┌─ 보기 ┐
ㄱ. 물체의 가속도의 크기는 6 m/s^2이다.
ㄴ. $x = 12 \text{ m}$이다.
ㄷ. F가 한 일은 96 J이다.
└─────┘

① ㄱ　　　　② ㄴ　　　　③ ㄷ
④ ㄱ, ㄴ　　　⑤ ㄴ, ㄷ

06 [8711-0044]

그림 (가)는 질량이 각각 m_A, m_B인 물체 A, B를 도르래와 줄로 연결한 후 A를 손으로 잡고 있는 것을 나타낸 것으로, A와 B 사이의 높이는 $2h$이다. 그림 (나)는 (가)에서 A를 잡고 있던 손을 놓았을 때 A와 B가 화살표 방향으로 각각 등가속도 직선 운동을 하여 수평면으로부터 높이가 같아지는 순간을 나타낸 것이다.

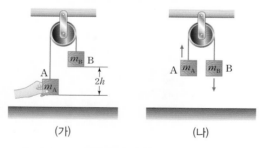

(가)　　　　　(나)

(가)에서 A를 잡고 있던 손을 놓은 후 (나)가 될 때까지, 이에 대한 설명으로 옳은 것만을 〈보기〉에서 있는 대로 고른 것은? (단, 중력 가속도는 g이고, 줄의 질량 및 모든 마찰과 공기 저항은 무시한다.)

┌─ 보기 ┐
ㄱ. $m_A < m_B$이다.
ㄴ. 중력이 B에 한 일은 $2m_B gh$이다.
ㄷ. B의 역학적 에너지는 일정하다.
└─────┘

① ㄱ　　　　② ㄷ　　　　③ ㄱ, ㄴ
④ ㄴ, ㄷ　　　⑤ ㄱ, ㄴ, ㄷ

07 [8711-0045]

그림은 마찰이 없는 수평면 위에 정지해 있는 물체 A, B를 용수철저울이 연결된 실로 연결하고 B에 수평 방향으로 일정한 크기의 힘 F를 2초 동안 작용하였을 때의 모습을 나타낸 것이다. A, B의 질량은 각각 1 kg, 2 kg이고, A의 가속도의 크기는 2 m/s^2이다.

이에 대한 설명으로 옳은 것만을 〈보기〉에서 있는 대로 고른 것은? (단, 실의 질량과 용수철의 질량 및 공기 저항은 무시한다.)

┌─ 보기 ┐
ㄱ. 용수철저울의 눈금은 2 N이다.
ㄴ. F의 크기는 4 N이다.
ㄷ. F를 2초 동안 작용한 후 A와 B의 운동 에너지의 합은 24 J이다.
└─────┘

① ㄱ　　　　② ㄴ　　　　③ ㄷ
④ ㄱ, ㄷ　　　⑤ ㄱ, ㄴ, ㄷ

08 [8711-0046]

그림은 물체 A, B를 실로 연결하여 도르래에 걸쳐 놓고, 점 p에서 A를 가만히 놓았더니 A, B가 등가속도 직선 운동을 하는 모습을 나타낸 것이다. A가 p에서 0.3 m를 이동하여 점 q에 도달하는 동안 A의 운동 에너지 증가량은 B의 중력 퍼텐셜 에너지 감소량의 $\frac{1}{3}$배이다. A와 B의 질량은 각각 2 kg, m이다.

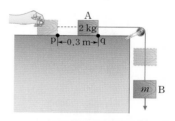

이에 대한 설명으로 옳은 것만을 〈보기〉에서 있는 대로 고른 것은? (단, 중력 가속도는 10 m/s^2이고, 실의 질량 및 모든 마찰과 공기 저항은 무시한다.)

┌─ 보기 ┐
ㄱ. $m = 3 \text{ kg}$이다.
ㄴ. A가 q에 도달하는 순간의 속력은 2 m/s이다.
ㄷ. A가 p에서 q까지 운동하는 동안 B의 역학적 에너지 감소량은 8 J이다.
└─────┘

① ㄱ　　　　② ㄴ　　　　③ ㄷ
④ ㄱ, ㄴ　　　⑤ ㄴ, ㄷ

09 [8711-0047] 그림은 마찰이 없는 수평면에서 용수철 상수가 200 N/m인 용수철에 질량이 4 kg인 물체를 접촉시켜 평형 위치에서 x만큼 압축시켰다가 놓았을 때, 물체가 평형 위치를 $\sqrt{2}$ m/s의 속력으로 지나 마찰이 없는 경사면에서 수평면으로부터 높이가 h인 지점까지 올라가 정지한 순간을 나타낸 것이다.

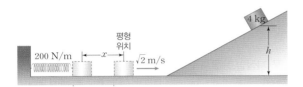

이에 대한 설명으로 옳은 것만을 〈보기〉에서 있는 대로 고른 것은? (단, 중력 가속도는 10 m/s^{2}이고, 모든 마찰과 공기 저항은 무시한다.)

┌─ 보기 ┐
ㄱ. $x = 0.2$ m이다.
ㄴ. $h = 0.1$ m이다.
ㄷ. 용수철이 압축된 상태에서 놓은 물체가 평형 위치까지 이동하는 동안 물체는 등가속도 직선 운동을 한다.
└─────┘

① ㄱ   ② ㄷ   ③ ㄱ, ㄴ
④ ㄴ, ㄷ   ⑤ ㄱ, ㄴ, ㄷ

10 [8711-0048] 그림 (가)와 같이 질량이 각각 m, $3m$인 물체 A, B를 줄로 연결한 후, A를 수평면에 닿도록 눌렀더니 B가 수평면으로부터 높이가 h인 곳에 정지해 있었다. 그림 (나)는 (가)에서 A를 가만히 놓은 후 B가 수평면에 닿는 순간, 줄이 끊어지고 A와 B의 속력이 v인 것을 나타낸 것이다.

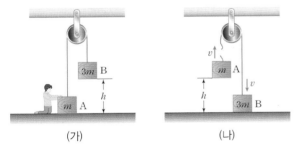

(가)   (나)

이에 대한 설명으로 옳은 것만을 〈보기〉에서 있는 대로 고른 것은? (단, 중력 가속도는 g이고, 줄의 질량 및 모든 마찰과 공기 저항은 무시한다.)

┌─ 보기 ┐
ㄱ. $v = \sqrt{2gh}$이다.
ㄴ. A의 최고 높이는 수평면으로부터 $\frac{3}{2}h$이다.
ㄷ. B가 수평면에 도달할 때까지 A의 중력 퍼텐셜 에너지 증가량은 B의 운동 에너지 증가량의 $\frac{3}{2}$배이다.
└─────┘

① ㄴ   ② ㄷ   ③ ㄱ, ㄴ
④ ㄱ, ㄷ   ⑤ ㄱ, ㄴ, ㄷ

11 [8711-0049] 그림은 지면으로부터 높이가 2 m인 수평면 위에서 질량이 2 kg인 물체를 용수철 상수가 500 N/m인 용수철에 접촉시켜 평형 위치로부터 0.4 m 압축시켰다가 놓은 후 물체가 운동하는 모습을 나타낸 것이다. 물체는 v의 속력으로 지면 위의 점 p를 지나 마찰력이 작용하는 구간 A를 지난 후 6 m/s의 속력으로 지면 위의 점 q를 지난다. 지면에서 중력 퍼텐셜 에너지는 0이다.

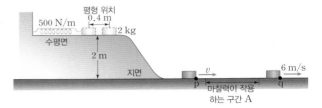

이에 대한 설명으로 옳은 것만을 〈보기〉에서 있는 대로 고른 것은? (단, 중력 가속도는 10 m/s^{2}이고, A 구간을 제외한 수평면과 지면에서 모든 마찰과 공기 저항은 무시한다.)

┌─ 보기 ┐
ㄱ. p에서 물체의 역학적 에너지는 80 J이다.
ㄴ. $v = 2\sqrt{10}$ m/s이다.
ㄷ. A에서 마찰력이 한 일은 -44 J이다.
└─────┘

① ㄱ   ② ㄴ   ③ ㄷ   ④ ㄱ, ㄴ   ⑤ ㄱ, ㄴ, ㄷ

12 [8711-0050] 그림과 같이 수평면으로부터 높이 $8h$인 지점 a를 $5v_0$의 속력으로 통과한 물체가 점 b, c, d, e를 차례로 통과하며 운동하고 있다. a와 b 사이, 수평면과 c 사이의 높이는 모두 $3h$이고, b, d를 지나는 순간의 속력은 각각 $\frac{5}{2}v_0$, v이며, d에서 물체의 중력 퍼텐셜 에너지는 운동 에너지의 $\frac{22}{3}$배이다. 수평면에서 중력 퍼텐셜 에너지는 0이다.

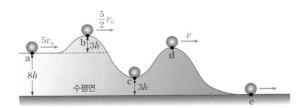

이에 대한 설명으로 옳은 것만을 〈보기〉에서 있는 대로 고른 것은? (단, 중력 가속도는 g이고, 물체의 크기, 모든 마찰과 공기 저항은 무시한다.)

┌─ 보기 ┐
ㄱ. 수평면을 기준으로 할 때 물체의 역학적 에너지는 $12mgh$이다.
ㄴ. $v = 3v_0$이다.
ㄷ. 물체의 속력은 e에서가 c에서의 $\frac{3}{2}$배이다.
└─────┘

① ㄱ   ② ㄷ   ③ ㄱ, ㄴ   ④ ㄴ, ㄷ   ⑤ ㄱ, ㄴ, ㄷ

01 [8711-0051] 그림 (가), (나), (다)는 질량이 같은 물체를 이동시키는 것을 나타낸 것이다. (가)는 등속도로 연직 위로 들어올리고, (나)는 수평 방향으로 등속도로 이동시키며, (다)는 수평 방향으로 등가속도로 이동시킨다.

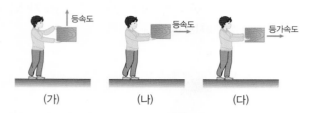

(가), (나), (다)에서 물체에 작용하는 알짜힘이 한 일을 각각 서술하시오.

02 [8711-0052] 그림과 같이 물체 A를 마찰이 없는 경사면에서 가만히 놓았더니 A가 경사면을 내려와 정지해 있던 물체 B와 충돌하여 한 덩어리가 된 후 일정한 크기의 마찰력이 작용하여 정지하였다. A, B의 질량은 같다.

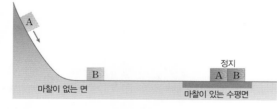

A가 운동을 시작할 때부터 정지할 때까지의 역학적 에너지 E를 A의 이동 거리에 따라 개략적으로 나타내고, 그래프를 그린 까닭을 서술하시오. (단, 물체의 크기와 공기 저항은 무시한다.)

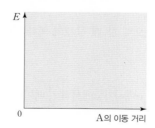

03 [8711-0053] 그림과 같이 물체를 A 지점에서 가만히 놓았더니 마찰이 없는 곡면을 따라 미끄러져 내려갔다.

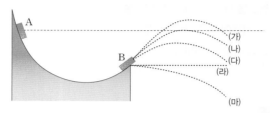

곡면의 끝 지점인 B를 지난 후 (가)~(마) 중에서 물체의 운동 경로로 가능한 것을 고르고, 그 까닭을 서술하시오. (단, 물체의 크기와 공기 저항은 무시한다.)

04 [8711-0054] 그림 (가)는 수평면으로부터 **4 m** 높이에서 공을 자유 낙하 시키는 것을, (나)는 (가)에서 자유 낙하 시킨 공이 수평면과 충돌하여 튀어 오르는 공의 높이를 시간에 따라 나타낸 것이다.

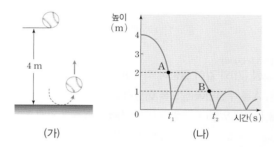

A, B점에서 공의 운동 에너지의 비를 구하고, 그 계산 과정을 함께 서술하시오. (단, 공의 크기와 공기 저항은 무시한다.)

05 [8711-0055] 그림은 지면으로부터 **10 m** 높이의 건물에서 물체를 비스듬히 위쪽으로 $10\sqrt{2}$ **m/s**의 속력으로 던졌을 때 물체가 운동하여 지면에 도달하는 모습을 나타낸 것이다. 물체가 지면에 도달하는 순간의 속력은 v이다.

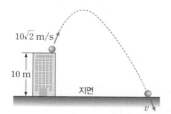

v를 구하시오. (단, 중력 가속도는 **10 m/s²**이고, 물체의 크기와 공기 저항은 무시한다.)

04 열역학 법칙

1 열역학 제1법칙

(1) 기체가 하는 일: 기체의 부피가 팽창하면 기체는 외부에 일을 한 것이고, 기체의 부피가 감소하면 기체가 외부로부터 일을 받은 것이다. ➡ 압력–부피 그래프에서 그래프 아래 부분의 넓이는 기체가 한 일 또는 외부로부터 받은 일이다.

$$W = F\Delta x = (PA)\Delta x = P(A\Delta x) = P\Delta V$$

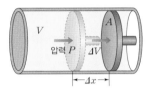 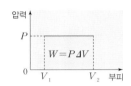

(2) 내부 에너지(U): 기체 분자의 운동 에너지와 퍼텐셜 에너지의 합

① 이상 기체의 경우 입자들 사이의 상호 작용이 없으므로 구성 입자들의 운동 에너지의 합이 곧 내부 에너지이다.

② 이상 기체의 평균 운동 에너지($\overline{E}_k$)는 기체의 절대 온도(T)에 비례한다.

$$U \propto N\overline{E}_k \propto NT \propto nT \Rightarrow \text{단원자 분자: } U = \frac{3}{2}nRT$$

(단, N은 분자 수, n은 몰수, R는 기체 상수)

(3) 열역학 제1법칙: 기체와 접촉하고 있는 외부에서 공급받은 열을 Q, 기체가 외부에 한 일을 W, 기체의 내부 에너지 변화량을 ΔU라고 하면 다음의 관계가 성립한다. ➡ 넓은 의미의 에너지 보존 법칙이다.

$$Q = W + \Delta U,\ \Delta U = Q - W$$

2 열역학 과정

(1) 등압 과정: 기체의 압력을 일정하게 유지하면서 온도와 부피를 변화시키는 과정

$$Q = W + \Delta U = P\Delta V + \Delta U$$

① 기체에 열을 공급하면 기체는 외부에 일을 하고($W > 0$), 기체의 내부 에너지도 증가한다.

② 기체가 열을 방출하면 기체는 외부로부터 일을 받고($W < 0$), 기체의 내부 에너지도 감소한다.

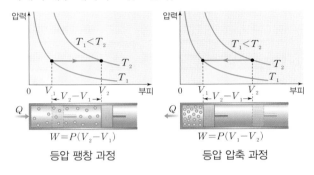

등압 팽창 과정　　　　등압 압축 과정

(2) 등적 과정: 기체의 부피를 일정하게 유지하면서 압력과 온도를 변화시키는 과정

$$Q = W + \Delta U = \Delta U$$
$$(\because \Delta V = 0,\ W = 0)$$

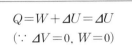

등적 과정

① 기체의 부피가 일정하므로 기체가 외부에 하는 일은 0이다.

② 기체에 공급한 열은 모두 내부 에너지 증가에 사용된다.

핵심 개념 체크

정답과 해설 10쪽

1. 기체가 Q의 열을 공급받아 외부에 W의 일을 하였을 때 내부 에너지 변화량 $\Delta U = ($ 　　)이다.

2. 다음 중 옳은 것은 ○표, 옳지 않은 것은 ×표 하시오.

(1) 기체의 압력이 일정한 상태로 기체의 부피가 팽창하면 기체는 외부에 일을 한 것이다. 　　　　　(　　)

(2) 기체가 외부로부터 일을 받으면 일의 부호는 양(＋)이다. 　　　　　　　　　　　　　　　(　　)

(3) 기체의 온도가 올라가면 기체의 내부 에너지는 증가하고, 온도가 내려가면 기체의 내부 에너지는 감소한다. (　　)

3. 다음 열역학 과정과 각 과정에서 나타나는 현상을 연결하시오. (한 과정 당 2개씩)

(1) 등압 과정 •
(2) 등적 과정 •

　• ㉠ 기체는 일을 하지 않는다.
　• ㉡ 기체의 부피가 감소하면 기체는 외부에 열을 방출한다.
　• ㉢ 기체가 받은 열과 내부 에너지 증가량은 같다.
　• ㉣ 기체가 받은 열은 내부 에너지 증가량보다 크다.

(3) 등온 과정: 기체의 온도를 일정하게 유지하면서 압력과 부피를 변화시키는 과정

$$Q=W+\Delta U=W \ (\because \Delta T=0, \ \Delta U=0)$$

① 기체는 공급받은 열만큼 외부에 일을 하며, 기체의 부피는 팽창한다.
② 기체는 외부로부터 받은 일만큼 열을 방출하며, 기체의 부피는 압축된다.

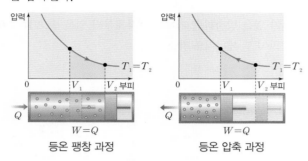

등온 팽창 과정　　　　등온 압축 과정

(4) 단열 과정: 기체와 외부의 열 출입 없이 압력과 부피를 변화시키는 과정

$$Q=W+\Delta U=0, \ \Delta U=-W$$

① 기체가 외부에 일을 한 만큼 기체의 내부 에너지가 감소한다.
② 기체가 외부로부터 일을 받은 만큼 기체의 내부 에너지가 증가한다.

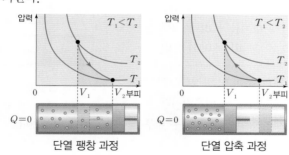

단열 팽창 과정　　　　단열 압축 과정

③ 열역학 제2법칙

(1) 열역학 제2법칙: 열은 스스로 고온의 물체에서 저온의 물체로 이동하며, 그 반대 현상은 저절로 일어나지 않는다.

① 가역 과정과 비가역 과정

가역 과정	비가역 과정
처음의 상태로 완전히 되돌아갈 수 있는 과정	한쪽 방향으로만 일어나 스스로 처음 상태로 되돌아갈 수 없는 과정
공기 저항이 없을 때	공기 저항이 있을 때

② 자연계에서 일어나는 모든 변화들은 비가역 과정이다.

(2) 열평형 상태: 온도가 다른 두 물체를 접촉시키고 충분한 시간이 지난 후에 두 물체의 온도가 같아지는 상태

④ 열기관

(1) 열기관: 기체에 공급된 열을 역학적 일로 바꾸는 기관
(2) 열기관의 열효율(e): 열기관에 공급된 열(Q_H)에 대해 열기관이 한 일(W)의 비율

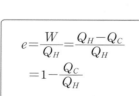
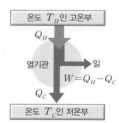

$$e=\frac{W}{Q_H}=\frac{Q_H-Q_C}{Q_H}=1-\frac{Q_C}{Q_H}$$

핵심 개념 체크

정답과 해설 10쪽

4. 다음 열역학 과정과 각 과정에서 나타나는 현상을 연결하시오. (한 과정 당 2개씩)
(1) 등온 과정·
(2) 단열 과정·
・㉠ 기체의 온도는 변하지 않는다.
・㉡ 기체가 외부에 한 일과 내부 에너지 감소량이 같다.
・㉢ 기체는 외부와 열 출입이 없다.
・㉣ 기체가 한 일과 공급받은 열은 같다.

5. 처음의 상태로 완전히 되돌아갈 수 있는 과정을 (　　) 과정, 한쪽 방향으로만 일어나 스스로 처음 상태로 되돌아갈 수 없는 과정을 (　　) 과정이라고 한다.

6. 온도가 다른 두 물체를 접촉시키고 충분한 시간이 지난 후에 두 물체의 온도가 같아지는 상태를 (　　) 상태라고 한다.

7. 공급된 열을 역학적 에너지로 바꾸어 주는 장치를 (　　)이라고 하며, 열기관의 열효율은 (　　)보다 크고, (　　)보다 작다.

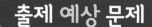
01 [8711-0056] 그림은 이상 기체가 들어 있는 단열된 실린더에서 기체가 팽창하여 단열된 피스톤을 이동시키는 것을 나타낸 것이다.

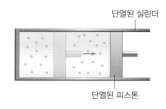

이에 대한 설명으로 옳은 것만을 〈보기〉에서 있는 대로 고른 것은? (단, 피스톤과 실린더 사이의 마찰은 무시한다.)

┌ 보기 ┌
ㄱ. 기체는 외부에 일을 한다.
ㄴ. 기체의 내부 에너지는 일정하게 유지된다.
ㄷ. 기체의 압력은 낮아진다.
└

① ㄱ   ② ㄴ   ③ ㄷ
④ ㄱ, ㄷ   ⑤ ㄱ, ㄴ, ㄷ

02 [8711-0057] 그림 (가), (나)는 같은 양의 이상 기체 A, B가 들어 있는 실린더를 나타낸 것으로, 실린더의 부피, 기체의 온도는 같다. 그림 (가)의 피스톤은 자유롭게 움직일 수 있고, (나)의 피스톤은 고정되어 있다.

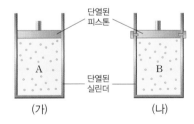

(가)와 (나)에 각각 Q의 열을 공급할 때, 이에 대한 설명으로 옳은 것만을 〈보기〉에서 있는 대로 고른 것은? (단, 피스톤과 실린더 사이의 마찰은 무시한다.)

┌ 보기 ┌
ㄱ. A는 외부에 일을 한다.
ㄴ. Q를 공급한 후 기체의 온도는 B가 A보다 높다.
ㄷ. Q를 공급한 후 기체의 압력은 A와 B가 같다.
└

① ㄱ   ② ㄷ   ③ ㄱ, ㄴ
④ ㄴ, ㄷ   ⑤ ㄱ, ㄴ, ㄷ

03 [8711-0058] 그림 (가)는 찌그러진 탁구공을 물이 담긴 그릇에 넣은 것이고, (나)는 (가)의 물을 끓였더니 찌그러진 탁구공이 다시 원래의 모양으로 펴진 모습을 나타낸 것이다.

(가)   (나)

(가)에서 (나)로 진행하는 동안 탁구공 내부의 기체에 대한 설명으로 옳은 것만을 〈보기〉에서 있는 대로 고른 것은?

┌ 보기 ┌
ㄱ. 기체는 외부에 일을 한다.
ㄴ. 기체의 압력은 일정하다.
ㄷ. 기체의 내부 에너지는 감소한다.
└

① ㄱ   ② ㄴ   ③ ㄷ
④ ㄱ, ㄴ   ⑤ ㄱ, ㄷ

04 [8711-0059] 그림은 먼지를 제거할 때 사용하는 먼지 제거 스프레이를 나타낸 것이다. 먼지를 제거하기 위해 용기의 분사 스위치를 누르면 용기 안에 들어 있는 가스가 방출되면서 강한 바람이 생성되어 먼지를 제거할 수 있다. 연속해서 가스를 분사할 경우 바람의 세기는 일정하지 않고 점점 약  해지며, 금속 용기는 매우 차가워지면서 용기 외부에 물방울이 맺힌다. 이에 대한 설명으로 옳은 것만을 〈보기〉에서 있는 대로 고른 것은?

┌ 보기 ┌
ㄱ. 가스가 분사되면서 용기 내부의 압력은 낮아진다.
ㄴ. 가스가 분사되면서 용기 내부의 온도는 내려간다.
ㄷ. 가스가 분사된 후 용기 외부에 물방울이 맺히는 것은 용기 주변의 수증기가 응결되기 때문이다.
└

① ㄱ   ② ㄷ   ③ ㄱ, ㄴ
④ ㄴ, ㄷ   ⑤ ㄱ, ㄴ, ㄷ

05 [8711-0060] 그림은 단열된 실린더가 고정된 단열 칸막이에 의해 A와 B 두 부분으로 나누어져 있는 모습을 나타낸 것으로, A와 B에는 각각 일정량의 이상 기체가 들어 있다. 고정핀을 제거하였더니 칸막이는 B쪽으로 움직이다가 정지하였다.

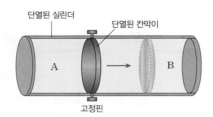

이에 대한 설명으로 옳은 것만을 〈보기〉에서 있는 대로 고른 것은? (단, 칸막이와 실린더 사이의 마찰은 무시한다.)

┌─ 보기 ┐
ㄱ. 고정핀을 제거하기 전 기체의 압력은 A에서와 B에서가 같다.
ㄴ. A의 기체가 한 일은 B의 기체의 내부 에너지 증가량과 같다.
ㄷ. A, B 기체의 전체 에너지는 고정핀을 제거하기 전이 제거한 후보다 크다.
└──────┘

① ㄱ   ② ㄴ   ③ ㄷ
④ ㄱ, ㄴ   ⑤ ㄴ, ㄷ

06 [8711-0061] 그림은 단열된 실린더가 고정시키지 않은 단열 칸막이에 의해 A, B 두 부분으로 나누어져 있는 것을 나타낸 것이다. 칸막이는 정지해 있고, A와 B에는 같은 양의 이상 기체가 들어 있으며, A와 B의 부피는 각각 V_0, $2V_0$이다.

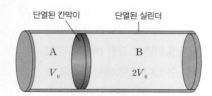

이에 대한 설명으로 옳은 것만을 〈보기〉에서 있는 대로 고른 것은? (단, 칸막이와 실린더 사이의 마찰은 무시한다.)

┌─ 보기 ┐
ㄱ. 기체의 압력은 A에서와 B에서가 같다.
ㄴ. 기체의 절대 온도는 A에서와 B에서가 같다.
ㄷ. 기체 분자 한 개의 평균 운동 에너지는 A에서와 B에서가 같다.
└──────┘

① ㄱ   ② ㄷ   ③ ㄱ, ㄴ
④ ㄱ, ㄷ   ⑤ ㄴ, ㄷ

07 [8711-0062] 그림 (가)와 같이 부피가 V_0인 단열된 실린더에 들어 있는 일정량의 이상 기체에 열을 공급하였더니 (나)와 같이 부피가 $2V_0$이 되었다. (가), (나)에서 기체의 압력은 P_0으로 같다.

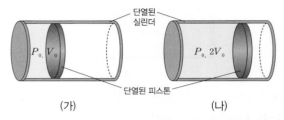

이에 대한 설명으로 옳은 것만을 〈보기〉에서 있는 대로 고른 것은? (단, 피스톤과 실린더 사이의 마찰은 무시한다.)

┌─ 보기 ┐
ㄱ. 기체의 절대 온도는 (나)에서가 (가)에서보다 크다.
ㄴ. 기체의 내부 에너지는 (나)에서가 (가)에서보다 크다.
ㄷ. 기체에 공급된 열은 기체가 외부에 한 일과 같다.
└──────┘

① ㄱ   ② ㄴ   ③ ㄷ
④ ㄱ, ㄴ   ⑤ ㄱ, ㄴ, ㄷ

08 [8711-0063] 그림 (가)는 단열된 실린더에 일정량의 이상 기체가 들어 있고, 단열된 피스톤 위에 질량이 m인 추를 올려놓았더니 피스톤이 정지해 있는 것을 나타낸 것이다. 그림 (나)는 (가)의 기체에 Q의 열을 공급하였더니 피스톤이 h만큼 천천히 이동하여 정지한 모습을 나타낸 것이다. 피스톤의 단면적은 S이다.

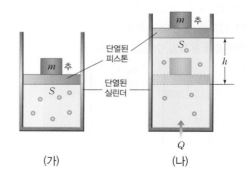

이에 대한 설명으로 옳은 것만을 〈보기〉에서 있는 대로 고른 것은? (단, 중력 가속도는 g이고, 피스톤과 실린더 사이의 마찰, 피스톤의 질량 및 대기압은 무시한다.)

┌─ 보기 ┐
ㄱ. (가)에서 기체의 압력은 $\dfrac{mg}{S}$이다.
ㄴ. 피스톤이 h만큼 이동하는 동안 기체가 한 일은 mgh이다.
ㄷ. 기체의 내부 에너지는 (나)에서가 (가)에서보다 크다.
└──────┘

① ㄱ   ② ㄷ   ③ ㄱ, ㄴ
④ ㄴ, ㄷ   ⑤ ㄱ, ㄴ, ㄷ

09 [8711-0064]

그림은 두 개의 단열된 실린더에 이상 기체 A, B가 각각 들어 있고, 단면적이 동일한 단열된 두 피스톤이 연결되어 정지해 있다가 A에 Q의 열을 공급하였더니 피스톤이 천천히 이동하여 정지한 모습을 나타낸 것이다.

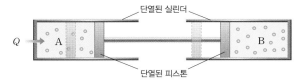

이에 대한 설명으로 옳은 것만을 〈보기〉에서 있는 대로 고른 것은? (단, 피스톤과 실린더 사이의 마찰은 무시한다.)

┌─ 보기 ┌
ㄱ. Q를 공급하기 전 A와 B의 압력은 같다.
ㄴ. 피스톤이 이동하는 동안 B의 온도는 증가한다.
ㄷ. Q는 A의 내부 에너지 증가량과 B의 내부 에너지 증가량의 합과 같다.
└─────

① ㄱ   ② ㄷ   ③ ㄱ, ㄴ
④ ㄴ, ㄷ   ⑤ ㄱ, ㄴ, ㄷ

10 [8711-0065]

그림은 A 상태에 있던 일정량의 이상 기체가 각각 B, C의 상태로 변하는 것을 압력과 부피의 관계 그래프로 나타낸 것이다. A → B 과정은 등압 과정, A → C 과정은 단열 과정이다.

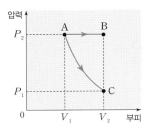

이에 대한 설명으로 옳은 것만을 〈보기〉에서 있는 대로 고른 것은?

┌─ 보기 ┌
ㄱ. A → B 과정에서 기체는 열을 흡수한다.
ㄴ. 기체가 한 일은 A → B 과정에서가 A → C 과정에서보다 크다.
ㄷ. A → C 과정에서 기체의 온도는 일정하다.
└─────

① ㄱ   ② ㄷ   ③ ㄱ, ㄴ
④ ㄴ, ㄷ   ⑤ ㄱ, ㄴ, ㄷ

11 [8711-0066]

그림은 A 상태에 있던 일정량의 이상 기체의 상태를 A → B → C → A를 따라 변화시킬 때 압력과 부피의 관계를 나타낸 것이다. A → B 과정은 단열 과정, B → C 과정은 등온 과정, C → A는 등적 과정이다.

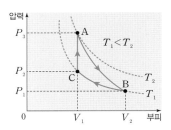

이에 대한 설명으로 옳은 것만을 〈보기〉에서 있는 대로 고른 것은?

┌─ 보기 ┌
ㄱ. A → B 과정에서 기체 분자 한 개의 평균 운동 에너지는 일정하다.
ㄴ. B → C 과정에서 기체가 받은 일은 기체가 방출한 열량보다 크다.
ㄷ. C → A 과정에서 기체는 외부에서 열을 흡수한다.
└─────

① ㄱ   ② ㄷ   ③ ㄱ, ㄴ
④ ㄴ, ㄷ   ⑤ ㄱ, ㄴ, ㄷ

12 [8711-0067]

그림은 A 상태에 있던 일정량의 이상 기체의 상태를 A → B → C → D → A를 따라 변화시킬 때 압력과 부피의 관계를 나타낸 것이다. A → B, C → D 과정은 등압 과정, B → C 과정은 등적 과정이다.

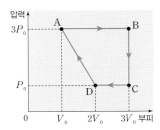

이에 대한 설명으로 옳은 것만을 〈보기〉에서 있는 대로 고른 것은?

┌─ 보기 ┌
ㄱ. 기체의 온도는 A에서와 C에서가 같다.
ㄴ. B → C 과정에서 기체는 외부에서 열을 흡수한다.
ㄷ. A → B → C → D → A 한 번의 순환 과정에서 기체가 한 일은 $3P_0V_0$이다.
└─────

① ㄱ   ② ㄷ   ③ ㄱ, ㄴ
④ ㄱ, ㄷ   ⑤ ㄴ, ㄷ

13 [8711-0068] 그림은 A 상태에 있던 일정량의 이상 기체의 상태를 A → B → C를 따라 변화시킬 때 절대 온도와 부피의 관계를 나타낸 것이다. A → B 과정은 등온 과정, B → C 과정은 등압 과정이다.

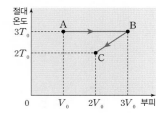

이에 대한 설명으로 옳은 것만을 〈보기〉에서 있는 대로 고른 것은?

┌── 보기 ┌
ㄱ. A → B 과정에서 기체는 외부로부터 공급받은 열만큼 외부에 일을 한다.
ㄴ. B → C 과정에서 기체가 방출한 열은 기체가 받은 일과 같다.
ㄷ. 기체의 압력은 A에서가 C에서의 2배이다.
└

① ㄱ   ② ㄴ   ③ ㄱ, ㄴ
④ ㄴ, ㄷ   ⑤ ㄱ, ㄷ

14 [8711-0069] 그림 (가)는 칸막이에 의해 부피가 같은 A, B 두 부분으로 나누어진 단열된 상자의 A에 기체 분자가 들어 있고, B는 진공인 모습을 나타낸 것이다. A에서 기체의 온도와 압력은 각각 T_1, P_1이다. 그림 (나)는 (가)의 칸막이에 구멍을 내고 충분한 시간이 지난 후 기체가 A, B에 고르게 퍼져 있는 모습을 나타낸 것으로, 기체의 온도와 압력은 각각 T_2, P_2이다.

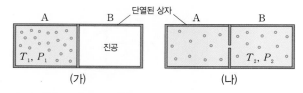

이에 대한 설명으로 옳은 것만을 〈보기〉에서 있는 대로 고른 것은?

┌── 보기 ┌
ㄱ. $T_1 > T_2$이다.
ㄴ. $P_1 > P_2$이다.
ㄷ. (가)의 A에 있던 기체가 (나)와 같이 A, B에 고르게 퍼지는 것은 비가역 과정이다.
└

① ㄱ   ② ㄷ   ③ ㄱ, ㄴ
④ ㄴ, ㄷ   ⑤ ㄱ, ㄴ, ㄷ

15 [8711-0070] 그림은 열기관이 온도 T_H인 고온부에서 $8Q_0$의 열을 흡수하여 외부에 W의 일을 하고, 온도 T_C인 저온부로 $6Q_0$의 열을 방출하는 것을 모식적으로 나타낸 것이다.

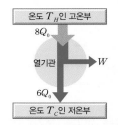

이에 대한 설명으로 옳은 것만을 〈보기〉에서 있는 대로 고른 것은?

┌── 보기 ┌
ㄱ. $W = 2Q_0$이다.
ㄴ. 이 열기관의 열효율은 0.25이다.
ㄷ. 열기관은 열에너지를 역학적 에너지로 전환시킨다.
└

① ㄱ   ② ㄴ   ③ ㄷ
④ ㄱ, ㄴ   ⑤ ㄱ, ㄴ, ㄷ

16 [8711-0071] 그림 (가)는 열효율이 0.25인 열기관이 고열원에서 Q_1의 열을 흡수하여 W의 일을 하고, 저열원으로 Q_2의 열을 방출하는 것을 모식적으로 나타낸 것이다. 그림 (나)는 (가)의 열기관의 작동 과정의 일부에 대한 기체의 상태 변화를 부피와 절대 온도의 관계 그래프로 나타낸 것이다. A → B 과정은 등적 과정, B → C 과정은 단열 과정이다.

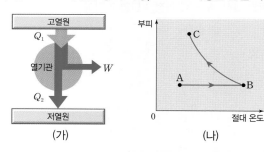

이에 대한 설명으로 옳은 것만을 〈보기〉에서 있는 대로 고른 것은?

┌── 보기 ┌
ㄱ. $Q_2 = 4W$이다.
ㄴ. A → B 과정에서 기체의 내부 에너지는 증가한다.
ㄷ. B → C 과정에서 기체가 한 일은 기체의 내부 에너지 감소량보다 작다.
└

① ㄱ   ② ㄴ   ③ ㄷ
④ ㄱ, ㄴ   ⑤ ㄴ, ㄷ

01 [8711-0072]
그림은 공기 덩어리가 지표면에서 상승하면서 구름이 생성되는 과정을 나타낸 것이다. 공기 덩어리의 높이에 따라 부피가 변하고, 공기 덩어리의 온도에 따라 수증기와 물 분자의 구성 상태가 달라진다.

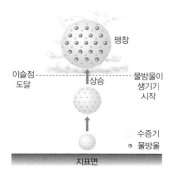

공기 덩어리가 높이 올라가면서 이슬점에 도달하여 구름이 생성되는 원리를 열역학 과정으로 서술하시오.

02 [8711-0073]
그림 (가), (나)는 같은 부피, 같은 압력, 같은 양의 이상 기체가 각각 들어 있는 단열된 실린더를 나타낸 것이다. (가)에서는 Q의 열을 공급하여 피스톤이 서서히 이동하여 정지하였을 때 부피가 2배가 된 것을, (나)에서는 피스톤을 잡아당겨 부피가 2배가 된 것을 나타낸다.

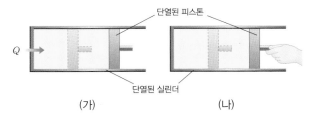

기체의 부피가 2배가 되었을 때, (가), (나)의 기체의 압력, 온도, 기체가 한 일을 각각 비교하여 서술하시오. (단, 실린더와 피스톤 사이의 마찰은 무시한다.)

03 [8711-0074]
그림 (가)는 일정량의 이상 기체가 들어 있는 실린더를 얼음 위에 올려놓은 것을, (나)는 시간이 흐른 후 피스톤이 서서히 이동하여 정지한 것을 나타낸 것이다.

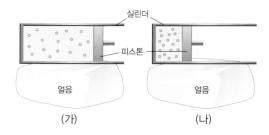

(가)의 실린더 내부 기체의 부피가 (나)와 같이 감소하는 동안 기체의 압력, 내부 에너지 변화, 기체가 한 일, 열의 흡수 또는 방출 여부를 서술하시오. (단, 실린더와 피스톤 사이의 마찰은 무시한다.)

04 [8711-0075]
그림은 열기관 P를 장착한 보트가 연료를 공급받지 않아도 바닷물에서 열을 흡수하여 P에 열을 공급한 후 얼음을 배출하는 과정을 모식적으로 나타낸 것이다.

위의 과정이 열역학 제1법칙에 위배되는지 여부와 P와 같이 작동하는 열기관을 실제 제작하는 것이 불가능한 까닭을 열역학 제2법칙에 근거하여 서술하시오.

05 [8711-0076]
그림은 열원 A에서 Q_1의 열을 흡수하여 W의 일을 하고, 열원 B로 Q_2의 열을 방출하는 열기관을 모식적으로 나타낸 것이다. A, B의 온도는 각각 T_A, T_B로 일정하고, 열기관의 열효율은 0.3이다.

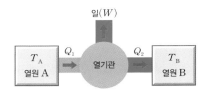

Q_1과 Q_2의 관계식을 구하고, W를 Q_2의 관계식으로 나타내시오.

05 특수 상대성 이론 및 질량과 에너지

1 마이컬슨·몰리 실험

(1) 에테르: 빛을 파동으로 생각했을 때의 가상 매질이다.

(2) 마이컬슨·몰리 실험: 에테르를 통해 전달되는 빛의 속력 차이로부터 에테르의 존재를 확인하기 위한 실험이다.

예측	지구 표면에 에테르 바람이 있다면 에테르 바람의 방향에 대한 두 빛의 진행 방향이 다르기 때문에 빛 검출기에 도달하는 시간에 차이가 생길 것이다.
과정	광원에서 나온 빛이 반투명 거울을 통해 수직으로 나누어 진행한 후 반투명 거울로부터 같은 거리에 있는 두 거울에서 반사되어 다시 반투명 거울을 통해 빛 검출기로 들어온다.
결과	경로 (1)과 경로 (2)의 빛이 빛 검출기에 동시에 도달한다.
결론	빛의 속력 차이가 없으므로 에테르는 존재하지 않는다.

2 특수 상대성 이론의 두 가정

아인슈타인은 에테르가 없다고 하였으며, 상대성 원리와 광속 불변 원리라는 두 가정을 세웠다.

(1) 상대성 원리: 모든 관성 좌표계에서 물리학의 모든 법칙은 동일하게 적용된다.

- **관성 좌표계:** 관성 법칙이 성립하는 좌표계로, 정지해 있거나 등속도로 움직이는 좌표계이다. 특수 상대성 이론에서는 관성 좌표계만 고려한다.

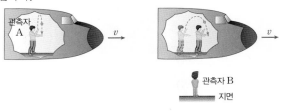

일정한 속도 v로 움직이는 우주선 안에서 연직 위로 던진 공의 운동을 관찰할 때 관측자 A와 B가 측정한 물리량은 다를 수 있지만, 그 물리량 사이의 운동 법칙은 $F=ma$로 동일하다.

(2) 광속 불변 원리: 모든 관성 좌표계에서 보았을 때 진공 중에서 진행하는 빛의 속력은 관측자나 광원의 속도에 관계없이 일정하다.

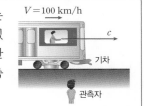

100 km/h의 속력으로 달리는 기차에 탄 사람이 빛을 비추고 있다. ➡ 기차에 탄 사람이 측정한 빛의 속력＝기차 밖에 있는 관측자가 측정한 빛의 속력＝c

3 특수 상대성 이론에 의한 현상

(1) 동시성의 상대성: 한 관측자가 측정할 때 동시에 일어난 두 사건이 다른 관성 좌표계의 관측자에게는 동시에 일어난 사건이 아닐 수 있다.

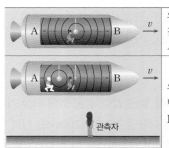

우주선 안의 관측자는 방출된 빛이 같은 거리에 있는 두 벽 A, B에 동시에 도달하는 것으로 관측한다.

우주선 밖의 관측자는 방출된 빛이 벽 A에 먼저 도달하고, 나중에 벽 B에 도달하는 것으로 관측한다.

핵심 개념 체크

정답과 해설 12쪽

1. 모든 관성 좌표계에서 물리학의 모든 법칙은 동일하게 적용된다는 원리는 (　　) 원리이다.

2. 광원의 운동 상태, 관측자의 운동 상태와 관계없이 진공에서 빛의 속력이 항상 일정하다는 원리는 (　　) 원리이다.

3. 다음 중 옳은 것은 ○표, 옳지 <u>않은</u> 것은 ×표 하시오.
   (1) 관측자가 자신에 대해 120 km/h의 속도로 운동하는 자동차에서 운동 방향으로 20 km/h의 속력으로 발사된 물체의 속력을 측정하면 140 km/h이다. (　　)
   (2) $0.5c$의 속도로 운동하는 우주선에서 운동 방향으로 빛을 방출시키면 방출된 빛의 속도는 $1.5c$이다. (단, c는 진공 중에서 빛의 속도이다.) (　　)
   (3) 한 관측자에게 동시에 일어난 두 사건은 등속도로 상대 운동하고 있는 다른 관찰자에게도 항상 동시에 일어난 사건이다. (　　)

(2) 시간 지연: 정지한 관측자가 측정한 빠르게 움직이는 관측자의 시간은 느리게 가는 것으로 측정되는 현상

① 우주선 안의 관측자: 빛이 우주선 바닥과 천장 사이를 왕복한 거리는 $2L_0$이므로 빛이 왕복하는 데 걸리는 시간은 $t_0 = \dfrac{2L_0}{c}$이며, 관측자와 빛 시계는 같은 관성 좌표계에 있으므로(관측자에 대해 정지해 있는 시계로 측정한 시간) t_0을 고유 시간이라고 한다.

우주선 안의 관측자가 본 빛 시계

② 우주선 밖의 관측자: 빛이 우주선 바닥과 천장 사이를 왕복한 거리는 $2L(L > L_0)$이므로 빛이 왕복하는 데 걸리는 시간은 $t = \dfrac{2L}{c}$이며, 관측자와 빛 시계는 서로 다른 관성 좌표계에 있으므로(관측자가 자신에 대해 운동하고 있는 시계의 시간을 측정한 시간) t를 지연된 시간이라고 한다.

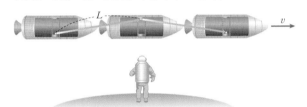

행성의 지면에 정지해 있는 관측자가 본 빛 시계

> 우주선 밖의 관측자가 측정한 시간(t)은 운동하는 우주선 안에서 측정한 시간(고유 시간, t_0)보다 길게 측정된다.

(3) 길이 수축: 관측자가 매우 빠르게 움직이는 물체를 관측할 때 그 물체의 길이가 정지 상태 또는 그 물체와 같은 속도로 달리는 관측자가 측정한 길이보다 줄어 보이는 현상

① 우주선 안의 관측자: 지구와 행성 사이의 거리를 L이라고 할 때 우주선이 지구에서 행성까지 이동한 거리는 $L = vt_0$이다.

② 우주선 밖의 관측자: 지구와 행성 사이의 거리를 L_0이라고 할 때 우주선이 지구에서 행성까지 이동한 거리는 $L_0 = vt$이다. 물체에 대해 정지한 관측자가 측정한 물체의 길이를 고유 길이(L_0)라고 한다. ➡ $t_0 < t$이므로 $L_0 > L$이다.

지구   행성

행성의 지면에 정지해 있는 관측자가 본 우주선의 운동

> 지구와 행성에 대해 정지해 있는 관측자가 관측한 지구와 행성 사이의 거리(L_0)보다 움직이는 우주선 안의 관측자가 관측한 지구와 행성 사이의 거리(L)가 더 짧다.

(4) 질량·에너지 동등성: 정지 질량이 m_0인 물체가 빠르게 움직일 때의 질량 m은 속력이 빠를수록 커지며, 질량은 에너지로, 에너지는 질량으로 변할 수 있다.

$$E_0 = m_0 c^2 \ (\text{정지한 물체의 에너지})$$
$$E = mc^2 \ (\text{움직이는 물체의 에너지})$$
$$(c: \text{진공에서의 빛의 속력}, \ E_0 < E)$$

4 핵반응과 질량·에너지 동등성

핵반응(핵분열, 핵융합) 과정에서 생기는 질량 결손(Δm)이 질량·에너지 동등성에 의해 에너지(E)로 전환된다.

$$E = \Delta m c^2$$

(1) 핵분열: 무거운 원자핵이 보다 가벼운 원자핵으로 쪼개진다.
(2) 핵융합: 질량이 작은 여러 개의 원자핵이 합쳐져 무거운 원자핵으로 된다.

핵심 개념 체크

정답과 해설 12쪽

4. 관측자에 대해 정지해 있는 시계로 측정한 시간을 (　　　)이라고 하며, 관측자가 자신에 대해 운동하고 있는 시계의 시간을 측정한 시간은 고유 시간보다 (　　　)게 측정된다.

5. 다음 중 옳은 것은 ○표, 옳지 않은 것은 ×표 하시오.
   (1) 물체에 대해 매우 빠르게 운동하는 관측자가 측정한 물체의 길이는 물체에 대해 정지한 관측자가 측정한 길이보다 짧다. (　　　)
   (2) 매우 빠른 우주선에서 우주선의 운동 방향과 수직인 방향으로 방출한 빛의 경로는 우주선 안의 관측자가 측정할 때와 우주선 밖의 관측자가 측정할 때가 같다. (　　　)
   (3) 물체의 속력이 빠를수록 물체의 에너지는 증가한다. (　　　)

6. 핵에너지는 핵반응 과정에서 생기는 (　　　)이 에너지로 전환된 것이다.

7. 무거운 원자핵이 보다 가벼운 원자핵으로 쪼개지는 핵반응을 (　　　) 반응이라 하고, 질량이 작은 여러 개의 원자핵이 합쳐져 무거운 원자핵으로 되는 핵반응을 (　　　) 반응이라고 한다.

01 [8711-0077]
그림은 빛이 진행할 때 필요한 매질이라고 생각한 에테르의 존재를 확인하기 위한 마이컬슨과 몰리의 실험 장치를 모식적으로 나타낸 것이다. 광원−반투명 거울−거울 1−반투명 거울−빛 검출기의 경로 1과 광원−반투명 거울−거울 2−반투명 거울−빛 검출기의 경로 2의 길이는 같다.

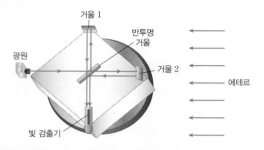

이에 대한 설명으로 옳은 것만을 〈보기〉에서 있는 대로 고른 것은?

┌─ 보기 ┐
ㄱ. 광원에서 나온 빛이 각각 경로 1과 경로 2를 따라 빛 검출기에 도달할 때 시간 차이가 있었다.
ㄴ. 실험 결과 에테르의 효과는 확인할 수 없었다.
ㄷ. 아인슈타인은 빛의 속력은 어느 관측자에게나 운동에 관계없이 항상 같다고 하였다.
└──────┘

① ㄱ   ② ㄴ   ③ ㄷ   ④ ㄱ, ㄴ   ⑤ ㄴ, ㄷ

02 [8711-0078]
그림 (가)는 관측자 C에 대해 200 km/h의 일정한 속력으로 운동하는 열차에 탑승한 승객 A가 운동 방향과 나란한 방향으로 화살을 100 km/h의 속력으로 쏘는 것을 나타낸 것이고, (나)는 관측자 C에 대해 $0.5c$의 일정한 속력으로 운동하는 열차에서 다른 승객 B가 운동 방향과 나란한 방향으로 빛을 비추는 것을 나타낸 것이다.

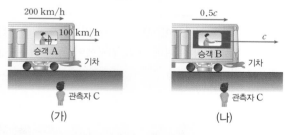

이에 대한 설명으로 옳은 것만을 〈보기〉에서 있는 대로 고른 것은? (단, c는 빛의 속력이다.)

┌─ 보기 ┐
ㄱ. (가)에서 C가 측정한 화살의 속력은 300 km/h이다.
ㄴ. (나)에서 빛의 속력은 B가 측정할 때가 C가 측정할 때보다 작다.
ㄷ. (나)에서 B가 측정한 C의 시간과 C가 측정한 B의 시간은 같다.
└──────┘

① ㄱ   ② ㄷ   ③ ㄱ, ㄴ   ④ ㄱ, ㄷ   ⑤ ㄴ, ㄷ

03 [8711-0079]
그림은 수평면에서 일정한 속력으로 직선 운동을 하는 기차 안에서 관측자 A가 제자리 뛰기를 하여 뛰기 전후에 위치의 변화가 없을 때, 지면에 정지해 있는 관측자 B가 측정하는 모습을 나타낸 것이다.

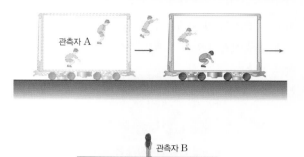

이에 대한 설명으로 옳은 것만을 〈보기〉에서 있는 대로 고른 것은?

┌─ 보기 ┐
ㄱ. A가 측정할 때 자신에게는 중력만 작용하는 것으로 측정한다.
ㄴ. B가 측정할 때 A에는 중력과 수평 방향의 힘이 작용하는 것으로 측정한다.
ㄷ. A와 B가 A의 운동을 설명하는 물리 법칙은 동일하다.
└──────┘

① ㄱ   ② ㄴ   ③ ㄷ   ④ ㄱ, ㄷ   ⑤ ㄱ, ㄴ, ㄷ

04 [8711-0080]
그림은 수평면 위의 구에 대해 각각 $0.2c$, $0.5c$의 속력으로 수평면과 나란하게 운동하는 우주선 A, B를 나타낸 것이다. 수평면 위에 정지한 구에서 빛이 방출되었다.

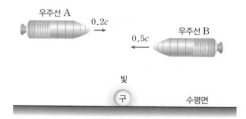

이에 대한 설명으로 옳은 것만을 〈보기〉에서 있는 대로 고른 것은? (단, c는 빛의 속력이다.)

┌─ 보기 ┐
ㄱ. 구의 부피는 A에서 측정한 것이 B에서 측정한 것보다 크다.
ㄴ. 빛의 속력은 B에서 측정한 것이 A에서 측정한 것보다 빠르다.
ㄷ. A에서 측정할 때 B에서의 시간은 자신의 시간보다 느리게 간다.
└──────┘

① ㄱ   ② ㄷ   ③ ㄱ, ㄴ   ④ ㄱ, ㄷ   ⑤ ㄴ, ㄷ

[8711-0081]

05 그림은 관측자 A가 타고 있는 우주선이 관측자 B에 대해 행성 P에서 행성 Q를 향해 일정한 속력 v로 운동하는 것을 나타낸 것이다. P, Q는 B에 대해 정지해 있으며, B가 측정할 때 우주선이 P에서 Q까지 이동하는 데 걸린 시간은 t_0이다.

이에 대한 설명으로 옳은 것만을 〈보기〉에서 있는 대로 고른 것은?

┌─ 보기 ┌─────────────────────────────────
ㄱ. 운동 방향으로 우주선의 길이는 A가 측정할 때가 B가 측정할 때보다 짧다.
ㄴ. B가 측정할 때 P에서 Q까지의 거리는 vt_0이다.
ㄷ. A가 측정할 때 우주선이 P에서 Q까지 이동하는 데 걸리는 시간은 t_0보다 길다.
└──

① ㄱ   ② ㄴ   ③ ㄷ

④ ㄴ, ㄷ   ⑤ ㄱ, ㄴ, ㄷ

[8711-0082]

06 그림은 관측자 B에 대해 일정한 속력 v로 운동하는 우주선 안에 광원과 빛 검출기 P, Q를 설치한 것을 나타낸 것이다. B가 측정할 때 광원에서 방출된 빛은 P, Q에 동시에 도달하고, A가 측정할 때 P와 Q 사이의 거리는 L_0이다.

이에 대한 설명으로 옳은 것만을 〈보기〉에서 있는 대로 고른 것은?

┌─ 보기 ┌─────────────────────────────────
ㄱ. A가 측정할 때 광원에서 방출된 빛은 P에 먼저 도달한다.
ㄴ. B가 측정할 때 P와 Q 사이의 거리는 L_0보다 짧다.
ㄷ. A, B가 측정한 빛의 속력은 같다.
└──

① ㄱ   ② ㄴ   ③ ㄷ

④ ㄴ, ㄷ   ⑤ ㄱ, ㄴ, ㄷ

[8711-0083]

07 그림은 관측자 C에 대해 $0.6c$의 일정한 속력으로 수평면과 나란하게 운동하는 우주선 Ⅰ, Ⅱ를 나타낸 것이다. 우주선 Ⅰ, Ⅱ에는 각각 관측자 A, B가 타고 있고, B가 측정할 때 광원에서 나온 빛이 바닥의 거울에서 수직으로 반사하여 되돌아온다.

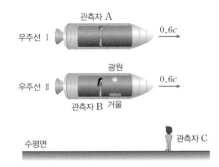

A, C가 측정할 때 우주선 Ⅱ의 광원에서 나온 빛의 경로로 가장 적절한 것은?

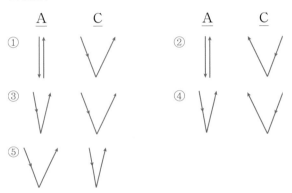

[8711-0084]

08 그림은 고유 길이가 같은 두 우주선 P, Q가 각각 서로 반대 방향으로 같은 속력 $0.4c$로 나란하게 운동하는 것을 나타낸 것이다. Q에서 측정할 때 a와 a′가 일치하는 순간, Q의 b′에서 P를 향해 빛을 방출한다. a와 b는 각각 P의 가장 뒤쪽과 가장 앞쪽 지점이고, a′와 b′는 각각 Q의 가장 앞쪽과 뒤쪽 지점이다.

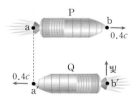

이에 대한 설명으로 옳은 것만을 〈보기〉에서 있는 대로 고른 것은? (단, c는 빛의 속력이다.)

┌─ 보기 ┌─────────────────────────────────
ㄱ. P에서 측정한 Q의 길이는 Q에서 측정한 P의 길이와 같다.
ㄴ. P에서 측정한 Q의 시간은 P에서의 시간보다 느리게 간다.
ㄷ. P에서 측정할 때 b′에서 빛을 방출하기 전에 b는 b′를 지나갔다.
└──

① ㄱ   ② ㄴ   ③ ㄷ

④ ㄱ, ㄴ   ⑤ ㄱ, ㄴ, ㄷ

09 [8711-0085]

그림과 같이 xy축의 원점에 광원이, x축과 y축에 각각 검출기 P, Q가 고정되어 있다. 우주선 A, B는 각각 광원에 대해 y축, x축과 나란한 방향으로 각각 $0.9c$, $0.6c$의 일정한 속력으로 운동하고 있으며, 관측자 C는 광원에 대해 정지해 있다. A에서 측정할 때 광원에서 방출된 빛은 P, Q에 동시에 도달한다.

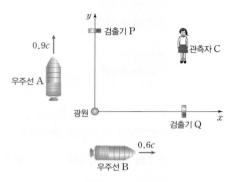

이에 대한 설명으로 옳은 것만을 〈보기〉에서 있는 대로 고른 것은? (단, c는 빛의 속력이다.)

┌─ 보기 ┌
ㄱ. C가 측정할 때 광원과 P 사이의 거리는 광원과 Q 사이의 거리와 같다.
ㄴ. B가 측정할 때 광원에서 방출된 빛은 Q에 먼저 도달한다.
ㄷ. C가 측정할 때 A의 시간은 B의 시간보다 느리게 간다.

① ㄴ   ② ㄷ   ③ ㄱ, ㄴ
④ ㄱ, ㄷ   ⑤ ㄴ, ㄷ

10 [8711-0086]

그림은 수평면에서 광원 P, Q, 관측자 B에 대해 $0.7c$의 속력으로 수평면과 나란하게 운동하는 우주선을 나타낸 것이다. 우주선에 탄 관측자 A가 측정한 우주선의 길이는 L_0이다. A, B의 위치가 기준

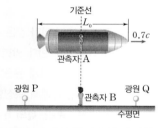

선과 일직선이 되는 순간 B가 측정할 때 P, Q에서 동시에 빛이 방출되었다.
이에 대한 설명으로 옳은 것만을 〈보기〉에서 있는 대로 고른 것은? (단, c는 빛의 속력이다.)

┌─ 보기 ┌
ㄱ. B가 측정한 우주선의 길이는 L_0보다 짧다.
ㄴ. A가 측정할 때 빛은 P보다 Q에서 먼저 방출되었다.
ㄷ. 우주선이 P에서 Q까지 이동하는 데 걸리는 시간은 A가 측정할 때가 B가 측정할 때보다 길다.

① ㄱ   ② ㄷ   ③ ㄱ, ㄴ
④ ㄴ, ㄷ   ⑤ ㄱ, ㄴ, ㄷ

11 [8711-0087]

그림은 지표면의 관측자 B가 측정할 때 높이가 H인 산꼭대기에서 생성된 뮤온과 우주선을 타고 운동하는 관측자 A를 나타낸 것이다. 뮤온은 생성된 후 매우 짧은 시간 안에 붕괴하여 다른 입자로 변하기 때문에 이론상 지표면에서 검출되지 않아야 하지만 실제로는 뮤온이 지표면에서 검출된다. 뮤온과 우주선의 속력은 모두 $0.99c$이고, A가 측정한 뮤온의 수명은 t이다.

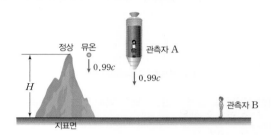

이에 대한 설명으로 옳은 것만을 〈보기〉에서 있는 대로 고른 것은? (단, c는 빛의 속력이다.)

┌─ 보기 ┌
ㄱ. B가 측정한 뮤온의 수명은 t보다 길다.
ㄴ. B가 측정할 때 $H = 0.99ct$이다.
ㄷ. 뮤온의 좌표계에서 측정할 때 뮤온이 생성되어 붕괴될 때까지 걸리는 시간은 t이다.

① ㄱ   ② ㄷ   ③ ㄱ, ㄴ
④ ㄱ, ㄷ   ⑤ ㄴ, ㄷ

12 [8711-0088]

그림 (가)는 관측자에 대해 정지해 있는 입자를, (나)는 (가)에서와 동일한 입자가 관측자에 대해 $0.4c$의 일정한 속력으로 운동하는 것을 나타낸 것이다.

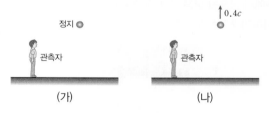

이에 대한 설명으로 옳은 것만을 〈보기〉에서 있는 대로 고른 것은? (단, c는 빛의 속력이다.)

┌─ 보기 ┌
ㄱ. 관측자가 측정한 입자의 질량은 (가)에서와 (나)에서가 같다.
ㄴ. 입자의 질량은 에너지로 전환될 수 있다.
ㄷ. 관측자가 측정한 입자의 에너지는 (가)에서가 (나)에서보다 작다.

① ㄱ   ② ㄴ   ③ ㄱ, ㄷ
④ ㄴ, ㄷ   ⑤ ㄱ, ㄴ, ㄷ

13 [8711-0089]

그림은 관측자 A가 탄 우주선, 관측자 B가 탄 우주선, 양성자가 관측자 C에 대해 각각 $0.9c$, $0.5c$, $0.9c$의 일정한 속력으로 나란하게 운동하는 것을 나타낸 것이다.

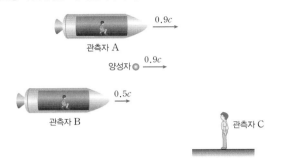

이에 대한 설명으로 옳은 것만을 〈보기〉에서 있는 대로 고른 것은? (단, c는 빛의 속력이다.)

┌─ 보기 ┐
ㄱ. 양성자의 질량은 A가 측정할 때가 B가 측정할 때보다 크다.
ㄴ. 양성자의 에너지는 C가 측정할 때가 B가 측정할 때보다 크다.
ㄷ. C의 시간은 A가 측정할 때가 B가 측정할 때보다 느리게 간다.
└────────────┘

① ㄱ　　　　② ㄴ　　　　③ ㄷ
④ ㄱ, ㄴ　　　⑤ ㄴ, ㄷ

14 [8711-0090]

그림 (가), (나)는 핵융합 반응과 핵분열 반응을 순서 없이 나타낸 것이다.

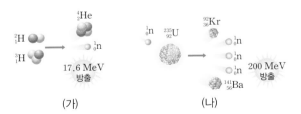

(가)　　　　　　(나)

이에 대한 설명으로 옳은 것만을 〈보기〉에서 있는 대로 고른 것은?

┌─ 보기 ┐
ㄱ. (가)는 핵분열 반응이다.
ㄴ. (가)에서 17.6 MeV는 질량 결손에 의한 에너지이다.
ㄷ. 핵반응 과정에서의 질량 결손은 (나)에서가 (가)에서보다 크다.
└────────────┘

① ㄴ　　　　② ㄷ　　　　③ ㄱ, ㄴ
④ ㄷ, ㄹ　　　⑤ ㄴ, ㄷ

15 [8711-0091]

그림은 원자력 발전소에서의 발전 과정을 모식적으로 나타낸 것이고, 식은 발전 과정에서의 핵반응식을 나타낸 것이다.

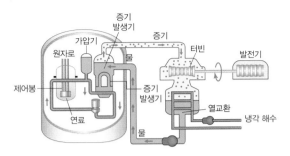

$$^{235}_{92}\text{U} + ^{1}_{0}\text{n} \longrightarrow ^{141}_{56}\text{Ba} + ^{92}_{36}\text{Kr} + 3^{1}_{0}\text{n} + 200\text{ MeV}$$

이에 대한 설명으로 옳은 것만을 〈보기〉에서 있는 대로 고른 것은?

┌─ 보기 ┐
ㄱ. 핵분열을 이용한 발전 방식이다.
ㄴ. 핵반응 과정에서 질량수는 보존된다.
ㄷ. 핵반응 과정에서 질량 결손에 의해 에너지를 얻는다.
└────────────┘

① ㄱ　　　　② ㄷ　　　　③ ㄱ, ㄴ
④ ㄴ, ㄷ　　　⑤ ㄱ, ㄴ, ㄷ

16 [8711-0092]

그림은 핵반응을 이용한 발전소에서의 발전 과정을 모식적으로 나타낸 것이고, 식은 발전 과정에서의 핵반응식을 나타낸 것이다.

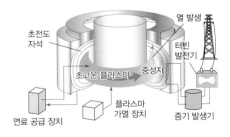

$$^{2}_{1}\text{H} + ^{3}_{1}\text{H} \longrightarrow ^{4}_{2}\text{He} + ^{1}_{0}\text{n} + 17.6\text{ MeV}$$

이에 대한 설명으로 옳은 것만을 〈보기〉에서 있는 대로 고른 것은?

┌─ 보기 ┐
ㄱ. 핵융합을 이용한 발전 방식이다.
ㄴ. 질량의 합은 핵반응 전보다 핵반응 후가 크다.
ㄷ. $^{3}_{1}\text{H}$과 $^{4}_{2}\text{He}$의 중성자수는 같다.
└────────────┘

① ㄱ　　　　② ㄷ　　　　③ ㄱ, ㄴ
④ ㄱ, ㄷ　　　⑤ ㄴ, ㄷ

01 [8711-0093] 그림은 관측자 B가 탄 우주선이 지면에 정지해 있는 관측자 A에 대해 $0.8c$의 속력으로 지면과 나란한 방향으로 운동하는 것을 나타낸 것이다. A가 측정할 때 광원 P, Q에서 동시에 방출된 빛은 검출기에 동시에 도달한다.

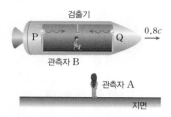

B가 측정할 때 P, Q에서 검출기까지의 거리의 대소 관계를 비교하고, 그 까닭을 서술하시오. (단, c는 빛의 속력이다.)

02 [8711-0094] 그림은 영희가 탄 우주선이 수평면에 정지한 철수, 현주, 민수에 대해 $0.8c$의 속도로 운동하는 것을 나타낸 것으로, 영희는 우주선이 기준선을 지나는 순간 철수와 민수가 동시에 손전등을 켠 것으로 측정하였다. 현주가 측정할 때 기준선은 철수와 민수로부터 같은 거리 L_0만큼 떨어져 있다.

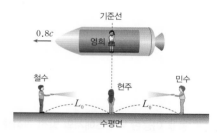

현주는 누구의 손전등이 먼저 켜진 것으로 측정하는지 쓰시오. (단, c는 빛의 속력이다.)

03 [8711-0095] 그림은 지구에 정지해 있는 관측자 A에 대해 v의 일정한 속력으로 행성을 향해 운동하는 우주선을 나타낸 것이다. 우주선에는 관측자 B가 타고 있다.

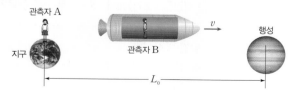

지구와 행성 사이의 거리가 A가 측정할 때는 L_0, B가 측정할 때는 L이라면, L_0과 L 사이의 관계를 구하는 과정과 결과를 서술하시오.

04 [8711-0096] 그림 (가)는 지면에 대해 v의 속력으로 지면과 나란하게 등속 직선 운동을 하는 우주선의 바닥에서 빛을 수직 위로 발사하여 천장에 있는 거울에서 반사한 뒤 되돌아오는 시간을 관측자 A가 측정하는 모습을, (나)는 (가)의 우주선에서 빛이 왕복하는 시간을 지면에 정지한 관측자 B가 측정하는 모습을 나타낸 것이다.

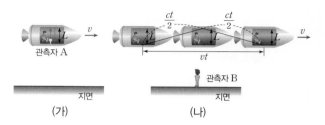

(가)

(나)

(가)에서 A가 측정한 시간을 t_0, (나)에서 B가 측정한 시간을 t라고 할 때, t_0과 t 사이의 관계를 구하는 과정과 결과를 서술하시오. (단, c는 빛의 속력이다.)

05 [8711-0097] 그림은 지표면의 관측자가 측정할 때 높이가 H인 산꼭대기에서 생성된 뮤온이 지표면에 대해 $0.99c$의 속력으로 지표면으로 떨어지는 모습을 나타낸 것이다. 그런데 뮤온은 수명이 매우 짧아서 수명 안에 지표면에 도달할 수 없으므로 지표면에서 검출되지 않아야 하지만, 실제로는 뮤온이 지표면에서 검출된다.

뮤온이 지표면에서 검출되는 까닭을 뮤온의 좌표계와 관측자의 좌표계에서 각각 특수 상대성 이론에 의해 나타나는 현상으로 서술하시오.

01 [8711-0098]
그림 (가)와 같이 직선 도로에서 0초일 때 자동차 B가 기준선 Q를 12 m/s의 속력으로 지나는 순간 자동차 A가 기준선 P에서 출발하고, P, Q 사이의 거리는 144 m이다. 그림 (나)는 (가)에서 A, B의 속도를 시간에 따라 나타낸 것이다.

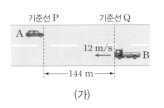 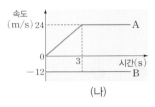

(가)   (나)

이에 대한 설명으로 옳은 것만을 〈보기〉에서 있는 대로 고른 것은? (단, A, B는 직선 도로와 나란한 직선 경로를 따라 운동하며, A, B의 크기는 무시한다.)

┌─ 보기 ┐
ㄱ. 1초일 때 A의 가속도의 크기는 8 m/s²이다.
ㄴ. A와 B는 5초일 때 서로 스쳐 지나간다.
ㄷ. 4초일 때 A가 본 B의 속력은 12 m/s이다.
└────────┘

① ㄱ   ② ㄷ   ③ ㄱ, ㄴ
④ ㄴ, ㄷ   ⑤ ㄱ, ㄴ, ㄷ

02 [8711-0099]
그림과 같이 마찰이 없는 경사면 위에서 물체가 등가속도 직선 운동을 하고 있다. 점 a, b, c, d, e는 경사면에서 물체가 이동한 일직선상의 위치이고, 물체가 각 점 사이를 이동하는 데 걸린 시간은 1초이다. 표는 물체를 경사면에 처음 놓은 지점을 기준으로 a, b, c, d, e의 위치를 나타낸 것이다.

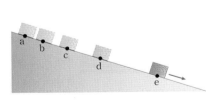

지점	위치
a	12 m
b	24 m
c	40 m
d	(㉠)
e	84 m

이에 대한 설명으로 옳은 것만을 〈보기〉에서 있는 대로 고른 것은? (단, 물체의 크기, 공기 저항은 무시한다.)

┌─ 보기 ┐
ㄱ. 가속도의 크기는 8 m/s²이다.
ㄴ. ㉠은 60 m이다.
ㄷ. e를 지나는 순간의 속력은 32 m/s이다.
└────────┘

① ㄱ   ② ㄴ   ③ ㄷ
④ ㄱ, ㄴ   ⑤ ㄴ, ㄷ

03 [8711-0100]
그림 (가)는 직선 도로에서 자동차 A가 0초일 때 기준선을 v의 속력으로 지나는 순간 기준선에 정지해 있던 자동차 B가 같은 방향으로 출발하여 나란하게 운동하는 모습을 나타낸 것이다. 그림 (나), (다)는 (가)에서 기준선으로부터 A의 위치와 B의 가속도를 각각 시간에 따라 나타낸 것이다.

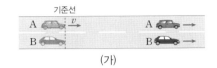

(가)

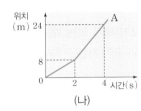 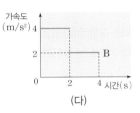

(나)   (다)

이에 대한 설명으로 옳은 것만을 〈보기〉에서 있는 대로 고른 것은? (단, A, B의 크기는 무시한다.)

┌─ 보기 ┐
ㄱ. A의 속력은 3초일 때가 1초일 때의 2배이다.
ㄴ. 3초일 때 A가 측정한 B의 속력은 2 m/s이다.
ㄷ. 4초일 때 A와 B 사이의 거리는 6 m이다.
└────────┘

① ㄱ   ② ㄷ   ③ ㄱ, ㄴ
④ ㄴ, ㄷ   ⑤ ㄱ, ㄴ, ㄷ

04 [8711-0101]
그림은 기준선 a에서 가만히 놓은 물체가 일정한 가속도로 기준선 b, c, d를 통과하는 모습을 나타낸 것이다. a와 b 사이, c와 d 사이의 거리는 각각 16 m, x이고, 이동하는 데 걸린 시간은 각각 2초, 3초이다. c를 지나는 순간 물체의 속력은 32 m/s이다.
이에 대한 설명으로 옳은 것만을 〈보기〉에서 있는 대로 고른 것은?

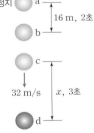

┌─ 보기 ┐
ㄱ. 가속도의 크기는 10 m/s²이다.
ㄴ. b에서 c까지 이동하는 데 걸린 시간은 2초이다.
ㄷ. $x = 128$ m이다.
└────────┘

① ㄱ   ② ㄴ   ③ ㄷ
④ ㄱ, ㄴ   ⑤ ㄴ, ㄷ

05 [8711-0102] 그림 (가)는 도넛 모양의 물체 **A**를 원기둥 모양의 물체 **B** 위에 올려놓고 실을 이용하여 **B**를 천장에 매달아 놓은 모습을 나타낸 것이고, (나)는 (가)에서 실이 끊어져 **A**, **B**가 자유 낙하 하는 모습을 나타낸 것이다. **A**, **B**의 질량은 각각 $3m$, $2m$이다.

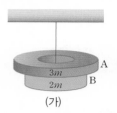 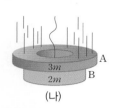

(가)   (나)

이에 대한 설명으로 옳은 것만을 〈보기〉에서 있는 대로 고른 것은? (단, 중력 가속도는 g이고, 실의 질량과 공기 저항은 무시한다.)

> **보기**
> ㄱ. (가)에서 실이 **B**를 당기는 힘의 크기는 $3mg$이다.
> ㄴ. **B**가 **A**에 작용하는 힘의 크기는 (가)에서와 (나)에서가 같다.
> ㄷ. (나)에서 **B**에 작용하는 알짜힘의 크기는 $2mg$이다.

① ㄱ   ② ㄷ   ③ ㄱ, ㄴ
④ ㄴ, ㄷ   ⑤ ㄱ, ㄴ, ㄷ

---

06 [8711-0103] 그림 (가)는 마찰이 있는 수평면 위에서 물체 **A**, **B**를 실로 연결하고 **B**에 수평 방향으로 일정한 크기의 힘 F를 작용할 때, **A**와 **B**가 운동하다가 실이 끊어진 모습을 나타낸 것이다. 이때 **A**와 **B**에 작용하는 마찰력의 크기는 같고, 실이 끊어진 후에도 **B**에는 수평 방향으로 일정한 크기의 힘 F를 작용한다. 그림 (나)는 (가)에서 **A**, **B**의 속도를 시간에 따라 나타낸 것이다.

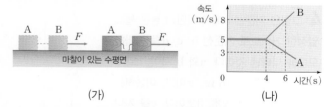

(가)   (나)

이에 대한 설명으로 옳은 것만을 〈보기〉에서 있는 대로 고른 것은?

> **보기**
> ㄱ. 질량은 **A**가 **B**의 $\frac{3}{2}$배이다.
> ㄴ. 실이 끊어지기 전 실이 **B**를 당기는 힘의 크기는 **B**에 작용하는 마찰력의 크기와 같다.
> ㄷ. 실이 끊어진 후 **B**에 작용하는 알짜힘의 크기는 **A**에 작용하는 알짜힘의 크기의 3배이다.

① ㄱ   ② ㄷ   ③ ㄱ, ㄴ
④ ㄴ, ㄷ   ⑤ ㄱ, ㄴ, ㄷ

---

07 [8711-0104] 그림 (가)는 수평면에 정지해 있는 물체 **B**를 향해 운동하는 질량이 1 kg인 물체 **A**를 나타낸 것이다. **A**와 **B**가 충돌한 후 **B**는 수평면으로부터 높이 0.8 m인 경사면에 정지하였다. 그림 (나)는 (가)에서 **A**의 속도를 시간에 따라 나타낸 것이다.

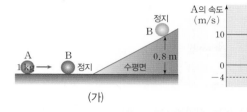

(가)   (나)

이에 대한 설명으로 옳은 것만을 〈보기〉에서 있는 대로 고른 것은? (단, 중력 가속도는 10 m/s^2이고, 모든 마찰은 무시한다.)

> **보기**
> ㄱ. 충돌 과정에서 **A**가 받은 충격량의 크기는 6 N·s이다.
> ㄴ. 충돌 직후 **B**의 속력은 4 m/s이다.
> ㄷ. **B**의 질량은 3 kg이다.

① ㄱ   ② ㄴ   ③ ㄷ
④ ㄱ, ㄴ   ⑤ ㄴ, ㄷ

---

08 [8711-0105] 그림은 자동차의 충돌 안전 실험을 하는 장면을 나타낸 것이다. 충돌 시 탑승자의 보호를 위해 자동차의 앞과 뒤에 충격을 흡수할 수 있는 구조를 지닌 구역 1, 2가 있고, 탑승자가 있는 곳에는 에어백이 설치되어 있다.

이에 대한 설명으로 옳은 것만을 〈보기〉에서 있는 대로 고른 것은?

> **보기**
> ㄱ. 구역 1, 2는 자동차가 충돌할 때 잘 찌그러지지 못하게 하는 구조로 되어 있다.
> ㄴ. 에어백은 탑승자가 차량 내부와 충돌할 때 받는 충격력의 크기를 줄여 주는 역할을 한다.
> ㄷ. 에어백은 탑승자가 받는 충격량의 크기를 줄여 줄 수 있다.

① ㄱ   ② ㄴ   ③ ㄱ, ㄴ
④ ㄴ, ㄷ   ⑤ ㄴ, ㄷ

09 [8711–0106] 그림 (가)는 마찰이 없는 수평면에 정지한 물체 A, B를 실로 연결하고, B에 연결된 실을 전동기로 당기는 모습을 나타낸 것이다. A, B의 질량은 각각 3 kg, 2 kg이다. 그림 (나)는 (가)에서 A, B가 동시에 운동을 시작한 때부터 전동기로 실을 당기는 힘의 크기를 시간에 따라 나타낸 것이다.

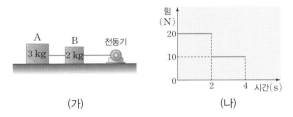

(가)　　　　　(나)

이에 대한 설명으로 옳은 것만을 〈보기〉에서 있는 대로 고른 것은? (단, 모든 마찰은 무시한다.)

┌─ 보기 ┌────────────────────────────────
ㄱ. A의 가속도의 크기는 1초일 때가 3초일 때의 2배이다.
ㄴ. 2초부터 4초까지 A와 B 사이의 거리는 가까워진다.
ㄷ. 알짜힘이 B에 한 일은 0초부터 2초까지가 2초부터 4초까지의 $\frac{4}{5}$배이다.
└──

① ㄱ　　　　② ㄷ　　　　③ ㄱ, ㄴ
④ ㄱ, ㄷ　　　⑤ ㄴ, ㄷ

10 [8711–0107] 그림 (가)는 마찰이 없는 경사면에서 A를 가만히 놓았더니 20 m를 이동하는 순간의 속력이 10 m/s인 것을 나타낸 것이고, (나)는 (가)의 경사면에서 A와 B를 실과 도르래로 연결하여 A를 잡고 있다가 놓았을 때 A가 10 m 이동한 순간을 나타낸 것이다. A, B의 질량은 각각 2 kg, 3 kg이다.

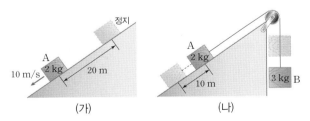

(가)　　　　　(나)

이에 대한 설명으로 옳은 것만을 〈보기〉에서 있는 대로 고른 것은? (단, 중력 가속도는 10 m/s²이고, 실의 질량 및 모든 마찰은 무시한다.)

┌─ 보기 ┌────────────────────────────────
ㄱ. (가)에서 A의 가속도의 크기는 2.5 m/s²이다.
ㄴ. (나)에서 실이 A를 당기는 힘의 크기는 10 N이다.
ㄷ. (나)에서 A가 10 m를 이동하는 동안 A의 중력 퍼텐셜 에너지 증가량은 50 J이다.
└──

① ㄱ　　　　② ㄴ　　　　③ ㄷ
④ ㄱ, ㄷ　　　⑤ ㄱ, ㄴ, ㄷ

11 [8711–0108] 그림과 같이 수평면으로부터 높이 h인 수평한 곳에서 용수철의 양쪽에 물체 A, B를 접촉시켜 압축한 후 놓았더니 A는 수평면으로부터 높이 $3h$인 곳에서 정지하였다. 용수철과 분리된 직후 B의 속력은 v, 수평면에서 B의 속력은 $2v$이고, A의 질량은 m이다. 수평면에서 중력 퍼텐셜 에너지는 0이다.

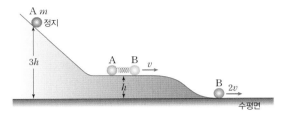

B의 질량을 m_B, 용수철이 최대로 압축된 순간 탄성력 퍼텐셜 에너지를 E_p라고 할 때, m_B와 E_p를 옳게 짝 지은 것은? (단, 중력 가속도는 g이고, 모든 마찰은 무시한다.)

	m_B	E_p		m_B	E_p
①	$\sqrt{3}m$	$\frac{6+\sqrt{6}}{3}mgh$	②	$\sqrt{6}m$	$\frac{6+\sqrt{6}}{3}mgh$
③	$\sqrt{3}m$	$\frac{6+2\sqrt{6}}{3}mgh$	④	$\sqrt{6}m$	$\frac{6+2\sqrt{6}}{3}mgh$
⑤	$\sqrt{7}m$	$\frac{8+2\sqrt{6}}{3}mgh$			

12 [8711–0109] 그림과 같이 수평면으로부터 높이 1 m인 수평한 곳에서 용수철 상수가 500 N/m인 용수철에 질량이 1 kg인 물체를 접촉시켜 평형 위치에서 0.2 m를 압축시킨 후 놓았더니 수평면에서 마찰이 작용하는 구간 p를 지나 수평면으로부터 높이 h인 경사면에 올라간 순간 정지하였다. p 구간을 지나기 전과 후 물체의 속력은 각각 v, $2\sqrt{6}$ m/s이다. 수평면에서 중력 퍼텐셜 에너지는 0이다.

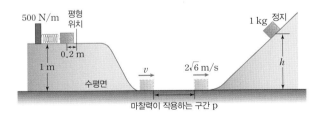

이에 대한 설명으로 옳은 것만을 〈보기〉에서 있는 대로 고른 것은? (단, 중력 가속도는 10 m/s²이고, 물체의 크기 및 p 구간을 제외한 구간에서 모든 마찰은 무시한다.)

┌─ 보기 ┌────────────────────────────────
ㄱ. $v=2\sqrt{10}$ m/s이다.
ㄴ. p 구간을 지나는 동안 마찰력에 의해 감소한 에너지는 6 J이다.
ㄷ. $h=1.2$ m이다.
└──

① ㄱ　　　② ㄴ　　　③ ㄷ　　　④ ㄱ, ㄴ　　　⑤ ㄱ, ㄷ

13 [8711-0110] 그림 (가)는 열전달이 잘 되는 고정된 금속판 **p**, 단열된 피스톤 **q**에 의해 동일한 부피로 나누어진 실린더에 같은 양의 동일한 이상 기체 A, B, C가 들어 있고, A와 B는 열평형 상태이며, **q**는 정지해 있는 것을 나타낸 것이다. 그림 (나)는 (가)의 상태에서 A에 Q_0의 열을 공급하였더니 **q**가 서서히 오른쪽으로 이동하여 정지한 것을 나타낸 것이다.

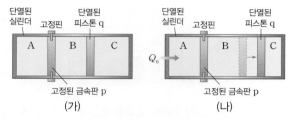

(가)   (나)

이에 대한 설명으로 옳은 것만을 〈보기〉에서 있는 대로 고른 것은? (단, 피스톤과 실린더 사이의 마찰은 무시한다.)

┌─ 보기 ┐
ㄱ. (가)에서 A와 C의 온도는 같다.
ㄴ. C의 내부 에너지는 (나)에서가 (가)에서보다 크다.
ㄷ. Q_0은 A의 내부 에너지 증가량과 B가 한 일의 합과 같다.
└────────┘

① ㄱ ② ㄷ ③ ㄱ, ㄴ
④ ㄴ, ㄷ ⑤ ㄱ, ㄴ, ㄷ

14 [8711-0111] 그림은 A 상태에 있던 일정량의 이상 기체의 상태를 $A \rightarrow B \rightarrow C \rightarrow D \rightarrow E \rightarrow A$를 따라 변화시킬 때 압력과 부피의 관계를 나타낸 것이다. $A \rightarrow B$, $D \rightarrow E$ 과정은 단열 과정, $B \rightarrow C$ 과정은 등온 과정, $C \rightarrow D$, $E \rightarrow A$ 과정은 등적 과정이다.

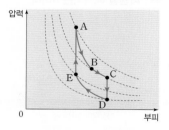

이에 대한 설명으로 옳은 것만을 〈보기〉에서 있는 대로 고른 것은?

┌─ 보기 ┐
ㄱ. 기체가 열을 흡수하는 과정은 $B \rightarrow C$, $E \rightarrow A$ 과정이다.
ㄴ. $C \rightarrow D$ 과정에서 기체가 방출한 열량은 기체의 내부 에너지 감소량과 같다.
ㄷ. $D \rightarrow E$ 과정에서 기체의 내부 에너지는 증가한다.
└────────┘

① ㄱ ② ㄷ ③ ㄱ, ㄴ
④ ㄴ, ㄷ ⑤ ㄱ, ㄴ, ㄷ

15 [8711-0112] 그림은 A 상태에 있던 일정량의 이상 기체의 상태를 $A \rightarrow B \rightarrow C \rightarrow A$를 따라 변화시킬 때 압력과 절대 온도의 관계를 나타낸 것이다. $A \rightarrow B$ 과정은 등압 과정, $B \rightarrow C$ 과정은 등적 과정, $C \rightarrow A$ 과정은 등온 과정이다. A에서 기체의 부피는 V_0이다.

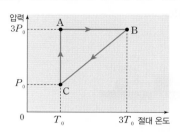

이에 대한 설명으로 옳은 것만을 〈보기〉에서 있는 대로 고른 것은?

┌─ 보기 ┐
ㄱ. 기체 분자 한 개의 평균 속력은 B에서가 A에서보다 크다.
ㄴ. B에서 기체의 부피는 $3V_0$이다.
ㄷ. $C \rightarrow A$ 과정에서 기체가 받은 일은 $4P_0V_0$이다.
└────────┘

① ㄱ ② ㄷ ③ ㄱ, ㄴ
④ ㄴ, ㄷ ⑤ ㄱ, ㄴ, ㄷ

16 [8711-0113] 그림 (가)는 중력이 추에 한 일과 열 사이의 관계를 알아보기 위한 줄의 실험 장치를 모식적으로 나타낸 것이다. 그림 (나)는 고열원에서 Q_1의 열을 흡수하여 외부에 W의 일을 하고 저열원으로 Q_2의 열을 방출하는 열기관을 나타낸 것으로, 열기관의 열효율은 0.2이다.

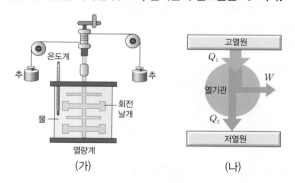

(가)   (나)

이에 대한 설명으로 옳은 것만을 〈보기〉에서 있는 대로 고른 것은?

┌─ 보기 ┐
ㄱ. (가)에서는 역학적 에너지가 열에너지로 전환된다.
ㄴ. (나)에서 $Q_1 = 1.25Q_2$이다.
ㄷ. (나)에서 저열원으로 빠져나간 열이 다시 고열원으로 흡수되므로 열효율을 높일 수 있다.
└────────┘

① ㄱ ② ㄴ ③ ㄷ
④ ㄱ, ㄴ ⑤ ㄱ, ㄴ, ㄷ

www.ebsi.co.kr

정답과 해설 15쪽

17 [8711-0114]
그림은 관측자 B에 대해 $0.8c$의 속력으로 수평면과 나란하게 운동하는 우주선과 수평면에 고정된 상자 안에서 왕복 운동을 하는 입자 P를 나타낸 것이다. B가 측정할 때 우주선 바닥의 광원에서 방출된 빛이 천장까지 한 번 왕복하는 데 걸리는 시간과 P가 한 번 왕복하는 데 걸리는 시간은 T_0으로 같다.

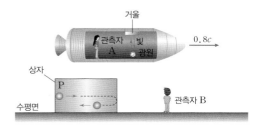

A가 측정할 때, 이에 대한 설명으로 옳은 것만을 〈보기〉에서 있는 대로 고른 것은? (단, c는 빛의 속력이다.)

┌─ 보기 ┐
ㄱ. P가 한 번 왕복하는 데 걸리는 시간은 T_0보다 길다.
ㄴ. P가 한 번 왕복하는 데 걸린 시간은 광원에서 나온 빛이 한 번 왕복하는 데 걸린 시간보다 길다.
ㄷ. 광원에서 나온 빛이 한 번 왕복하는 동안 우주선이 이동한 거리는 $0.8cT_0$보다 길다.
└──────┘

① ㄱ   ② ㄷ   ③ ㄱ, ㄴ
④ ㄴ, ㄷ   ⑤ ㄱ, ㄴ, ㄷ

18 [8711-0115]
그림은 막대 X, Y가 관측자 A에 대해 각각 일정한 속력 v_1, v_2로 수평면과 나란한 방향으로 운동하고 있는 모습을 나타낸 것이다. P, Q, P′, Q′는 각각 X, Y의 양 끝 지점이고, A가 측정할 때 X와 Y가 스쳐 지나갈 때 P와 P′, Q와 Q′는 동시에 겹친다. 막대의 고유 길이는 X가 Y보다 크다.

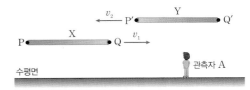

이에 대한 설명으로 옳은 것만을 〈보기〉에서 있는 대로 고른 것은?

┌─ 보기 ┐
ㄱ. $v_1 > v_2$이다.
ㄴ. X의 좌표계에서 측정할 때 P와 P′, Q와 Q′는 동시에 겹친다.
ㄷ. A의 시간은 X의 좌표계에서 측정할 때가 Y의 좌표계에서 측정할 때보다 빠르게 간다.
└──────┘

① ㄱ   ② ㄴ   ③ ㄷ
④ ㄱ, ㄴ   ⑤ ㄷ, ㄷ

19 [8711-0116]
다음 (가), (나)는 각각 에너지를 방출하는 두 가지 핵반응식이고, 표는 (가), (나)와 관련된 원자핵의 질량을 나타낸 것이다.

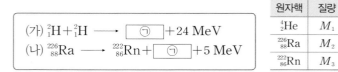

(가) $^2_1\mathrm{H} + ^2_1\mathrm{H} \longrightarrow \boxed{\,\bigcirc\,} + 24\,\mathrm{MeV}$
(나) $^{226}_{88}\mathrm{Ra} \longrightarrow ^{222}_{86}\mathrm{Rn} + \boxed{\,\bigcirc\,} + 5\,\mathrm{MeV}$

원자핵	질량
$^4_2\mathrm{He}$	M_1
$^{226}_{88}\mathrm{Ra}$	M_2
$^{222}_{86}\mathrm{Rn}$	M_3

이에 대한 설명으로 옳은 것만을 〈보기〉에서 있는 대로 고른 것은? (단, c는 빛의 속력이다.)

┌─ 보기 ┐
ㄱ. (가)는 핵분열 과정을 나타낸 핵반응식이다.
ㄴ. (가)에서 ㉠의 질량은 $^2_1\mathrm{H}$의 질량의 두 배보다 작다.
ㄷ. (나)에서 5 MeV는 $(M_2 - M_1 - M_3)c^2$에 해당하는 에너지이다.
└──────┘

① ㄱ   ② ㄴ   ③ ㄱ, ㄷ
④ ㄴ, ㄷ   ⑤ ㄱ, ㄴ, ㄷ

20 [8711-0117]
그림은 태양의 구조를 나타낸 것으로, 태양에서는 4개의 수소 원자핵이 핵반응하여 헬륨 원자핵을 생성하면서 에너지를 방출시킨다. 4개의 수소 원자핵의 질량의 합은 4.032 u이고, 헬륨 원자핵의 질량은 4.003 u이다.

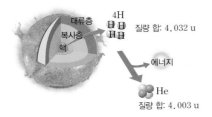

이에 대한 설명으로 옳은 것만을 〈보기〉에서 있는 대로 고른 것은? (단, u는 원자 질량 단위로, 1 u는 약 1.67×10^{-27} kg이고, c는 빛의 속력이다.)

┌─ 보기 ┐
ㄱ. 태양에서는 핵융합 반응이 일어난다.
ㄴ. 4개의 수소 원자핵이 핵반응할 때 $(0.029 \times 1.67 \times 10^{-27})c^2$에 해당하는 에너지가 발생한다.
ㄷ. 태양의 질량은 일정하게 유지된다.
└──────┘

① ㄱ   ② ㄷ   ③ ㄱ, ㄴ
④ ㄴ, ㄷ   ⑤ ㄱ, ㄴ, ㄷ

21 [8711-0118]
그림과 같이 마찰이 없는 경사면에서 0초일 때 점 a를 통과한 등가속도 직선 운동을 하는 물체가 2초일 때 점 b를 통과하여 점 d에서 정지한 후 되돌아와 10초일 때 점 c를 통과하였다. a, b, c, d는 일직선상에 있고, a, b, c를 통과하는 순간의 속력은 각각 32 m/s, 3v, v이며, a와 b, b와 c 사이의 거리는 각각 L_1, L_2이다.

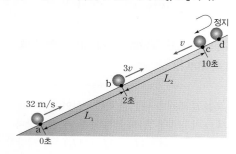

이에 대한 설명으로 옳은 것만을 〈보기〉에서 있는 대로 고른 것은?

보기
ㄱ. $v=6$ m/s이다.
ㄴ. 물체의 가속도의 크기는 4 m/s²이다.
ㄷ. $L_1 : L_2 = 7 : 8$이다.

① ㄱ 　② ㄴ 　③ ㄷ 　④ ㄱ, ㄴ 　⑤ ㄴ, ㄷ

22 [8711-0119]
그림 (가)는 0초일 때 직선 도로에서 같은 방향으로 운동하는 자동차 A, B를 나타낸 것이다. 이때 A와 B 사이의 거리는 24 m이고, A와 B는 각각 등가속도 직선 운동을 한다. 그림 (나)는 (가)에서 A, B의 속력을 시간에 따라 나타낸 것이다.

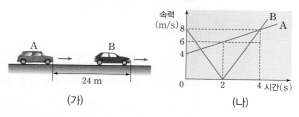

이에 대한 설명으로 옳은 것만을 〈보기〉에서 있는 대로 고른 것은? (단, A, B의 크기는 무시한다.)

보기
ㄱ. 가속도의 크기는 B가 A의 4배이다.
ㄴ. 2초일 때 A와 B 사이의 거리는 22 m이다.
ㄷ. A와 B는 6초에서 7초 사이에 만난다.

① ㄱ 　② ㄷ 　③ ㄱ, ㄴ 　④ ㄴ, ㄷ 　⑤ ㄱ, ㄴ, ㄷ

23 [8711-0120]
그림 (가)는 질량이 각각 1 kg, 2 kg, m인 물체 A, B, C를 실로 연결하여 A를 잡고 있다가 놓았더니 A, B, C가 함께 운동하던 중에 A와 B를 연결한 실이 끊어진 모습을 나타낸 것이고, (나)는 (가)에서 A를 놓은 순간부터 A와 B의 속력을 시간에 따라 나타낸 것이다. A의 처음 운동 방향은 빗면 위쪽이며, A와 C가 놓인 경사면의 경사각은 같다. 0초부터 4초까지 A의 증가한 중력 퍼텐셜 에너지는 증가한 운동 에너지의 2배이다.

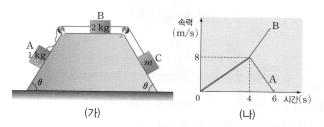

이에 대한 설명으로 옳은 것만을 〈보기〉에서 있는 대로 고른 것은? (단, 실의 질량 및 모든 마찰은 무시한다.)

보기
ㄱ. $m=4$ kg이다.
ㄴ. 0초부터 4초까지 B에 작용하는 알짜힘의 크기는 4 N이다.
ㄷ. 0초부터 4초까지 감소한 C의 중력 퍼텐셜 에너지는 320 J이다.

① ㄱ 　② ㄴ 　③ ㄱ, ㄷ 　④ ㄴ, ㄷ 　⑤ ㄱ, ㄴ, ㄷ

24 [8711-0121]
그림은 지면으로부터 높이 60 m인 지점 P에 정지해 있던 놀이 기구가 0초일 때 연직 위 방향으로 크기가 F_1인 일정한 힘을 받으며 내려오기 시작하여 4초일 때 지점 Q를 통과하는 순간부터 연직 위 방향으로 크기가 F_2인 일정한 힘을 받으며 내려오다가 10초일 때 지면에 정지하였다. P에서 Q까지와 Q에서 지면까지의 거리는 각각 24 m, 36 m이다.

이에 대한 설명으로 옳은 것만을 〈보기〉에서 있는 대로 고른 것은? (단, 중력 가속도는 10 m/s²이고, 모든 마찰과 공기 저항은 무시한다.)

보기
ㄱ. 가속도의 크기는 2초일 때가 8초일 때의 $\frac{3}{2}$배이다.
ㄴ. $F_1 : F_2 = 7 : 12$이다.
ㄷ. F_2가 한 일은 F_1이 한 일의 $\frac{5}{3}$배이다.

① ㄱ 　② ㄴ 　③ ㄷ 　④ ㄱ, ㄴ 　⑤ ㄱ, ㄴ, ㄷ

25 [8711-0122] 그림 (가)는 마찰이 없는 수평면에서 0초일 때 물체 A가 정지해 있는 B를 향해 일정한 속력으로 운동하고 있는 모습을 나타낸 것이다. 이때 C는 정지해 있으며, A, B, C의 질량은 각각 2 kg, 8 kg, 6 kg 이다. 그림 (나)는 (가)의 A의 위치를 시간에 따라 나타낸 것이다.

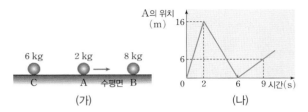

(가)   (나)

이에 대한 설명으로 옳은 것만을 〈보기〉에서 있는 대로 고른 것은? (단, 공기 저항은 무시한다.)

보기
ㄱ. A의 속력은 1초일 때가 8초일 때의 6배이다.
ㄴ. A가 받은 충격량의 크기는 B와 충돌할 때가 C와 충돌할 때의 2배이다.
ㄷ. A와 충돌 후의 속력은 B가 C의 3배이다.

① ㄱ   ② ㄴ   ③ ㄷ   ④ ㄱ, ㄴ   ⑤ ㄴ, ㄷ

26 [8711-0123] 그림 (가)는 수평면에 놓인 단열된 실린더에 같은 양의 동일한 이상 기체 A, B가 단열된 피스톤에 의해 같은 부피로 나누어져 있는 것을 나타낸 것으로, 피스톤은 압축된 용수철과 연결되어 정지해 있다. 그림 (나)는 (가)에서 A에 Q의 열을 공급했을 때 피스톤이 서서히 이동하여 정지해 있는 것을 나타낸 것으로, 용수철의 퍼텐셜 에너지 증가량은 $\frac{2}{5}Q$이다.

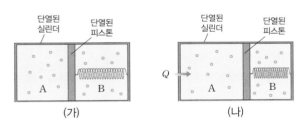

(가)   (나)

이에 대한 설명으로 옳은 것만을 〈보기〉에서 있는 대로 고른 것은? (단, 용수철의 크기, 실린더와 피스톤 사이의 마찰은 무시한다.)

보기
ㄱ. (가)에서 기체의 온도는 A가 B보다 높다.
ㄴ. B의 압력은 (가)에서와 (나)에서가 같다.
ㄷ. (나)에서 A의 내부 에너지 증가량은 $\frac{3}{5}Q$보다 작다.

① ㄱ   ② ㄴ   ③ ㄱ, ㄷ   ④ ㄴ, ㄷ   ⑤ ㄱ, ㄴ, ㄷ

27 [8711-0124] 그림은 A 상태에 있던 일정량의 이상 기체의 상태를 A → B → C → F 와 A → D → E → F를 따라 각각 변화시킬 때 압력과 부피의 관계를 나타낸 것이다. A → B, D → E, C → F 과정은 등압 과정, A → D, B → C, E → F 과정은 등적 과정이다.

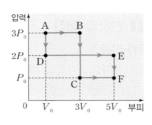

이에 대한 설명으로 옳은 것만을 〈보기〉에서 있는 대로 고른 것은?

보기
ㄱ. B와 E에서 기체의 온도는 같다.
ㄴ. 기체가 한 일은 A → B → C → F 과정에서와 A → D → E → F 과정에서가 같다.
ㄷ. 기체가 흡수한 열은 A → B 과정에서가 D → E 과정에서보다 크다.

① ㄱ   ② ㄴ   ③ ㄱ, ㄷ   ④ ㄴ, ㄷ   ⑤ ㄱ, ㄴ, ㄷ

28 [8711-0125] 그림은 관측자 B, C가 탄 우주선 Ⅰ, Ⅱ가 관측자 A에 대해 각각 v_1, v_2의 속력으로 서로 반대 방향으로 나란하게 운동하는 것을 나타낸 것이다. B가 측정할 때 우주선 Ⅰ이 A에 대해 정지한 기준선 P에서 Q까지 이동하는 데 걸린 시간은 빛 시계의 빛이 광원과 거울 사이를 두 번 왕복하는 데 걸리는 시간과 같다. A가 측정할 때 빛 시계의 빛이 왕복하는 데 걸리는 시간은 T_0이며, B의 질량은 C의 질량보다 작다. 정지 질량은 B와 C가 같다.

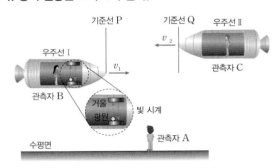

이에 대한 설명으로 옳은 것만을 〈보기〉에서 있는 대로 고른 것은?

보기
ㄱ. $v_1 > v_2$이다.
ㄴ. B가 측정한 P와 Q 사이의 거리는 $2v_1 T_0$보다 짧다.
ㄷ. A의 시간은 B가 측정할 때가 C가 측정할 때보다 느리게 간다.

① ㄴ   ② ㄷ   ③ ㄱ, ㄴ   ④ ㄱ, ㄷ   ⑤ ㄴ, ㄷ

06 전기력과 원자

1 전하와 대전

(1) 전하

① 전하: 전기적인 현상을 일으키는 원인으로, 양(+)전하와 음(−)전하 두 종류가 있다.

② 전하량: 물체가 띠는 전하의 양으로, 단위는 C(쿨롬)을 사용한다.

③ 기본 전하량: 전자나 양성자의 전하량의 크기를 기본 전하량이라 하고, e로 표시한다.(전하량은 항상 e의 정수 배)

④ 물질의 구조와 전하

입자	전하
중성자	전하를 띠지 않음
양성자	양(+)전하
전자	음(−)전하

⑤ 원자의 전기적 성질: 보통 원자는 양성자의 수와 전자의 수가 같으므로 전하를 띠지 않는다.

(2) 대전: 전자의 이동에 의해 물체가 전기를 띠는 현상

(3) 대전체: 대전된 물체

(4) 마찰 전기: 서로 다른 두 물체의 마찰에 의해 발생하는 전기

① 마찰 전기의 발생 원리: 마찰에 의해 한 물체에서 다른 물체로 전자가 이동하기 때문이다.

② 유리 막대를 명주 헝겊에 문지르면 유리 막대의 전자 중 일부가 명주 헝겊으로 이동한다.
- 유리 막대: 전자를 잃어 양(+)전하를 띤다.
- 명주 헝겊: 전자를 얻어 음(−)전하를 띤다.

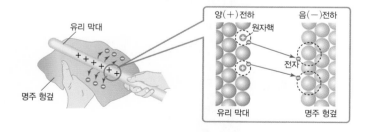

2 전기력

(1) 전기력: 전하를 띤 물체 사이에 작용하는 힘

(2) 전기력의 종류와 크기

종류	인력	척력
전기력의 작용	다른 종류의 전하 사이에 작용하는 서로 당기는 힘	같은 종류의 전하 사이에 작용하는 서로 밀어내는 힘
전기력의 크기	두 전하 사이에 작용하는 전기력의 크기(F)는 두 전하량(q_1, q_2)의 곱에 비례하고, 두 전하 사이의 거리(r)의 제곱에 반비례한다. $F=k\dfrac{q_1 q_2}{r^2}$ (k: 쿨롱 상수, 9×10^9 N·m²/C²)	

(3) 전기력 측정(비틀림 저울)

① 두 전하 사이에 작용하는 전기력의 크기를 측정하기 위해 비틀림 저울을 사용한다.

② 금속구 A에 같은 종류의 전하로 대전된 금속구 B를 가까이 하면 A는 척력을 받아 회전하고, 이 각도를 재서 전기력의 크기를 측정한다.

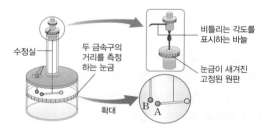

(4) 원자핵과 전자 사이에 작용하는 힘:
태양계의 행성들이 태양과 행성 사이의 만유인력에 의해 태양에 속박되어 안정된 궤도를 돌고 있는 것처럼 원자 내의 전자도 원자핵과 전자 사이의 전기적 인력에 의해 원자핵에 속박되어 일정한 범위 안에 존재하게 된다.

핵심 개념 체크

정답과 해설 20쪽

1. 원자는 원자핵과 ( )로 구성되어 있다.

2. 양성자는 ( )전하를 띠고, 중성자는 전하를 띠지 않으며, 전자는 ( )전하를 띤다.

3. 원자는 양성자의 수와 전자의 수가 같으므로 전하를 (띤다 , 띠지 않는다).

4. 마찰 전기는 한 물체에서 다른 물체로 ( )가 이동하기 때문에 발생한다.

5. 대전된 전하의 종류가 같은 두 대전체 사이에는 서로 (밀어내는 , 당기는) 전기력이 작용하고, 대전된 전하의 종류가 다른 두 대전체 사이에는 서로 (밀어내는 , 당기는) 전기력이 작용한다.

6. 전하량이 q_1, q_2인 두 대전체가 거리 r만큼 떨어져 있을 때 작용하는 전기력의 크기를 쓰시오. (단, 쿨롱 상수는 k이다.)

3 원자의 내부 구조

(1) 원자 모형의 변천

이름	원자 모형	특징
톰슨 모형 (1897년)	양(+)전하 / 음(-)전하	양(+)전하가 균일하게 분포되어 있는 구 속에 음(-)전하인 전자들이 양(+)전하와 같은 크기의 전하량만큼 띄엄띄엄 박혀 있다.
러더퍼드 모형 (1911년)		원자의 내부는 거의 비어 있고, 그 중심에는 양(+)전하를 띤 원자핵이 있으며, 그 주위를 음(-)전하를 띤 전자가 돌고 있다.
보어 모형 (1913년)	$n=3$ $n=2$ $n=1$	원자 속의 전자들은 특별한 에너지를 가진 궤도에만 존재한다.
현대의 원자 모형		전자의 위치는 확률로만 알 수 있다.

(2) 전자와 원자핵의 발견

① 전자의 발견: 1897년 톰슨은 음극선이 음(-)전하를 띠는 질량을 가진 입자임을 알아냈다.

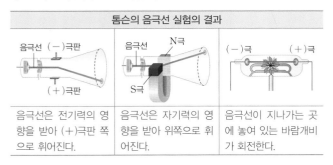

톰슨의 음극선 실험의 결과		
음극선은 전기력의 영향을 받아 (+)극판 쪽으로 휘어진다.	음극선은 자기력의 영향을 받아 위쪽으로 휘어진다.	음극선이 지나가는 곳에 놓여 있는 바람개비가 회전한다.

② 원자핵의 발견: 1911년 러더퍼드는 원자의 중심에 밀도가 매우 크고 양(+)전하를 띠는 입자가 존재함을 알아냈다.

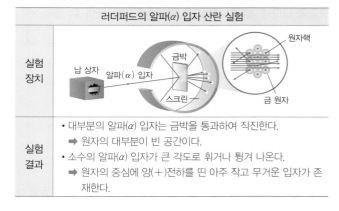

	러더퍼드의 알파(α) 입자 산란 실험
실험 장치	납 상자 / 알파(α) 입자 / 금박 / 스크린 / 원자핵 / 금 원자
실험 결과	• 대부분의 알파(α) 입자는 금박을 통과하여 직진한다. ➡ 원자의 대부분이 빈 공간이다. • 소수의 알파(α) 입자가 큰 각도로 휘거나 튕겨 나온다. ➡ 원자의 중심에 양(+)전하를 띤 아주 작고 무거운 입자가 존재한다.

4 원자의 스펙트럼

(1) 스펙트럼: 빛이 파장에 따라 분리되어 나타나는 색의 띠

(2) 스펙트럼의 종류

① 연속 스펙트럼: 모든 파장의 빛의 색이 연속적으로 나타난다.

② 선(방출) 스펙트럼: 빛의 색이 띄엄띄엄 선으로 나타난다.

③ 흡수 스펙트럼: 특정 파장의 빛이 검은 선으로 나타난다.

연속 스펙트럼	백열등 / 슬릿 / 프리즘 / 스크린	빛의 띠가 모든 파장에서 연속적으로 나타난다.
선(방출) 스펙트럼	고온의 기체 / 슬릿 / 프리즘 / 스크린	검은 바탕에 특정한 파장에 해당하는 선(방출선)만 밝게 나타난다.
흡수 스펙트럼	백열등 / 저온의 기체 / 슬릿 / 프리즘 / 스크린	특정한 파장의 빛들만 흡수되어 연속 스펙트럼에 검은 선(흡수선)이 나타난다.

핵심 개념 체크

정답과 해설 20쪽

7. 각 원자 모형에 해당하는 특징을 연결하시오.

(1) 톰슨 모형 •

(2) 러더퍼드 모형 •

(3) 보어 모형 •

(4) 현대의 원자 모형 •

• ㉠ 전자의 위치는 확률로만 알 수 있다.

• ㉡ 양(+)전하를 띤 구 속에 음(-)전하를 띤 전자가 박혀 있다.

• ㉢ 밀도가 매우 큰 원자핵이 중심에 있고, 그 주위를 전자가 돌고 있다.

• ㉣ 전자가 일정한 에너지 준위를 가지는 궤도를 원운동하고 있다.

8. 다음 설명에 알맞은 스펙트럼의 이름을 쓰시오.

(1) ( ) 스펙트럼: 빛의 띠가 모든 파장에서 연속적으로 나타난다.

(2) ( ) 스펙트럼: 특정한 파장의 빛들만 흡수되어 연속 스펙트럼에 검은 선으로 나타난다.

(3) ( ) 스펙트럼: 검은 바탕에 특정한 파장에 해당하는 선만 밝게 나타난다.

01 [8711-0126] 그림은 대전되지 않은 플라스틱 막대와 털가죽을 마찰시키는 모습을 나타낸 것이다. 마찰 후 털가죽은 양(+)전하로, 플라스틱 막대는 음(−)전하로 대전되었다.

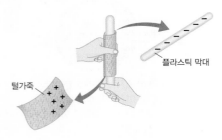

이에 대한 설명으로 옳은 것만을 〈보기〉에서 있는 대로 고른 것은? (단, 전하의 이동은 플라스틱 막대와 털가죽 사이에서만 일어난다.)

┌─ 보기 ┐
ㄱ. 털가죽이 플라스틱 막대보다 전자를 잃기 쉽다.
ㄴ. 마찰할 때 원자핵이 플라스틱 막대에서 털가죽으로 이동하였다.
ㄷ. 마찰 후 털가죽과 플라스틱 막대가 띠는 전하량의 크기는 같다.
└─────┘

① ㄱ   ② ㄴ   ③ ㄱ, ㄷ
④ ㄴ, ㄷ   ⑤ ㄱ, ㄴ, ㄷ

02 [8711-0127] 그림은 대전되지 않은 동일한 두 금속구 A, B를 접촉시킨 후 절연된 실에 매달고, 양(+)전하로 대전된 금속 막대를 A에 접촉시킨 모습을 나타낸 것이다.

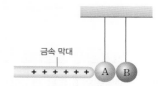

금속 막대를 치운 후 A, B의 상태로 가장 적절한 것은?

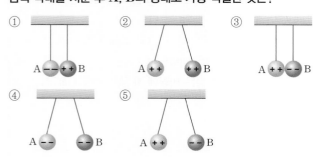

03 [8711-0128] 그림은 x축에 양(+)전하를 띤 점전하 A를 고정시켜 놓고 일직선 위의 점 P에 대전된 입자 B를 놓았을 때 B가 $-x$ 방향으로 운동하여 A에 접근하는 모습을 나타낸 것이다.

이에 대한 설명으로 옳은 것만을 〈보기〉에서 있는 대로 고른 것은?

┌─ 보기 ┐
ㄱ. B는 음(−)전하로 대전되어 있다.
ㄴ. B의 속력은 점점 감소한다.
ㄷ. A에 작용하는 전기력의 크기는 점점 증가한다.
└─────┘

① ㄱ   ② ㄴ   ③ ㄱ, ㄷ
④ ㄴ, ㄷ   ⑤ ㄱ, ㄴ, ㄷ

04 [8711-0129] 그림은 xy 평면의 원점 O로부터 같은 거리만큼 떨어져 x축에 고정되어 있는 두 점전하 A, B를 나타낸 것이다. y축 위의 점 P에 음(−)전하를 가만히 놓았더니 $-y$ 방향으로 움직였다.

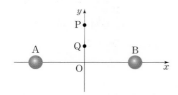

이에 대한 설명으로 옳은 것만을 〈보기〉에서 있는 대로 고른 것은?

┌─ 보기 ┐
ㄱ. P에 놓은 음(−)전하에 $-y$ 방향으로 전기력이 작용한다.
ㄴ. A와 B는 모두 음(−)전하이다.
ㄷ. O와 Q에 각각 전하량이 같은 음(−)전하를 놓으면 음(−)전하에 작용하는 전기력의 크기는 O에서가 Q에서보다 크다.
└─────┘

① ㄱ   ② ㄴ   ③ ㄷ
④ ㄱ, ㄷ   ⑤ ㄴ, ㄷ

[8711-0130]
05 그림 (가)는 대전된 금속구 B를 가는 실로 천장에 매단 후 대전체 A, C를 B로부터 거리가 각각 d, $2d$인 위치에 놓았더니 B가 정지해 있는 것을 나타낸 것이다. A, B의 전하의 종류는 같다. 그림 (나)는 (가)의 상태에서 C를 대전체 D로 바꾸고 B에서 거리가 $3d$만큼 떨어진 위치에 놓았더니 B가 정지해 있는 것을 나타낸 것이다.

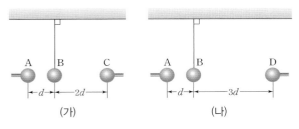

이에 대한 설명으로 옳은 것만을 〈보기〉에서 있는 대로 고른 것은?

┌ 보기 ┌
ㄱ. (가)에서 B와 C의 전하의 종류는 다르다.
ㄴ. (가)에서 A와 C 사이에는 척력이 작용한다.
ㄷ. 전하량의 크기는 D가 C의 $\frac{9}{4}$배이다.

① ㄱ   ② ㄴ   ③ ㄱ, ㄷ
④ ㄴ, ㄷ   ⑤ ㄱ, ㄴ, ㄷ

[8711-0131]
06 다음은 지구와 전자의 운동에 대한 설명이다.

태양계 속의 지구가 태양과의 ㉠만유인력(중력)에 의해 안정된 궤도를 돌고 있는 것처럼 원자 내의 전자도 원자핵과의 ㉡전기력에 의해 일정한 범위 내에서 궤도 운동을 한다고 생각할 수 있다.

이에 대한 설명으로 옳은 것만을 〈보기〉에서 있는 대로 고른 것은?

┌ 보기 ┌
ㄱ. ㉠은 서로 당기는 힘만 작용한다.
ㄴ. ㉡의 크기는 거리에 반비례한다.
ㄷ. ㉠과 ㉡의 작용 범위는 무한대이다.

① ㄱ   ② ㄴ   ③ ㄷ
④ ㄱ, ㄴ   ⑤ ㄱ, ㄷ

[8711-0132]
07 그림 (가)~(라)는 여러 가지 원자 모형을 나타낸 것이다.

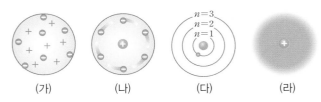

(가)~(라)를 발전 과정 순으로 옳게 나열한 것은?

① (가) → (나) → (다) → (라)
② (가) → (다) → (나) → (라)
③ (가) → (라) → (나) → (다)
④ (라) → (가) → (나) → (다)
⑤ (라) → (나) → (가) → (다)

[8711-0133]
08 다음은 톰슨의 음극선 실험을 나타낸 것이다.

[실험 과정]
(가) 음극선의 진행 경로에 바람개비를 둔다.
(나) 외부에서 전기장을 걸어 준다.

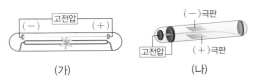

[실험 결과]
• (가)에서 바람개비가 회전한다.
• (나)에서 음극선은 (+)극판 쪽으로 휘어진다.

이에 대한 설명으로 옳은 것만을 〈보기〉에서 있는 대로 고른 것은?

┌ 보기 ┌
ㄱ. (가)의 결과로부터 음극선을 구성하는 입자가 질량을 가지고 있음을 알 수 있다.
ㄴ. (나)의 결과로부터 음극선을 구성하는 입자가 음(−)전하를 띠고 있음을 알 수 있다.
ㄷ. (가)와 (나)의 결과로부터 음극선을 구성하는 입자의 질량이 원자핵을 구성하는 입자의 질량에 비해 매우 작음을 알 수 있다.

① ㄱ   ② ㄷ   ③ ㄱ, ㄴ
④ ㄴ, ㄷ   ⑤ ㄱ, ㄴ, ㄷ

09 [8711-0134] 그림은 원자 모형의 발전 과정을 나타낸 것으로, (가)와 (나)는 새로운 원자 모형을 제시하게 된 계기를 나타낸 것이다.

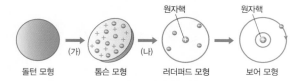

돌턴 모형 (가) 톰슨 모형 (나) 러더퍼드 모형 보어 모형

(가), (나)에 들어갈 내용을 옳게 짝 지은 것은?

	(가)	(나)
①	음극선의 발견	알파(α) 입자 산란 실험
②	음극선의 발견	수소 원자의 선 스펙트럼
③	알파(α) 입자 산란 실험	음극선의 발견
④	알파(α) 입자 산란 실험	수소 원자의 선 스펙트럼
⑤	수소 원자의 선 스펙트럼	알파(α) 입자 산란 실험

10 [8711-0135] 다음은 러더퍼드의 원자 모형에 대한 설명이다.

> 1911년 러더퍼드는 원자 중심에 양(+) 전하를 띤 원자핵이 있고, 원자핵의 질량은 원자 질량의 대부분을 차지하며, 음(−)전하를 띤 전자가 원자핵 주위를 돌고 있다는 원자 모형을 발표하였다.

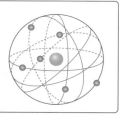

러더퍼드의 원자 모형으로 설명할 수 있는 현상만을 〈보기〉에서 있는 대로 고른 것은?

┌ 보기 ┌
ㄱ. 원자의 안정성
ㄴ. 원자가 방출하는 선 스펙트럼
ㄷ. 금 원자에 알파(α) 입자를 충돌시킬 때 산란되는 현상

① ㄱ   ② ㄷ   ③ ㄱ, ㄴ
④ ㄴ, ㄷ   ⑤ ㄱ, ㄴ, ㄷ

11 [8711-0136] 그림 (가)는 알파(α) 입자를 금속박에 충돌시키는 모습을 나타낸 것이고, (나)는 (가)의 실험 결과를 나타낸 것이다.

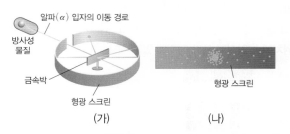

알파(α) 입자의 이동 경로
방사성 물질
금속박
형광 스크린
(가)
형광 스크린
(나)

실험 결과에 대한 설명으로 옳은 것만을 〈보기〉에서 있는 대로 고른 것은?

┌ 보기 ┌
ㄱ. 원자의 내부 공간은 대부분 빈 공간이다.
ㄴ. 원자핵의 전하량은 전자의 전하량과 같다.
ㄷ. 원자의 내부에는 크기가 작고 원자 질량의 대부분을 차지하는 입자가 존재한다.

① ㄱ   ② ㄴ   ③ ㄱ, ㄷ
④ ㄴ, ㄷ   ⑤ ㄱ, ㄴ, ㄷ

12 [8711-0137] 그림 (가), (나)는 원자를 구성하는 입자의 발견 실험을 나타낸 것이다. (가), (나)에서 발견된 입자는 각각 X, Y이다.

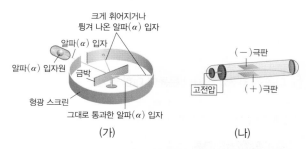

크게 휘어지거나 튕겨 나온 알파(α) 입자
알파(α) 입자
알파(α) 입자원
금박
형광 스크린
그대로 통과한 알파(α) 입자
(가)
(−)극판
고전압
(+)극판
(나)

이에 대한 설명으로 옳은 것만을 〈보기〉에서 있는 대로 고른 것은?

┌ 보기 ┌
ㄱ. (가)의 실험 결과로 X가 작은 부피 속에 모여 있다는 것을 알게 되었다.
ㄴ. (나)의 실험 결과로 Y가 원자 전체에 균일하게 퍼져 있다고 제안하였다.
ㄷ. 원자에서 X와 Y 사이에는 전기적 인력이 작용한다.

① ㄱ   ② ㄴ   ③ ㄱ, ㄷ
④ ㄴ, ㄷ   ⑤ ㄱ, ㄴ, ㄷ

13 [8711-0138]
그림 (가)~(다)는 각각 다른 광원에서 방출되는 빛의 스펙트럼을 나타낸 것이다.

(가)

(나)

(다)

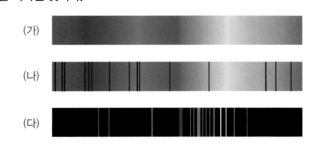

스펙트럼의 종류를 옳게 짝 지은 것은?

	연속 스펙트럼	선(방출) 스펙트럼	흡수 스펙트럼
①	(가)	(나)	(다)
②	(가)	(다)	(나)
③	(나)	(가)	(다)
④	(나)	(다)	(가)
⑤	(다)	(가)	(나)

14 [8711-0139]
그림은 가시광선 영역의 스펙트럼을 나타낸 것이다.

a

이에 대한 설명으로 옳은 것만을 〈보기〉에서 있는 대로 고른 것은?

┌─ 보기 ┌─
ㄱ. a 선은 눈으로 관찰할 수 없다.
ㄴ. 전자의 에너지가 불연속적임을 알 수 있다.
ㄷ. 백열등에서 방출되는 빛의 스펙트럼이다.

① ㄱ   ② ㄴ   ③ ㄷ
④ ㄱ, ㄴ   ⑤ ㄴ, ㄷ

15 [8711-0140]
그림 (가)와 (나)는 서로 다른 스펙트럼을 나타낸 것이다.

(가)

(나)

이에 대한 설명으로 옳은 것만을 〈보기〉에서 있는 대로 고른 것은?

┌─ 보기 ┌─
ㄱ. (가)는 방출 스펙트럼이다.
ㄴ. (나)와 같은 스펙트럼은 고온의 기체에서 잘 관찰된다.
ㄷ. (가)와 (나)는 같은 원소에 의해 나타나는 스펙트럼이다.

① ㄱ   ② ㄴ   ③ ㄱ, ㄷ
④ ㄴ, ㄷ   ⑤ ㄱ, ㄴ, ㄷ

16 [8711-0141]
그림 (가), (나)는 백열등의 스펙트럼과 수소 기체 방전관에서 나온 빛의 스펙트럼 일부를 순서 없이 나타낸 것이다.

(가)

400   700   파장(mm)

(나)

a   b

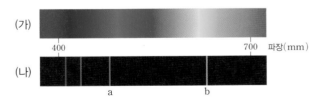

이에 대한 설명으로 옳은 것만을 〈보기〉에서 있는 대로 고른 것은?

┌─ 보기 ┌─
ㄱ. (가)는 연속 스펙트럼이다.
ㄴ. 수소 기체 방전관에서 나온 빛의 스펙트럼은 (나)이다.
ㄷ. 광자 1개의 에너지는 a에서가 b에서보다 크다.

① ㄱ   ② ㄷ   ③ ㄱ, ㄴ
④ ㄴ, ㄷ   ⑤ ㄱ, ㄴ, ㄷ

01 [8711-0142]
그림은 대전되지 않은 서로 다른 두 물체 X, Y를 마찰시킨 후 대전된 상태를 나타낸 것이다.

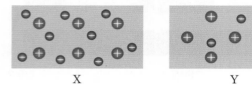

X와 Y 사이에서 음(−)전하의 이동 방향과 X, Y에 대전된 전하량의 크기를 비교하여 서술하시오.

02 [8711-0143]
그림은 x축 위에서 점전하 P로부터 각각 거리 r, $3r$만큼 떨어진 두 점 A, B를 나타낸 것이고, 표는 전하량의 크기가 같은 양(+)전하를 A, B에 각각 놓았을 때, 양(+)전하가 P로부터 받는 힘의 방향과 크기를 나타낸 것이다.

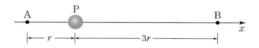

구분	A에 놓았을 때	B에 놓았을 때
전기력의 방향	$+x$ 방향	(㉠)
전기력의 크기	(㉡)	F_0

P의 전하의 종류와 ㉠, ㉡에 들어갈 알맞은 말을 쓰시오.

03 [8711-0144]
그림은 x축상에 각각 $+Q$, $-Q$로 대전된 물체 A, B가 고정되어 있는 것을 나타낸 것이다. $x=2d$에 양(+)전하를 놓았더니 양(+)전하가 A, B로부터 받는 전기력의 크기는 F_0이었다.

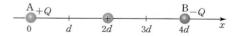

양(+)전하를 $x=d$에 놓을 때 양(+)전하가 A, B로부터 받는 전기력의 크기를 구하시오.

04 [8711-0145]
표는 각각 톰슨의 원자 모형과 러더퍼드의 원자 모형에 대한 설명을 순서 없이 나타낸 것이다.

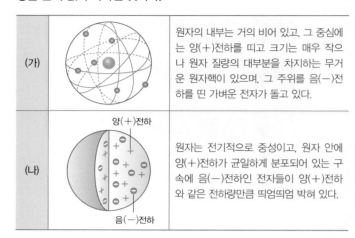

(가)	원자의 내부는 거의 비어 있고, 그 중심에는 양(+)전하를 띠고 크기는 매우 작으나 원자 질량의 대부분을 차지하는 무거운 원자핵이 있으며, 그 주위를 음(−)전하를 띤 가벼운 전자가 돌고 있다.
(나)	원자는 전기적으로 중성이고, 원자 안에 양(+)전하가 균일하게 분포되어 있는 구 속에 음(−)전하인 전자들이 양(+)전하와 같은 전하량만큼 띄엄띄엄 박혀 있다.

(가), (나) 중 톰슨의 원자 모형이 어느 것인지 쓰고, (가)의 모형에서 원자핵의 존재를 알아내는 실험에 사용된 입자를 쓰시오.

05 [8711-0146]
그림 (가)는 백열등에서 나오는 빛이 온도가 낮은 수소 기체와 프리즘을 각각 통과하여 스크린에 도달하는 것을 나타낸 것이다. 그림 (나)는 스크린에 나타난 스펙트럼을 나타낸 것이다.

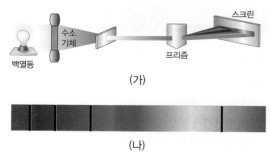

(가)

(나)

(나)의 스펙트럼의 종류를 쓰고, (나)의 결과를 바탕으로 수소의 선 스펙트럼을 그리시오.

07 에너지 준위와 에너지띠

1 보어 원자 모형의 양자 가설(조건)

(1) 양자 조건: 원자핵을 중심으로 전자가 돌고 있으며, 전자는 특정 궤도에서 원운동한다.

➡ 러더퍼드 원자 모형의 문제점을 해결

① 궤도와 양자수: 원자핵에서 가까운 궤도부터 $n=1$인 궤도, $n=2$인 궤도, $n=3$인 궤도, …라 하고, n을 양자수라고 한다.

② 에너지 양자화: 원자의 전자는 불연속적인 에너지 값, 즉 양자수와 관련된 특정한 에너지 값만 가진다.

③ 에너지 준위: 원자 내 전자가 가지는 에너지 값 또는 에너지 상태로, 양자수 n의 값에 따라 불연속적인 값을 가지며, 양자수 n이 커질수록 에너지 준위도 커진다.

- 바닥상태: 가장 낮은 에너지 준위($n=1$)
- 들뜬상태: 바닥 상태보다 높은 에너지 준위($n>1$)

(2) 진동수 조건

① 전자의 전이: 전자는 두 에너지 준위 차이만큼의 에너지를 흡수하거나 방출하며 에너지 준위 사이를 이동한다.

- 에너지 흡수: 낮은 에너지 준위에 있는 전자가 높은 에너지 준위로 전이하는 경우
- 에너지 방출: 높은 에너지 준위에 있는 전자가 낮은 에너지 준위로 전이하는 경우

② 전자가 전이할 때 흡수하거나 방출하는 광자 1개의 에너지($E_{광자}$): 두 궤도의 에너지 준위 차이와 같으며, 빛의 진동수 f에 비례한다.

$$E_{광자} = |E_m - E_n| = hf = \frac{hc}{\lambda}$$

2 수소 원자의 선 스펙트럼

(1) 수소 원자의 에너지 준위

① 수소 원자는 1개의 전자와 1개의 양성자로 이루어져 있으므로 에너지 준위의 구조가 비교적 간단하다.

② 보어 원자 모형에 가장 잘 들어맞으며, 에너지 준위 차이는 양자수가 클수록 감소하고, 위로 갈수록 선의 간격이 좁아진다.

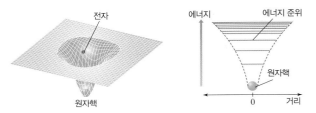

- 전자의 에너지가 충분히 크지 못하면 핵 주위를 돌게 된다.

(2) 수소 원자의 선 스펙트럼 계열: 빛의 파장 영역에 따라 크게 3가지 계열로 나누어진다.

계열	전자의 전이	방출되는 빛
라이먼 계열	전자가 $n \geq 2 \rightarrow n=1$인 궤도로 전이	자외선
발머 계열	전자가 $n \geq 3 \rightarrow n=2$인 궤도로 전이	가시광선
파셴 계열	전자가 $n \geq 4 \rightarrow n=3$인 궤도로 전이	적외선

① 에너지, 진동수: 라이먼 계열＞발머 계열＞파셴 계열
② 파장: 라이먼 계열＜발머 계열＜파셴 계열

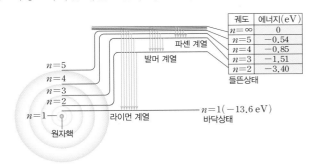

궤도	에너지(eV)
$n=\infty$	0
$n=5$	-0.54
$n=4$	-0.85
$n=3$	-1.51
$n=2$	-3.40

들뜬상태

(3) 수소 원자의 스펙트럼과 에너지 양자화: 수소 원자의 스펙트럼이 불연속적으로 나타나는 것으로 보아 에너지 준위가 불연속적임을 알 수 있다.

핵심 개념 체크

정답과 해설 22쪽

1. 보어의 수소 원자 모형에서 전자는 (   )인 에너지를 갖는다.

2. 보어의 수소 원자 모형에서 전자가 더 높은 에너지 준위로 전이하려면 에너지를 (   )해야 하고, 더 낮은 에너지 준위로 전이하려면 에너지를 (   )해야 한다.

3. 전자가 전이할 때 흡수하거나 방출하는 에너지는 두 궤도의 (   )와 같으며, 빛의 진동수에 (   )한다.

4. 보어의 수소 원자 모형에서 에너지 준위 차이는 양자수가 클수록 (   )하고, 위로 갈수록 선의 간격이 (   )진다.

5. 들뜬상태의 전자가 $n=1$인 궤도로 전이하는 과정을 (   ) 계열, $n=2$인 궤도로 전이하는 과정을 (   ) 계열, $n=3$인 궤도로 전이하는 과정을 (   ) 계열이라고 한다.

6. 수소 원자의 에너지 준위는 (   )이다.

3 고체 원자의 구조

(1) 고체 원자의 에너지 준위

① 수소 원자는 전자가 하나뿐이어서 에너지 준위가 간단하지만, 똑같은 원자들이 수없이 많이 뭉쳐 있는 고체의 경우에는 인접 원자들의 전자 궤도들이 겹쳐진다.

② 파울리 배타 원리: 하나의 양자 상태에는 하나의 전자만 존재할 수 있다. ➡ 다수의 전자를 포함하는 원자에서 2개 이상의 전자가 같은 양자수를 갖지 않는다.

(2) 고체 물질의 에너지띠

① 고체의 원자가 1개이면 기체처럼 에너지 준위들이 명확한 선으로 구분된다. 고체의 원자가 2개, 3개, …로 늘어나면 각각의 에너지 준위들이 미세한 차이를 가지면서 2개, 3개, …로 갈라진다.

② 실제의 고체 물질은 수많은 원자들이 가깝게 뭉쳐 있으므로 에너지 준위들이 가깝게 밀집하여 하나의 띠를 형성한다.

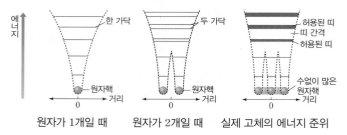

원자가 1개일 때　　원자가 2개일 때　　실제 고체의 에너지 준위

4 고체의 에너지띠

(1) 에너지띠: 수많은 에너지 준위들이 촘촘하게 모여 연속적인 띠 형태의 에너지 준위를 이루게 된 것

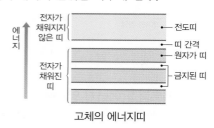

고체의 에너지띠

① 허용된 띠: 전자가 존재할 수 있는 영역
- 원자가 띠: 전자가 채워진 가장 바깥쪽 띠로, 에너지가 가장 높은 상태의 에너지띠이다.
- 전도띠: 원자가 띠의 위쪽에 존재하며, 전자가 채워지지 않은 에너지띠이다.

② 금지된 띠: 전자가 존재하지 않는 영역
- 띠 간격: 전자가 존재할 수 없는 영역으로, 원자가 띠와 전도띠 사이의 에너지 간격을 말한다.

(2) 도체, 절연체, 반도체의 에너지띠 구조: 에너지띠에서 고체 내부의 전자는 에너지가 낮은 곳부터 채워지게 된다. 도체에서 원자가 띠 안의 전자는 에너지를 받으면 전도띠로 쉽게 이동할 수 있으며, 전도띠로 이동한 전자는 움직임이 자유로워 전류를 잘 흐르게 할 수 있다.

구분	도체	절연체	반도체
에너지띠 구조	전도띠 / 원자가 띠	전도띠 / 띠 간격 / 원자가 띠	전도띠 / 띠 간격 / 원자가 띠
전자의 이동	• 띠 간격이 없거나 일부가 겹쳐 있다. • 약간의 에너지만 흡수해도 전자가 전도띠로 쉽게 이동하여 고체 안을 자유롭게 이동하므로 전류가 잘 흐른다. • 원자가 띠에 전자가 부분적으로 채워져 있다.	• 띠 간격이 매우 넓어 상온에서는 전도띠로 전자의 전이가 일어나지 않는다.	• 띠 간격이 좁아 상온에서 전자가 전도띠로 전이될 수도 있다. • 전류가 흐르기 위해서는 원자가 띠의 전자가 띠 간격보다 큰 에너지를 얻어 전도띠로 올라가야 한다.

(3) 고체의 전기 전도도(전기 전도성)

구분	정의	예
도체	전기가 잘 통하는 물질	은, 구리, 알루미늄
절연체	전기가 거의 통하지 않는 물질	나무, 고무, 유리
반도체	전기가 통하는 정도가 도체와 절연체의 중간 정도인 물질	규소, 저마늄

핵심 개념 체크

정답과 해설 22쪽

7. 하나의 양자 상태에는 하나의 전자만 채워진다는 것을 (　　　) 원리라고 한다.

8. 인접한 허용된 띠 사이의 에너지 간격을 (　　　)이라고 하며, 전자가 존재할 수 (　　　).

9. 고체의 에너지띠에서 원자의 가장 바깥에 있는 전자가 차지하는 에너지띠를 (　　　)라고 하며, 원자가 띠 위의 에너지띠를 (　　　)라고 한다.

10. 고체의 종류와 해당하는 성질을 연결하시오.

(1) 도체　·　　　·㉠ 띠 간격이 매우 넓어 전도띠로 전자의 전이가 힘들다.

(2) 절연체　·　　　·㉡ 약간의 에너지만 흡수해도 다수의 전자가 전도띠로 이동이 가능하다.

(3) 반도체　·　　　·㉢ 띠 간격이 좁아 에너지를 흡수할 경우 전도띠로 전자의 이동이 가능하다.

[8711-0147]
01 다음은 보어의 수소 원자 모형에 대한 설명의 일부이다.

전자는 원자핵 주위의 아무 곳에나 존재하지 않고 ㉠특정한 궤도에만 있을 수 있으며, 다른 궤도로 전이하는 과정에서 빛을 방출하거나 흡수한다. 원자가 ㉡방출하거나 흡수하는 빛의 파장이 띄엄띄엄한 것은 원자 내 전자가 특정한 에너지만을 가질 수 있다는 것을 의미한다.

이에 대한 설명으로 옳은 것만을 〈보기〉에서 있는 대로 고른 것은?

┌ 보기 ┌
ㄱ. 원자핵에서 멀수록 ㉠에 있는 전자의 에너지가 증가한다.
ㄴ. ㉡의 에너지는 전이하는 두 궤도에서 전자의 에너지 준위 차이와 같다.
ㄷ. 원자 내부 전자의 에너지는 양자화되어 있다.

① ㄱ ② ㄴ ③ ㄱ, ㄷ
④ ㄴ, ㄷ ⑤ ㄱ, ㄴ, ㄷ

[8711-0148]
02 그림은 전자가 전이 과정 a, b, c를 거쳐 전자의 에너지 준위가 $E_1 \rightarrow E_2 \rightarrow E_3 \rightarrow E_1$로 변하는 것을 나타낸 것이다.

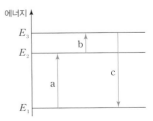

a~c 중 에너지를 흡수하는 전이 과정을 있는 대로 고른 것은?

① a ② c ③ a, b
④ b, c ⑤ a, b, c

[8711-0149]
03 그림은 입자 A, B로 구성된 보어의 수소 원자 모형을 모식적으로 나타낸 것으로, 동심원은 전자 궤도의 일부이다. n은 양자수이다.

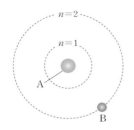

이에 대한 설명으로 옳은 것만을 〈보기〉에서 있는 대로 고른 것은?

┌ 보기 ┌
ㄱ. A는 원자핵이다.
ㄴ. 수소 원자의 전자는 바닥상태에 있다.
ㄷ. 전자는 $n=1$과 $n=2$인 궤도 사이의 에너지를 가질 수 있다.

① ㄱ ② ㄴ ③ ㄷ
④ ㄱ, ㄷ ⑤ ㄴ, ㄷ

[8711-0150]
04 그림은 보어의 수소 원자 모형에서 전자의 전이 과정 a, b, c를 나타낸 것이고, 표는 양자수 n에 따른 양자화된 에너지 E_n을 나타낸 것이다.

양자수(n)	E_n
1	-13.6 eV
2	-3.40 eV
3	-1.51 eV

이에 대한 설명으로 옳은 것만을 〈보기〉에서 있는 대로 고른 것은?

┌ 보기 ┌
ㄱ. a에서 전자는 1.89 eV의 빛에너지를 방출한다.
ㄴ. 흡수하는 전자기파의 파장은 b일 때가 c일 때보다 크다.
ㄷ. 원자핵과 전자 사이에는 쿨롱 법칙을 따르는 힘이 작용한다.

① ㄱ ② ㄷ ③ ㄱ, ㄴ
④ ㄴ, ㄷ ⑤ ㄱ, ㄴ, ㄷ

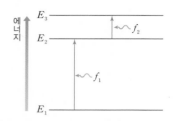

05 [8711-0151] 그림은 보어의 수소 원자 모형에서 전자가 에너지 준위 E_1에서 E_2로, E_2에서 E_3으로 전이할 때 진동수가 각각 f_1, f_2인 빛을 흡수하는 것을 나타낸 것이다.

이에 대한 설명으로 옳은 것만을 〈보기〉에서 있는 대로 고른 것은?

┌─ 보기 ┐
ㄱ. 전자의 에너지 준위는 연속적이다.
ㄴ. 전자가 E_1에서 E_2로 전이할 때 전자의 에너지는 증가한다.
ㄷ. 전자가 E_3에서 E_1로 전이할 때 방출되는 빛의 진동수는 $\dfrac{1}{f_1}+\dfrac{1}{f_2}$이다.
└───────┘

① ㄱ 　　　② ㄴ 　　　③ ㄷ
④ ㄴ, ㄷ 　　⑤ ㄱ, ㄴ, ㄷ

06 [8711-0152] 그림 (가)는 보어의 수소 원자 모형에서 양자수 n에 따른 에너지 준위와 전자의 전이 과정 a, b, c, d를 나타낸 것이다. 그림 (나)는 발머 계열에 해당하는 수소 원자에서 전자가 전이할 때 방출되는 빛의 선 스펙트럼을 나타낸 것으로, 빛의 파장은 $\lambda_1 > \lambda_2 > \lambda_3 > \lambda_4$이다.

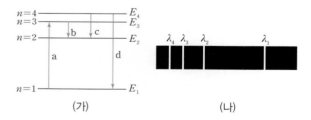

이에 대한 설명으로 옳은 것만을 〈보기〉에서 있는 대로 고른 것은?

┌─ 보기 ┐
ㄱ. a에서 흡수한 에너지는 $E_3 - E_1$이다.
ㄴ. b에서 방출하는 빛의 파장은 λ_1이다.
ㄷ. 방출한 빛의 파장은 c에서가 d에서보다 크다.
└───────┘

① ㄱ 　　　② ㄴ 　　　③ ㄱ, ㄷ
④ ㄴ, ㄷ 　　⑤ ㄱ, ㄴ, ㄷ

07 [8711-0153] 표의 A, B, C는 도체, 절연체, 반도체를 에너지띠의 특징에 따라 순서 없이 나타낸 것이다.

고체	에너지띠의 특징
A	원자가 띠와 전도띠 사이의 넓은 띠 간격 때문에 상온에서 전도띠에 도달한 전자가 없다.
B	상온에서 전자의 일부가 전도띠로 건너갈 수 있을 정도로 띠 간격이 좁다.
C	원자가 띠와 전도띠가 일부 겹쳐 있다.

A, B, C를 옳게 짝 지은 것은?

	A	B	C
①	도체	반도체	절연체
②	도체	절연체	반도체
③	반도체	절연체	도체
④	절연체	반도체	도체
⑤	절연체	도체	반도체

08 [8711-0154] 그림은 고체의 에너지띠에 대해 학생 A, B, C가 대화하는 모습을 나타낸 것이다.

제시한 내용이 옳은 학생만을 있는 대로 고른 것은?

① A 　　　② B 　　　③ A, C
④ B, C 　　⑤ A, B, C

09 [8711-0155]

그림은 절대 온도 **0 K**일 때 어떤 고체의 에너지띠 구조를 나타낸 것이다. A, B, C는 각각 원자가 띠, 전도띠, 띠 간격 중 하나로. A에는 전자가 없다.

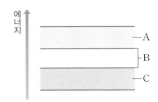

이에 대한 설명으로 옳은 것만을 〈보기〉에서 있는 대로 고른 것은?

┌─ 보기 ┐
ㄱ. A는 전도띠이다.
ㄴ. B에 해당하는 에너지를 갖는 전자는 없다.
ㄷ. B의 에너지보다 큰 에너지를 공급하면 C에 양공이 생긴다.
└─────┘

① ㄱ   ② ㄴ   ③ ㄱ, ㄷ
④ ㄴ, ㄷ   ⑤ ㄱ, ㄴ, ㄷ

10 [8711-0156]

그림의 X, Y는 원자의 에너지 준위가 기체 상태일 때와 고체 상태일 때를 순서 없이 나타낸 것이다. P, Q, R는 허용된 띠이다.

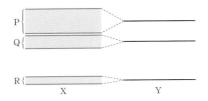

이에 대한 설명으로 옳은 것만을 〈보기〉에서 있는 대로 고른 것은?

┌─ 보기 ┐
ㄱ. 고체 상태일 때의 에너지 준위는 X이다.
ㄴ. Y에서 원자의 에너지 준위는 불연속적이다.
ㄷ. P와 Q, Q와 R 사이에는 전자가 존재한다.
└─────┘

① ㄴ   ② ㄷ   ③ ㄱ, ㄴ
④ ㄱ, ㄷ   ⑤ ㄱ, ㄴ, ㄷ

11 [8711-0157]

그림은 고체의 에너지띠를 나타낸 것이고, 표는 물질 A, B, C의 띠 간격을 나타낸 것이다. A, B, C는 각각 도체, 절연체, 반도체 중 하나이다.

물질	띠 간격
A	없다.
B	$11E_0$
C	$2E_0$

이에 대한 설명으로 옳은 것만을 〈보기〉에서 있는 대로 고른 것은?

┌─ 보기 ┐
ㄱ. A는 도체이다.
ㄴ. B의 전도띠에는 전자가 채워져 있다.
ㄷ. E_0의 에너지를 A와 C에 각각 공급하면 A에서만 원자가 띠의 전자가 전도띠로 이동한다.
└─────┘

① ㄱ   ② ㄴ   ③ ㄷ
④ ㄱ, ㄷ   ⑤ ㄴ, ㄷ

12 [8711-0158]

그림은 고체의 에너지띠 구조를 나타낸 것으로, 원자가 띠에 있던 입자 A가 전도띠로 이동하여 원자가 띠에 A의 빈 자리인 B가 생겼다. p는 전도띠와 원자가 띠 사이의 간격이다.

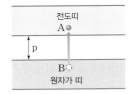

이에 대한 설명으로 옳은 것만을 〈보기〉에서 있는 대로 고른 것은?

┌─ 보기 ┐
ㄱ. B는 양(＋)전하의 성질을 가진다.
ㄴ. 고체의 전기 전도성은 p의 크기가 클수록 좋다.
ㄷ. 원자가 띠 내에 존재하는 전자의 에너지는 모두 같다.
└─────┘

① ㄱ   ② ㄴ   ③ ㄱ, ㄷ
④ ㄴ, ㄷ   ⑤ ㄱ, ㄴ, ㄷ

01 [8711-0159]
그림과 같이 4개의 에너지 준위를 갖고 있는 원자가 있다.

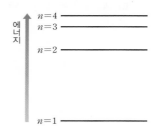

이 원자에서 방출되는 빛의 스펙트럼의 선은 최대 몇 개인지 쓰시오.

02 [8711-0160]
그림은 보어의 수소 원자 모형에서 전자가 전이하는 3개의 과정을 나타낸 것이다.

방출되는 빛의 파장의 계열을 모두 쓰시오.

03 [8711-0161]
그림은 수소 원자의 선 스펙트럼에서 가시광선 영역을 나타낸 것이다.

수소 원자는 궤도에 전자가 하나뿐이지만 여러 개의 스펙트럼 선이 나타나는 까닭을 서술하고, 전자가 $n=4$인 궤도에서 $n=2$인 궤도로 전이할 때 방출되는 빛은 $a \sim d$ 중 어떤 것인지 쓰시오.

04 [8711-0162]
그림은 절대 온도가 0 K일 때 고체의 에너지띠 구조를 나타낸 것이다. A에는 전자가 없고, C에는 전자가 채워져 있으며, B는 A와 C 사이의 간격이다.

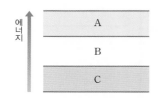

A, B, C의 명칭을 각각 쓰고, B의 크기에 따라 고체의 전기 전도성은 어떻게 달라지는지 서술하시오.

05 [8711-0163]
그림 (가), (나)는 기체 원자와 고체 원자의 에너지 준위의 일부를 나타낸 것이다.

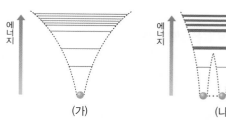

(가), (나) 중 기체 원자의 에너지 준위에 해당하는 것을 고르고, (나)에서 에너지 준위가 띠 형태로 나타나는 까닭을 서술하시오.

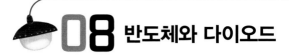

08 반도체와 다이오드

1 반도체

(1) 순수 반도체

① 순수 반도체: 도체와 절연체의 중간 정도의 전기 전도성을 가지는 물질로, 원자가 전자가 4개인 규소(Si), 저마늄(Ge) 등으로만 구성된 반도체이다.

② 순수 반도체의 구조: 규소(Si) 원자는 가장 바깥쪽 전자 껍질에 4개의 원자가 전자를 가지고 있으므로 고체 내에서 주위의 규소 원자 4개와 공유 결합

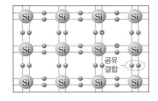

을 형성하여 가장 바깥쪽 전자 껍질에 전자 8개가 배치된다.

(2) 불순물 반도체

① 도핑: 순수 반도체에 불순물을 첨가하여 반도체의 성질을 바꾸는 것

② 불순물 반도체의 종류: 불순물의 종류에 따라 p형 반도체와 n형 반도체로 나눈다.

(3) p형 반도체

원리	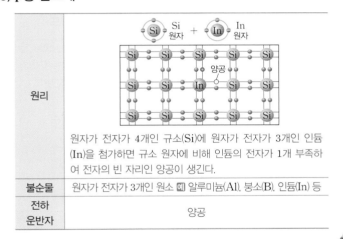 원자가 전자가 4개인 규소(Si)에 원자가 전자가 3개인 인듐(In)을 첨가하면 규소 원자에 비해 인듐의 전자가 1개 부족하여 전자의 빈 자리인 양공이 생긴다.
불순물	원자가 전자가 3개인 원소 예 알루미늄(Al), 붕소(B), 인듐(In) 등
전하 운반자	양공

(4) n형 반도체

원리	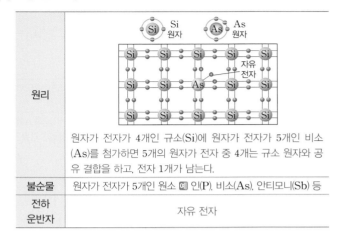 원자가 전자가 4개인 규소(Si)에 원자가 전자가 5개인 비소(As)를 첨가하면 5개의 원자가 전자 중 4개는 규소 원자와 공유 결합을 하고, 전자 1개가 남는다.
불순물	원자가 전자가 5개인 원소 예 인(P), 비소(As), 안티모니(Sb) 등
전하 운반자	자유 전자

(5) 불순물 반도체의 특징

① 전기 전도성

p형 반도체	n형 반도체
외부에서 에너지를 가하면 양공 가까이에 있는 전자가 양공을 메우기 위해 이동하고, 전자가 이동한 자리에 양공이 생기므로 양공이 움직이게 되어 전기 전도성이 좋아진다.	남는 전자는 원자에 약하게 구속되어 있어 작은 에너지로도 쉽게 전도띠로 올라가 전기 전도성이 좋아진다.

② 에너지 준위의 변화

p형 반도체	n형 반도체
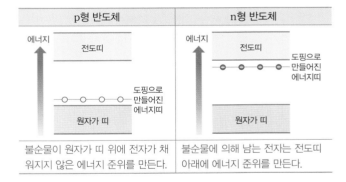	
불순물이 원자가 띠 위에 전자가 채워지지 않은 에너지 준위를 만든다.	불순물에 의해 남는 전자는 전도띠 아래에 에너지 준위를 만든다.

핵심 개념 체크

정답과 해설 24쪽

1. 원자가 전자가 4개인 규소(Si), 저마늄(Ge) 등으로 구성된 반도체를 ( ) 반도체라고 한다.

2. 순수 반도체는 0 K일 때 전도띠에 ( )가 전혀 없으며, 상온에서 자유 전자의 수와 양공의 수는 ( ).

3. 순수 반도체에 불순물을 첨가하여 반도체의 성질을 바꾸는 것을 ( )이라고 한다.

4. 불순물 반도체에는 ( ) 반도체와 ( ) 반도체가 있다.

5. n형 반도체는 원자가 전자가 4개인 원소에 원자가 전자가 ( )개인 원소를 첨가하여 ( )의 수를 증가시킨 반도체이다.

6. ( )형 반도체는 원자가 전자가 4개인 원소에 원자가 전자가 3개인 원소를 첨가하여 ( )의 수를 증가시킨 반도체이다.

7. p형 반도체의 전하 운반자는 ( )이고, n형 반도체의 전하 운반자는 ( )이다.

8. 순수 반도체는 불순물 반도체보다 전기 전도성이 ( ).

9. ( )형 반도체는 불순물이 원자가 띠 위에 전자가 채워지지 않은 에너지 준위를 만들고, ( )형 반도체는 불순물에 의해 남는 전자가 전도띠 아래에 에너지 준위를 만든다.

② 다이오드

(1) p−n 접합 다이오드: p형 반도체와 n형 반도체를 접합시켜 양 끝에 전극을 붙인 것

(2) p−n 접합 다이오드의 전압 연결

① 순방향 전압

연결 방법	p형 반도체 쪽에 전원의 (+)극을 연결하고, n형 반도체 쪽에 전원의 (−)극을 연결한다.
원리	전원의 (+)극과 (−)극은 각각 p형 반도체의 양공과 n형 반도체의 전자를 접합면 쪽으로 밀어낸다. 전하들이 자유롭게 이동하며, 공핍층이 점점 사라진다. (+) ｜ (−) p형 　공핍층 　n형 양공 　　　　　 전자 ←전자 띠 간격 양공→
결과	다이오드의 양 끝에서 양공과 전자를 계속 공급할 수 있으므로 전류가 지속적으로 흐른다.

② 역방향 전압

연결 방법	p형 반도체 쪽에 전원의 (−)극을 연결하고, n형 반도체 쪽에 전원의 (+)극을 연결한다.
원리	p형 반도체의 양공은 전원의 (−)극 쪽으로 끌리고, n형 반도체의 전자는 전원의 (+)극 쪽으로 끌려 전하 운반자가 공핍층에서 점점 멀어지며, 공핍층이 점점 넓어진다. (−) ｜ (+) p형 　공핍층 　n형 양공 　　　　　 전자 전자 띠 간격 양공
결과	접합면에 남는 양공이나 전자가 없어 전자의 전이가 일어날 수 없으므로 전류가 흐르지 않는다.

(3) 다이오드의 특징과 이용

① 다이오드의 특징: 전류를 한쪽 방향으로만 흐르게 하는 정류 작용을 한다. ➡ 다이오드에 순방향 전압이 걸렸을 때에만 전류가 흐른다.

② 다이오드의 이용: 정류 작용을 이용하여 교류를 직류로 변환한다.

③ 정류기와 정류 회로: 가정에서 사용하는 가전제품은 직류를 필요로 하는 경우가 있다. 가전 제품의 내부에는 교류를 직류로 바꾸어 주는 장치(정류기)가 들어 있어 교류를 직류로 바꾸어 주는 작용을 한다.

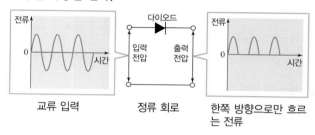

교류 입력 　　　 정류 회로 　　　 한쪽 방향으로만 흐르는 전류

(4) 발광 다이오드(LED): 순방향 전압이 걸리면 띠 간격에 해당하는 만큼의 에너지를 빛으로 방출하는 다이오드

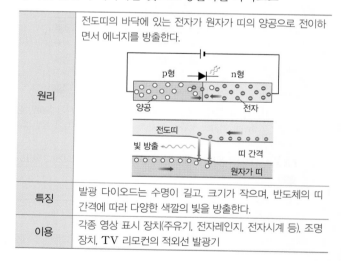

원리	전도띠의 바닥에 있는 전자가 원자가 띠의 양공으로 전이하면서 에너지를 방출한다. p형 　　　 n형 양공 　　　　　 전자 전도띠 빛 방출 띠 간격 원자가 띠
특징	발광 다이오드는 수명이 길고, 크기가 작으며, 반도체의 띠 간격에 따라 다양한 색깔의 빛을 방출한다.
이용	각종 영상 표시 장치(주유기, 전자레인지, 전자시계 등), 조명 장치, TV 리모컨의 적외선 발광기

핵심 개념 체크

정답과 해설 24쪽

10. p형 반도체에 전원의 (　　)극을 연결하고, n형 반도체에 전원의 (　　)극을 연결한 경우를 순방향 전압이라고 한다.

11. p형 반도체에 전원의 (−)극을 연결하고, n형 반도체에 전원의 (+)극을 연결한 경우를 (　　) 전압이라고 하며, 이때는 전류가 (　　).

12. p−n 접합 다이오드에 순방향 전압이 걸리면 n형 반도체의 전자와 p형 반도체의 양공은 접합면에 (가까워 , 멀어)지는

방향으로 이동하고, 역방향 전압이 걸리면 n형 반도체의 전자와 p형 반도체의 양공은 접합면에서 (가까워 , 멀어)지는 방향으로 이동한다.

13. p−n 접합 다이오드는 정류 회로에서 (　　)를 (　　)로 바꾸는 정류 작용을 한다.

14. 발광 다이오드에서는 (　　)에 해당하는 에너지를 빛으로 방출한다.

01 [8711-0164]
그림은 저마늄(Ge)의 결정 구조를 나타낸 것이다.

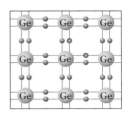

이에 대한 설명으로 옳은 것만을 〈보기〉에서 있는 대로 고른 것은?

┌─ 보기 ┌─────────────────────────────
ㄱ. 불순물 반도체이다.
ㄴ. 전기 저항이 절연체보다 크다.
ㄷ. 저마늄에 불순물을 첨가하면 전기 전도도가 증가한다.
└──────────────────────────────────────

① ㄱ   ② ㄴ   ③ ㄷ
④ ㄴ, ㄷ   ⑤ ㄱ, ㄴ, ㄷ

02 [8711-0165]
다음은 반도체에 대한 설명이다.

┌──
순수 반도체는 어떤 불순물도 첨가하지 않은 반도체이다. 순수
반도체에 불순물을 첨가하여 반도체의 양공이나 │ ㉠ │의 수
를 조절하는 것을 도핑이라고 한다. 순수 반도체에 원자가 전자
가 │ ㉡ │개인 원소를 첨가하면 n형 반도체가 되고, 순수 반
도체에 원자가 전자가 3개인 원소를 첨가하면 ㉢p형 반도체가
된다.
└──

이에 대한 설명으로 옳은 것만을 〈보기〉에서 있는 대로 고른 것은?

┌─ 보기 ┌─────────────────────────────
ㄱ. ㉠은 음(−)전하를 띤다.
ㄴ. ㉡은 5이다.
ㄷ. ㉢의 전하 운반자는 전자이다.
└──────────────────────────────────────

① ㄱ   ② ㄷ   ③ ㄱ, ㄴ
④ ㄴ, ㄷ   ⑤ ㄱ, ㄴ, ㄷ

03 [8711-0166]
그림은 규소(Si)에 불순물 A를 첨가하여 만든 반도체의 전자
배치를 나타낸 것이다.

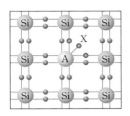

이에 대한 설명으로 옳은 것만을 〈보기〉에서 있는 대로 고른 것은?
(단, A는 임의의 원소 기호이다.)

┌─ 보기 ┌─────────────────────────────
ㄱ. n형 반도체이다.
ㄴ. X는 전자이다.
ㄷ. 전도띠에 전자가 있다.
└──────────────────────────────────────

① ㄱ   ② ㄷ   ③ ㄱ, ㄴ
④ ㄴ, ㄷ   ⑤ ㄱ, ㄴ, ㄷ

04 [8711-0167]
그림 (가)는 순수한 저마늄(Ge) 반도체를, (나)는 (가)의 반도체
에 인듐(In)을 첨가한 반도체의 전자 배치를 나타낸 것이다.

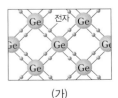   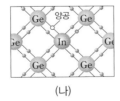

　(가)　　　　　　　(나)

이에 대한 설명으로 옳은 것만을 〈보기〉에서 있는 대로 고른 것은?

┌─ 보기 ┌─────────────────────────────
ㄱ. 원자가 전자의 수는 저마늄(Ge)이 인듐(In)보다 적다.
ㄴ. (나)는 p형 반도체이다.
ㄷ. 전기 전도성은 (나)가 (가)보다 좋다.
└──────────────────────────────────────

① ㄱ   ② ㄴ   ③ ㄱ, ㄷ
④ ㄴ, ㄷ   ⑤ ㄱ, ㄴ, ㄷ

05 [8711-0168]

그림 (가)는 순수한 규소(Si) 반도체에서 전자가 열에너지를 받아 공유 결합을 끊고 이동하는 것을 나타낸 것이다. 그림 (나)는 (가)의 에너지띠를 나타낸 것으로, 원자가 띠와 전도띠 사이의 띠 간격은 E_0이다.

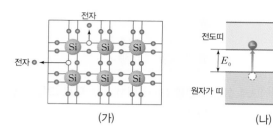

(가)   (나)

이에 대한 설명으로 옳은 것만을 〈보기〉에서 있는 대로 고른 것은?

보기
ㄱ. 규소(Si)의 원자가 전자는 5개이다.
ㄴ. (가)에서 전자가 흡수한 열에너지는 E_0보다 작다.
ㄷ. (나)에서 양공은 다른 전자들로 채워질 수 있다.

① ㄱ   ② ㄷ   ③ ㄱ, ㄴ
④ ㄴ, ㄷ   ⑤ ㄱ, ㄴ, ㄷ

06 [8711-0169]

그림은 원소 A에 소량의 원소 B를 첨가하여 만든 반도체를 나타낸 것이다.

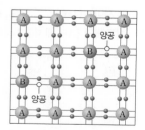

이에 대한 설명으로 옳은 것만을 〈보기〉에서 있는 대로 고른 것은?

보기
ㄱ. A와 B의 원자가 전자의 차이는 1개이다.
ㄴ. 양공이 전도띠 위에 에너지 준위를 만든다.
ㄷ. A 반도체보다 A에 B를 첨가한 반도체가 전기 전도성이 좋다.

① ㄱ   ② ㄴ   ③ ㄱ, ㄷ
④ ㄴ, ㄷ   ⑤ ㄱ, ㄴ, ㄷ

07 [8711-0170]

그림은 반도체 A와 B를 접합한 전기 소자, 저항, 스위치, 직류 전원 장치를 이용한 회로를 나타낸 것이다. 표는 스위치의 연결 방향에 따라 저항에 흐르는 전류의 유무를 나타낸 것이다.

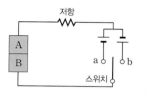

스위치의 연결	저항에 흐르는 전류
a에 연결	흐른다.
b에 연결	흐르지 않는다.

이에 대한 설명으로 옳은 것만을 〈보기〉에서 있는 대로 고른 것은?

보기
ㄱ. A는 n형 반도체이다.
ㄴ. B는 원자가 전자가 5개인 원소를 첨가하였다.
ㄷ. 이 전기 소자는 정류 작용을 할 수 있다.

① ㄱ   ② ㄴ   ③ ㄱ, ㄷ
④ ㄴ, ㄷ   ⑤ ㄱ, ㄴ, ㄷ

08 [8711-0171]

그림 (가), (나)는 반도체 A, B로 된 전기 소자 X의 방향을 바꾸어 전구와 직류 전원 장치에 연결한 것을 나타낸 것이다. (가)에서는 전구에 불이 켜지지 않고, (나)에서는 전구에 불이 켜진다.

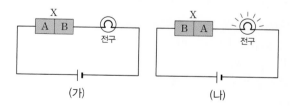

(가)   (나)

이에 대한 설명으로 옳은 것만을 〈보기〉에서 있는 대로 고른 것은?

보기
ㄱ. X는 정류 작용을 한다.
ㄴ. A에서는 주로 양공이 전류를 흐르게 한다.
ㄷ. (나)에서 B의 양공은 A와 B의 접합면에서 멀어지는 방향으로 이동한다.

① ㄱ   ② ㄴ   ③ ㄷ
④ ㄱ, ㄴ   ⑤ ㄴ, ㄷ

09 [8711-0172]
그림은 p형, n형 반도체를 접합하여 만든 발광 다이오드 (LED)를 직류 전원 장치에 연결했을 때 파란색 빛이 나오고 있는 것을 나타낸 것이다. X와 Y는 각각 p형 반도체와 n형 반도체 중 하나이다.

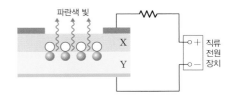

이에 대한 설명으로 옳은 것만을 〈보기〉에서 있는 대로 고른 것은?

┌─ 보기 ┐
ㄱ. X는 p형 반도체이다.
ㄴ. 발광 다이오드에는 순방향 전압이 걸려 있다.
ㄷ. 파란색 빛을 방출하는 LED의 띠 간격이 빨간색 빛을 방출하는 LED의 띠 간격보다 좁다.
└──────┘

① ㄱ   ② ㄴ   ③ ㄷ
④ ㄱ, ㄴ   ⑤ ㄱ, ㄴ, ㄷ

11 [8711-0174]
그림 (가)는 규소(Si)에 원소 A를 첨가한 반도체의 전자 배치를 나타낸 것이고, (나)는 전원 장치에 연결된 발광 다이오드(LED)에서 빛이 방출되는 것을 나타낸 것이다. X와 Y는 각각 p형 반도체와 n형 반도체 중 하나이다.

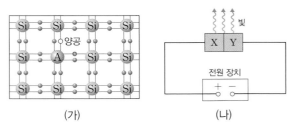

(가)   (나)

이에 대한 설명으로 옳은 것만을 〈보기〉에서 있는 대로 고른 것은?

┌─ 보기 ┐
ㄱ. A는 규소보다 원자가 전자가 1개 많다.
ㄴ. (가)는 p형 반도체이다.
ㄷ. (가)의 반도체는 (나)의 Y에 사용된다.
└──────┘

① ㄱ   ② ㄴ   ③ ㄷ
④ ㄱ, ㄴ   ⑤ ㄴ, ㄷ

10 [8711-0173]
그림은 p형 반도체, n형 반도체로 이루어진 발광 다이오드 (LED)와 다이오드를 전원 장치에 연결하였을 때 LED에서 빛이 방출되고 있는 모습을 나타낸 것이다.

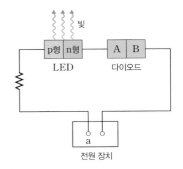

이에 대한 설명으로 옳은 것만을 〈보기〉에서 있는 대로 고른 것은?

┌─ 보기 ┐
ㄱ. 전극 a는 (−)극이다.
ㄴ. A는 양공이 많아지도록 도핑되어 있다.
ㄷ. LED의 띠 간격이 좁을수록 방출되는 빛의 진동수는 작다.
└──────┘

① ㄱ   ② ㄴ   ③ ㄱ, ㄷ
④ ㄴ, ㄷ   ⑤ ㄱ, ㄴ, ㄷ

12 [8711-0175]
그림은 직류 전원 장치와 교류 전원 장치에 저항 R_1, R_2와 반도체 X, Y로 구성된 발광 다이오드(LED)를 연결한 것을 나타낸 것이다. X와 Y는 각각 p형 반도체와 n형 반도체 중 하나이고, 스위치 S를 a에 연결하였더니 LED에 빛이 발생하였다.

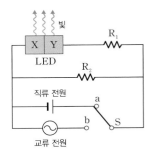

이에 대한 설명으로 옳은 것만을 〈보기〉에서 있는 대로 고른 것은?

┌─ 보기 ┐
ㄱ. X에서는 양공이 전하 운반자 역할을 한다.
ㄴ. S를 a에 연결하면 X와 Y의 접합면에서 전자와 양공이 결합한다.
ㄷ. S를 b에 연결하면 R_1에는 한쪽 방향으로만 전류가 흐른다.
└──────┘

① ㄱ   ② ㄴ   ③ ㄱ, ㄷ
④ ㄴ, ㄷ   ⑤ ㄱ, ㄴ, ㄷ

01 [8711-0176]
그림 (가), (나)는 규소(Si)로 만든 순수 반도체에 불순물 a, b를 각각 소량 첨가하여 만든 불순물 반도체의 전자 배치를 나타낸 것이다.

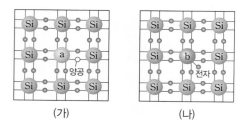

(가)   (나)

a, b의 원자가 전자의 수를 각각 쓰고, 이와 같이 도핑을 하면 전류가 더 잘 흐르는 까닭을 서술하시오.

02 [8711-0177]
그림은 도핑한 반도체의 에너지띠를 나타낸 것으로, A는 도핑으로 인해 만들어진 새로운 에너지 준위이다.

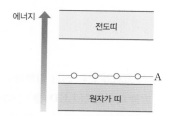

이 반도체의 종류를 쓰고, A와 같은 에너지 준위를 만들도록 순수한 반도체에 첨가할 수 있는 원소의 예를 두 가지만 쓰시오.

03 [8711-0178]
다음은 전기 소자 X에 대한 설명이다.

전기 소자 X에 순방향 전압을 걸어 주어 전류가 흐르면 (㉠) 반도체에서 (㉡) 반도체에 도달한 전자들이 에너지 준위가 낮은 양공의 자리로 이동하면서 (㉢)에 해당하는 만큼의 에너지가 빛으로 방출된다.

전기 소자 X의 명칭과 ㉠~㉢에 들어갈 알맞은 말을 쓰시오.

04 [8711-0179]
그림 (가), (나)는 전원에 연결된 p-n 접합 다이오드에서 양공과 전자의 이동 방향을 나타낸 것이다.

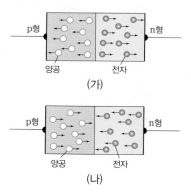

(가), (나)에 연결된 전압의 방향을 각각 쓰고, 그 결과를 바탕으로 회로에서 p-n 접합 다이오드의 역할을 서술하시오.

05 [8711-0180]
그림 (가)는 4개의 다이오드, 저항, 교류 전원을 이용하여 구성한 회로를 나타낸 것이고, (나)는 교류 전원의 전압을 시간에 따라 나타낸 것이다.

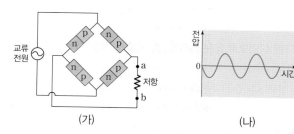

(가)   (나)

저항에 흐르는 전류의 세기를 시간에 따른 그래프로 나타내시오. (단, 저항에 흐르는 전류는 a → 저항 → b 방향을 (+)로 한다.)

09 전류의 자기 작용

1 자기장과 자기력선

(1) 자기장: 자기력이 작용하는 공간(단위: T(테슬라))
① 자기장의 방향: 자기장 내의 한 점에 있는 나침반 자침의 N극이 가리키는 방향이 그 위치에서 자기장의 방향이다.
② 자기장의 세기: 자석 주위에서 자기장의 세기는 자석의 양 끝(자극) 주위에서 가장 세고, 자석에서 멀어질수록 약해진다.

(2) 자기력선: 자기장 속에서 나침반 자침의 N극이 가리키는 방향을 연속적으로 이은 것
① 자기력선은 자석의 N극에서 나와 S극으로 들어간다.
② 자기력선은 도중에 갈라지거나 교차하지 않는다.
③ 자기력선의 간격이 좁을수록 자기장의 세기가 세다.
④ 자기력선의 접선의 방향이 그 위치에서의 자기장 방향이다.

2 전류에 의한 자기장

(1) 직선 전류에 의한 자기장(앙페르 법칙)

① 자기장의 모양: 도선에 전류가 흐르면 도선 주위에 동심원 형태의 자기장이 생긴다.
② 자기장의 방향: 오른손의 엄지손가락을 전류의 방향으로 향하게 할 때 나머지 네 손가락이 감기는 방향이다.(앙페르 법칙 또는 오른나사 법칙)
③ 자기장의 세기(B): 전류의 세기(I)에 비례하고, 도선으로부터의 거리(r)에 반비례한다.

$$B_{직선전류} = k\frac{I}{r} \quad (k = 2 \times 10^{-7} \, \text{N/A}^2)$$

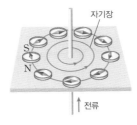

(2) 원형 전류에 의한 자기장

① 자기장의 방향: 오른손의 엄지손가락을 전류의 방향으로 향하게 할 때 나머지 네 손가락이 감기는 방향이다.
② 원형 전류 중심에서 자기장의 세기(B): 전류의 세기(I)에 비례하고, 원형 도선의 반지름(r)에 반비례한다.

$$B_{원형전류중심} = k'\frac{I}{r} \quad (k' = 2\pi \times 10^{-7} \, \text{N/A}^2)$$

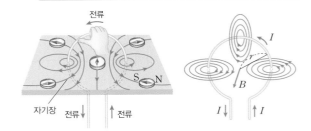

(3) 솔레노이드에 의한 자기장: 여러 개의 원형 도선이 겹쳐 있는 것으로 생각할 수 있다.

① 자기장의 모양: 막대자석이 만드는 자기장과 비슷한 모양이다.
② 솔레노이드 내부에서 자기장의 방향: 오른손의 네 손가락을 전류의 방향으로 감아쥘 때 엄지손가락이 가리키는 방향이다.
③ 솔레노이드 내부에서 자기장의 세기(B): 전류의 세기(I)에 비례하고, 단위 길이당 도선의 감은 수(n)에 비례한다.

$$B_{솔레노이드내부} = k''nI \quad (k'' = 4\pi \times 10^{-7} \, \text{N/A}^2)$$

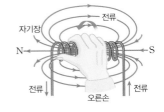
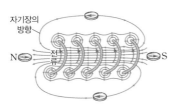

정답과 해설 26쪽

핵심 개념 체크

1. 다음 중 옳은 것은 ○표, 옳지 않은 것은 ×표 하시오.
   (1) 자기력선은 자석의 N극에서 나와 S극으로 들어간다.
                                       (   )
   (2) 자기력선은 도중에 교차하거나 분리되지 않는다. (   )
   (3) 자기력선의 간격이 넓을수록 자기장의 세기가 세다.
                                       (   )
   (4) 자기력선 위의 한 점에서 그은 접선의 방향은 그 위치에서 자기장의 방향이다. (   )

2. 직선 전류에 의한 자기장의 세기는 도선에 흐르는 전류의 세기에 (   )하고, 도선으로부터의 거리에 (   )한다.

3. 직선 전류에 의한 자기장의 방향은 오른손의 엄지손가락을 (   )의 방향으로 향하게 할 때 네 손가락이 감기는 방향이다.

4. 원형 전류 중심에서 자기장의 세기는 전류의 세기에 (   )하고, 원형 도선의 반지름에 (   )한다.

5. 솔레노이드 내부에서 자기장의 세기는 전류의 세기에 (   )하고, 단위 길이당 도선의 감은 수에 (   )한다.

3 전류에 의한 자기장의 이용

(1) 기중기의 원리: 전자석의 자기력을 이용하여 고철을 자석에 붙여 들어 올려 원하는 위치로 이동시킨 후 전자석에 흐르는 전류를 차단하면 고철이 원하는 위치에 떨어진다.

기중기

(2) 초인종의 원리: 버튼을 누르면 회로에 전류가 흐르게 되고, 전자석의 자기력에 의해 망치가 연결된 판 스프링이 자석 쪽으로 이동하면서 스위치와 떨어지므로 전류가 차단된다. 이때 판 스프링이 원래 위치로 돌아가고, 다시 스위치와 접촉하여 전자석의 자기력이 발생하면 망치가 진동하며 벨을 쳐서 초인종 소리가 발생하게 된다.

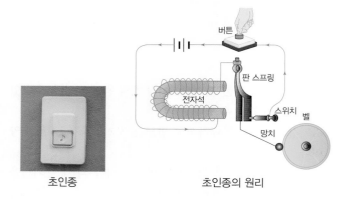

초인종   초인종의 원리

(3) 스피커의 구조와 원리

① 구조: 스피커는 진동판에 부착되어 있는 코일과 영구 자석으로 이루어져 있다.

② 스피커의 원리: 코일에 교류가 흐르면 주위에 자기장이 형성되고, 근처에 있는 영구 자석과 밀고 당기는 자기력이 발생한다. 자기력에 의해 코일이 진동하면 코일에 부착된 진동판도 같이 진동하여 소리가 발생한다.

(4) 자기 부상 열차의 원리: 자기력에 의해 열차를 레일 위로 띄워서 마찰이 발생하지 않도록 하여 운행하는 열차이며, 전자석이 활용된다. 전자석에 전류가 흐르면 자기력이 발생하여 레일을 당기는 힘이 작용한다. 이 힘에 의해 열차가 부상하게 되는데, 이때 갭 센서가 지속적으로 거리(부상 공극)를 측정하여 측정된 값을 부상 제어기에 보낸다. 부상 제어기의 제어 신호에 따라 부상 전력 공급 장치에서는 전자석으로 보내는 전력을 제어하여 8 mm의 부상 공극을 유지한다.

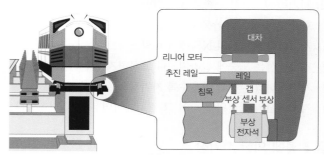

자기 부상 열차의 원리

(5) 하드디스크의 구조와 원리(정보를 저장할 때)

① 구조: 산화 철을 입힌 디스크(플래터)와 디스크를 회전시켜 주는 스핀들 모터, 정보를 저장하거나 재생하는 헤드로 이루어져 있다.

② 원리: 전자석으로 이루어진 헤드에 전류가 흐르면 헤드 주위에 형성된 자기장의 방향으로 산화 철 입자가 배열된다. 정렬된 산화 철 입자들이 디지털 방식의 정보를 저장한다.

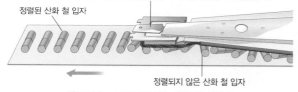

하드디스크에서 정보를 기록하는 원리

핵심 개념 체크

정답과 해설 26쪽

6. 장치와 그 기능을 연결하시오.

(1) 전자석 기중기 •

(2) 초인종 •

(3) 스피커 •

(4) 자기 부상 열차 •

• ㉠ 자기력에 의해 열차를 레일 위로 띄워서 운행하는 열차

• ㉡ 자기력을 이용하여 고철을 들어서 옮기는 장치

• ㉢ 자기력에 의해 벨을 울리는 장치

• ㉣ 자기력에 의해 코일이 진동하면 코일에 부착된 진동판이 진동하는 장치

7. 철심을 넣은 코일에 전류를 흘려 강한 자기장을 얻는 장치를 (   )이라고 하며, 자기장의 세기는 (   )의 세기가 셀수록, 코일의 (   )가 많을수록 세진다.

8. 스피커는 진동판에 부착되어 있는 (   )과 (   )으로 이루어져 있다.

9. 하드디스크에서 전자석으로 이루어진 헤드에 (   )가 흐르면 헤드 주위에 형성된 (   )의 방향으로 산화 철 입자가 배열된다.

01 [8711-0181]
그림은 외르스테드가 실험을 하는 도중 전류가 흐르는 도선 근처에 있던 나침반 자침이 움직이는 것을 발견한 모습을 나타낸 것이다.

이에 대한 설명으로 옳은 것만을 〈보기〉에서 있는 대로 고른 것은?

┌─ 보기 ┌
ㄱ. 전류가 흐르는 도선 주위에 자기장이 생긴다.
ㄴ. 도선이 자기화되어 나침반의 자침이 움직인다.
ㄷ. 전류가 흐르는 도선에서 멀어질수록 자기장의 세기는 증가한다.

① ㄱ　　　　　　② ㄴ　　　　　　③ ㄷ
④ ㄱ, ㄴ　　　　　⑤ ㄱ, ㄷ

02 [8711-0182]
그림은 무한히 긴 직선 도선이 xy 평면에 수직으로 고정되어 있는 것을 나타낸 것이다. 점 a, b, c, d는 xy 평면 위의 점이고, d에서 자기장의 방향은 $-x$ 방향이다.

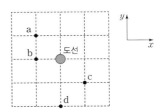

이에 대한 설명으로 옳은 것만을 〈보기〉에서 있는 대로 고른 것은? (단, 모눈 간격은 일정하다.)

┌─ 보기 ┌
ㄱ. 도선에 흐르는 전류의 방향은 xy 평면에서 수직으로 나오는 방향이다.
ㄴ. 전류에 의한 자기장의 세기는 a에서가 b에서보다 작다.
ㄷ. a와 c에서 전류에 의한 자기장의 방향은 서로 반대 방향이다.

① ㄱ　　　　　　② ㄷ　　　　　　③ ㄱ, ㄴ
④ ㄴ, ㄷ　　　　　⑤ ㄱ, ㄴ, ㄷ

03 [8711-0183]
그림은 일정한 세기의 전류가 흐르는 무한히 긴 직선 도선 X, Y가 각각 x축과 y축에 고정되어 있는 것을 나타낸 것이다. X에 흐르는 전류의 방향은 $+x$ 방향이고, 점 a, b, c, d는 xy 평면 위의 점이며, a에서 X, Y에 의한 자기장의 세기는 0이다.

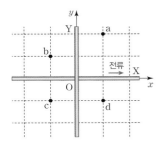

b, c, d에서 X, Y에 의한 자기장의 세기를 각각 B_b, B_c, B_d라고 할 때, $B_b : B_c : B_d$는? (단, 모눈 간격은 일정하다.)

① 1 : 1 : 3　　　② 1 : 2 : 2　　　③ 2 : 1 : 2
④ 3 : 1 : 2　　　⑤ 3 : 1 : 3

04 [8711-0184]
그림은 종이판에 전류가 흐르는 무한히 긴 직선 도선 A, B를 거리 $2d$만큼 떨어진 위치에 수직으로 꽂은 것을 나타낸 것이다. 점 P, O, Q는 종이판 위의 점이다. 표는 P, O, Q에 나침반을 놓았을 때 자침의 N극이 가리키는 방향을 나타낸 것이다.

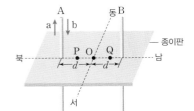

위치	N극의 방향
P점	북서쪽
O점	북쪽
Q점	(㉠)

이에 대한 설명으로 옳은 것만을 〈보기〉에서 있는 대로 고른 것은?

┌─ 보기 ┌
ㄱ. A에 흐르는 전류의 방향은 a이다.
ㄴ. B에 흐르는 전류의 방향은 A와 같다.
ㄷ. ㉠은 북동쪽이다.

① ㄱ　　　　　　② ㄴ　　　　　　③ ㄱ, ㄷ
④ ㄴ, ㄷ　　　　　⑤ ㄱ, ㄴ, ㄷ

05 [8711-0185]
그림은 점 O가 중심이고, 반지름이 r인 원형 도선에 전류가 시계 방향으로 흐르고 있는 모습을 나타낸 것이다.

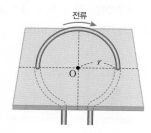
전류

O에서 전류에 의한 자기장의 세기가 증가하는 경우만을 〈보기〉에서 있는 대로 고른 것은?

┌─ 보기 ┌──────────────────────────────
ㄱ. r를 증가시킨다.
ㄴ. 전류의 세기를 증가시킨다.
ㄷ. 전류의 방향을 시계 반대 방향으로 바꾼다.
└────────────────────────────────────

① ㄱ   ② ㄴ   ③ ㄷ
④ ㄱ, ㄴ   ⑤ ㄴ, ㄷ

06 [8711-0186]
그림은 중심이 O로 같고, 반지름이 각각 $2r$, $3r$인 원형 도선 A, B가 같은 종이면 위에 고정되어 있는 모습을 나타낸 것이다. A에는 시계 반대 방향으로 세기가 I인 전류가 흐르고, O에서 전류에 의한 자기장의 세기는 0이다.

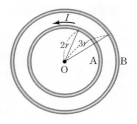

이에 대한 설명으로 옳은 것만을 〈보기〉에서 있는 대로 고른 것은?

┌─ 보기 ┌──────────────────────────────
ㄱ. B에 흐르는 전류의 방향은 시계 방향이다.
ㄴ. B에 흐르는 전류의 세기는 $2I$이다.
ㄷ. A의 반지름만 r로 작아지면 O에서 자기장의 방향은 종이 면에 수직으로 들어가는 방향이다.
└────────────────────────────────────

① ㄱ   ② ㄴ   ③ ㄱ, ㄷ
④ ㄴ, ㄷ   ⑤ ㄱ, ㄴ, ㄷ

07 [8711-0187]
그림 (가), (나), (다)는 동일한 평면 위에 놓인 반지름이 d인 원형 도선 P와 무한히 긴 직선 도선 Q에 화살표 방향으로 세기가 I인 전류가 흐를 때, 원형 도선 중심에서의 자기장이 각각 B_1, B_2, B_3인 것을 나타낸 것이다.

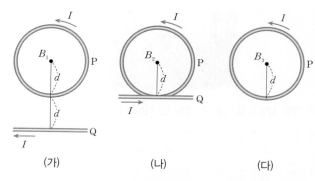

(가)   (나)   (다)

B_1, B_2, B_3 사이의 관계로 옳은 것은? (단, 자기장이 종이면에서 수직으로 나오는 방향을 (+)로 한다.)

① $B_1+B_2=B_3$ ② $2B_1+B_2=B_3$
③ $2B_1-B_2=B_3$ ④ $2B_1+B_2=3B_3$
⑤ $2B_1-B_2=3B_3$

08 [8711-0188]
그림은 전류가 흐르는 도선 주위에 나침반을 놓았을 때 나침반 자침의 N극이 가리키는 방향을 나타낸 것이다. ⊙는 전류가 종이면에서 수직으로 나오는 방향이고, ⊗는 전류가 종이면에 수직으로 들어가는 방향이다.

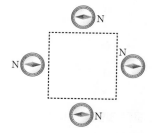

도선의 모양으로 가장 적절한 것은? (단, 지구 자기장은 무시한다.)

①   ②   ③

④   ⑤

[8711-0189]

09 그림은 전류가 흐르는 솔레노이드와 그 주위의 점 P, Q, R를 나타낸 것이다. Q는 솔레노이드 내부의 중심점이고, P, Q, R는 솔레노이드에 수직인 같은 직선 위에 있다.

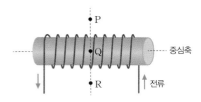

이에 대한 설명으로 옳은 것만을 〈보기〉에서 있는 대로 고른 것은?

┌ 보기 ┌

ㄱ. P, Q에서 자기장의 방향은 서로 반대이다.

ㄴ. P, Q, R에서 자기장의 세기가 가장 강한 곳은 Q이다.

ㄷ. 전류의 세기를 증가시키면 P, R에서 자기장의 세기는 감소한다.

① ㄱ   ② ㄴ   ③ ㄷ

④ ㄱ, ㄴ   ⑤ ㄴ, ㄷ

[8711-0190]

10 그림은 일정한 세기의 전류가 각각 흐르는 솔레노이드 A, B 사이 중심축 위에 나침반을 놓았더니 나침반 자침의 N극이 북쪽을 가리키는 것을 나타낸 것이다.

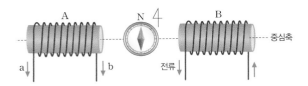

이에 대한 설명으로 옳은 것만을 〈보기〉에서 있는 대로 고른 것은?

┌ 보기 ┌

ㄱ. A에 흐르는 전류의 방향은 b이다.

ㄴ. A와 B 사이에는 서로 밀어내는 자기력이 작용한다.

ㄷ. A에 흐르는 전류의 세기를 천천히 증가시키는 동안 자침의 N극은 시계 반대 방향으로 회전한다.

① ㄱ   ② ㄴ   ③ ㄱ, ㄷ

④ ㄴ, ㄷ   ⑤ ㄱ, ㄴ, ㄷ

[8711-0191]

11 그림은 스피커의 구조를 나타낸 것이다. 코일에 전류가 흐를 때 작용하는 자기력에 의해 진동판이 진동하여 소리가 발생한다. a, b는 진동판의 진동 방향이다.

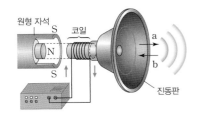

이에 대한 설명으로 옳은 것만을 〈보기〉에서 있는 대로 고른 것은?

┌ 보기 ┌

ㄱ. 화살표 방향으로 전류가 흐르면 진동판은 a 방향으로 힘을 받는다.

ㄴ. 코일에 흐르는 전류의 세기를 증가시키면 자석과 코일 사이의 자기력이 증가한다.

ㄷ. 코일의 감은 수를 증가시키면 진동판의 진동 폭이 증가한다.

① ㄴ   ② ㄷ   ③ ㄱ, ㄴ

④ ㄱ, ㄷ   ⑤ ㄱ, ㄴ, ㄷ

[8711-0192]

12 그림은 하드디스크의 헤드에 흐르는 전류에 의해 정보가 기록되는 모습을 나타낸 것이다. A와 B는 각각 정렬된 산화 철과 정렬되지 않은 산화 철을 나타낸 것이다.

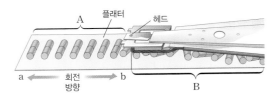

이에 대한 설명으로 옳은 것만을 〈보기〉에서 있는 대로 고른 것은?

┌ 보기 ┌

ㄱ. 정보를 기록할 때는 전류 주위에 자기장이 형성되는 앙페르 법칙을 이용한다.

ㄴ. 정보가 기록된 부분은 A이다.

ㄷ. 플래터의 회전 방향은 b이다.

① ㄱ   ② ㄷ   ③ ㄱ, ㄴ

④ ㄴ, ㄷ   ⑤ ㄱ, ㄴ, ㄷ

01 [8711-0193]
그림은 수평면에 전류가 흐르는 무한히 가늘고 긴 직선 도선이 수직으로 고정되어 있는 것을 나타낸 것이다. 도선 주위의 수평면 위에 나침반을 놓았더니 나침반 자침의 N극이 θ만큼 회전하였다.

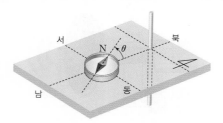

도선에 흐르는 전류의 방향을 쓰고, θ를 감소시키기 위한 방법 두 가지를 서술하시오.

02 [8711-0194]
그림과 같이 일정한 세기의 전류가 흐르고 있는 무한히 긴 두 직선 도선 P, Q가 xy 평면의 x축상의 $x=0$, $x=3d$인 위치에 수직으로 각각 고정되어 있다. 표는 x축의 각 점에서 자기장의 세기와 방향을 나타낸 것이다.

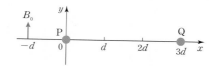

위치	$x=-d$	$x=d$
자기장의 세기	B_0	0
자기장의 방향	$+y$	.

P와 Q에 흐르는 전류의 방향과 세기를 서술하고, $x=2d$인 위치에서 P, Q에 의한 자기장의 세기는 얼마인지 서술하시오.

03 [8711-0195]
그림 (가)는 반지름이 r인 원형 도선에 전류 I가 흐르는 것을 나타낸 것으로, 중심에서 자기장의 세기는 B_0이다. 그림 (나)는 (가)의 도선을 두 바퀴 감아 반지름이 $\frac{r}{2}$인 원형 도선을 만든 것이다.

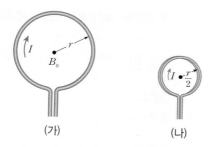

(가)   (나)

(나)의 원형 도선 중심에서 자기장의 세기와 방향을 서술하시오.

04 [8711-0196]
그림과 같이 길이가 각각 L, $2L$인 솔레노이드 P, Q에 각각 I, $3I$의 전류가 화살표 방향으로 흐르고 있다. P, Q에서 코일의 감은 수는 같다.

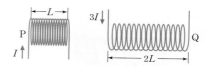

솔레노이드 내부에서 자기장의 세기를 각각 B_P, B_Q라고 할 때 $B_P : B_Q$를 구하시오.

05 [8711-0197]
다음은 가는 도선과 원형 자석을 이용하여 간단한 스피커를 만드는 과정이다.

[제작 과정]
(가) 에나멜선을 지름 2~3 cm가 되도록 납작하게 감아서 작은 코일을 만든다.
(나) 에나멜선 코일을 종이컵 밑면 아래쪽에 투명 테이프로 고정시키고, 종이컵 밑면 중앙에 원형 자석을 부착한다.
(다) 스피커의 이어폰 잭을 라디오에 연결하였더니 음악 소리가 들렸다.

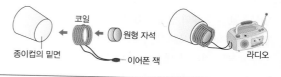

더 큰 소리를 듣기 위한 방법과 종이컵 스피커에서 소리가 발생하는 원리가 적용된 사례를 서술하시오.

10 물질의 자성과 전자기 유도

1 자성의 원인

전자의 궤도 운동	전자의 스핀
전자가 원자핵 주위를 도는 궤도 운동을 하면 전류가 반대 방향으로 흐르는 것과 같은 효과가 나타나 자기장이 생긴다.	전자가 자신의 축을 기준으로 회전 운동을 하면 전류가 반대 방향으로 흐르는 것과 같은 효과가 나타나 자기장이 생긴다.

2 자성체의 종류

(1) 자기화: 원자 자석들이 일정한 방향으로 정렬되는 현상

(2) 강자성체: 강자성을 갖는 물질로, 자석에 잘 달라붙는다.

강자성	외부 자기장을 가했을 때 물질 내부의 원자 자석들이 외부 자기장의 방향으로 강하게 자기화되는 성질
특징	자기화된 강자성체는 외부 자기장을 제거해도 자기화된 상태가 오래 유지된다.
예	철, 코발트, 니켈 등
내부 구조	외부 자기장을 가하기 전 / 외부 자기장을 가했을 때 / 외부 자기장을 제거했을 때

(3) 상자성체: 상자성을 갖는 물질로, 자석에 약하게 달라붙는다.

상자성	외부 자기장을 가했을 때 물질 내부의 원자 자석들이 외부 자기장의 방향으로 약하게 자기화되는 성질
특징	상자성체는 외부 자기장을 제거하면 자기화된 상태가 바로 사라진다.
예	종이, 알루미늄, 마그네슘, 텅스텐, 액체 산소 등
내부 구조	외부 자기장을 가하기 전 / 외부 자기장을 가했을 때 / 외부 자기장을 제거했을 때

(4) 반자성체: 반자성을 갖는 물질로, 자석에 약하게 밀려난다.

반자성	외부 자기장을 가하면 물질 내부의 원자 자석들이 외부 자기장의 반대 방향으로 자기화되는 성질
특징	반자성체는 외부 자기장을 제거하면 자기화된 상태가 바로 사라진다.
예	구리, 유리, 물 등
내부 구조	외부 자기장을 가하기 전 / 외부 자기장을 가했을 때 / 외부 자기장을 제거했을 때

3 자성체를 활용한 예

(1) 강자성체의 활용

하드디스크	헤드에 전류를 흐르게 하면 강자성체인 산화 철이 입혀져 있는 디스크(플래터)가 자기화되면서 정보가 기록된다.
액체 자석	강자성체 분말을 매우 작게 만들어 액체 속에 넣고 서로 엉기지 않도록 한다.

하드디스크　　　　　액체 자석

(2) 상자성체와 반자성체의 활용

액체 산소 (상자성체)	강한 두 자극 사이에 액체 산소를 부으면 액체 산소가 두 극 사이에 붙잡혀 있게 된다.
초전도체 (반자성체)	초전도체는 특정 온도 이하에서 외부 자기장을 가할 때 자기장을 밀어낸다.

액체 산소의 상자성　　　초전도체의 반자성

핵심 개념 체크

정답과 해설 28쪽

1. 자성은 (　　　)의 궤도 운동, 전자의 (　　　) 때문에 나타난다.
2. 물질의 자성은 강자성, (　　　), (　　　)으로 구분한다.
3. 원자 자석들이 외부 자기장에 의해 일정한 방향으로 정렬되는 현상을 (　　　)라고 한다.
4. 자성체 중 (　　　)는 외부 자기장을 제거해도 자석의 효과를 오래 유지한다.
5. 자성체 중 (　　　)는 외부 자기장을 가하면 원자 자석들이 외부 자기장의 방향으로 약하게 자기화된다.
6. 반자성체는 외부 자기장을 가하면 물질 내 원자 자석들이 외부 자기장의 (　　　) 방향으로 자기화된다.
7. 하드디스크나 액체 자석은 (　　　)를 이용한 것이고, 초전도체는 (　　　)를 이용한 것이다.

4 전자기 유도

(1) 전자기 유도: 코일 주변에서 자석이 움직이거나 자석 주변에서 코일이 움직여 코일 속을 통과하는 자기 선속이 변할 때 코일에 전류가 유도되는 현상

(2) 유도 전류: 전자기 유도에 의해 코일에 흐르는 전류
① 자석의 세기가 셀수록 유도 전류의 세기가 세다.
② 코일의 감은 수가 많을수록 유도 전류의 세기가 세다.
③ 자석과 코일의 상대적인 운동 속력이 빠를수록 유도 전류의 세기가 세다.

(3) 렌츠 법칙: 유도 전류가 만드는 자기장의 방향은 코일을 통과하는 자기 선속의 변화를 방해하는 방향이다.

자석의 N극을 가까이 할 때	자석의 N극을 멀리 할 때
자석의 N극을 코일에 가까이 하면 코일을 지나는 자기 선속이 증가한다. 따라서 자기 선속이 증가하는 것을 방해하기 위해 유도 전류는 B→ⓖ→A로 흐른다.	자석의 N극을 코일에서 멀리 하면 코일을 지나는 자기 선속이 감소한다. 따라서 자기 선속이 감소하는 것을 방해하기 위해 유도 전류는 A→ⓖ→B로 흐른다.

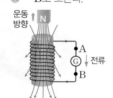

(4) 패러데이 법칙: 유도 기전력의 크기(V)는 코일의 감은 수(N)와 코일을 통과하는 자기 선속의 시간적 변화율$\left(\dfrac{\Delta\phi}{\Delta t}\right)$에 비례한다.

$$V = -N\dfrac{\Delta\phi}{\Delta t} \quad \text{(단위: V)}$$

((−)부호는 자기 선속의 변화를 방해하는 방향으로 기전력이 발생한다는 의미이다.)

5 전자기 유도 현상의 이용

(1) 발전기
① 외부 에너지를 이용하여 코일을 회전시키면 코일면을 통과하는 자기 선속이 시간에 따라 계속 변한다.
② 브러시 축에 접촉시킨 금속을 통해 발전기에 전류가 흐른다.

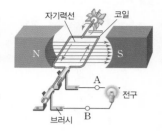

(2) 전기 기타
① 픽업 장치의 자석에 의해 자기화된 기타 줄이 진동하면 코일 속을 통과하는 자기 선속이 변하여 코일에 전류가 유도되고 전기 신호가 발생한다.
② 이 전기 신호를 적당하게 증폭하여 스피커를 작동시키면 소리가 발생한다.

(3) 발광 킥보드
① 바퀴가 회전하면 코일을 감은 철심이 바퀴 축에 고정된 영구 자석 사이를 이동하는데, 이때 코일을 통과하는 자기 선속이 변하여 코일에 유도 전류가 생긴다.
② 바퀴의 회전 방향이 바뀌어도 코일을 통과하는 자기 선속의 변화가 생기므로 유도 전류가 생기고 발광 다이오드에 불이 들어온다.

(4) 교통 카드 판독기
① 교통 카드 판독기에는 교류가 흐르는 코일이 들어 있어서 주위의 자기장이 계속 변한다. 이곳에 코일이 들어 있는 교통 카드를 접근시키면 코일을 통과하는 자기 선속이 변하여 유도 기전력이 발생한다.
② 이 유도 기전력에 의해 교통 카드의 코일과 연결되어 있는 IC 회로가 작동한다.

핵심 개념 체크

정답과 해설 28쪽

8. 코일 근처에서 자석이 움직이거나 자석 근처에서 코일이 움직여 코일 속을 통과하는 자기 선속이 변할 때 코일에 전류가 유도되는 현상을 (   )라고 한다.

9. 코일에 자석을 통과시킬 때 자석의 자기장이 (   )수록, 코일의 감은 수가 (   )수록, 자석이 통과하는 속력이 (   )수록 유도 전류의 세기는 세다.

10. 다음 중 옳은 것은 ○표, 옳지 않은 것은 ×표 하시오.
　(1) 자석을 코일에 가까이 접근시키면 코일을 지나는 자기 선속이 증가하고, 유도 전류는 자기 선속이 증가하는 것을 방해하는 방향으로 흐른다. (   )
　(2) 렌츠 법칙은 유도 전류가 만드는 자기장의 방향이 코일을 통과하는 자기 선속의 변화를 방해하는 방향임을 설명하는 법칙이다. (   )
　(3) 패러데이 법칙은 유도 기전력의 크기가 코일을 통과하는 자기 선속의 시간에 따른 변화율에 반비례한다는 법칙이다. (   )

정답과 해설 28쪽

01 [8711-0198]
그림은 물질의 자성에 대해 학생 A, B, C가 대화하는 모습을 나타낸 것이다.

> 자성은 전자의 궤도 운동에 의해서만 나타나. — 학생 A

> 전자의 회전 방향이 반대인 전자들이 짝을 이루면 자성이 약해져. — 학생 B

> 강자성체는 외부 자기장에 의해 자기화가 잘 되지 않아. — 학생 C

제시한 내용이 옳은 학생만을 있는 대로 고른 것은?

① A ② B ③ A, C
④ B, C ⑤ A, B, C

02 [8711-0199]
다음은 물질을 구성하는 각 원자들의 자성에 대한 설명이다.

(가) 그림과 같이 원자핵 주위의 원 궤도를 따라 시계 반대 방향으로 회전하는 전자에 의해 ⊙전류가 흐르는 효과가 나타난다. 즉, 원 궤도의 중심에서는 ⓒ 방향으로 자기장이 생긴다.

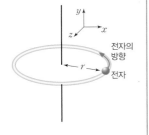

(나) 원자의 자성은 전자가 갖는 고유한 성질인 ⓒ 에 의해서도 나타난다.

이에 대한 설명으로 옳은 것만을 〈보기〉에서 있는 대로 고른 것은?

> 보기
> ㄱ. ⊙의 방향은 시계 방향이다.
> ㄴ. ⓒ은 +y이다.
> ㄷ. ⓒ은 '스핀'이다.

① ㄱ ② ㄴ ③ ㄱ, ㄷ
④ ㄴ, ㄷ ⑤ ㄱ, ㄴ, ㄷ

03 [8711-0200]
그림 (가)는 물체에 자석을 가까이 가하기 전을, (나)는 자석을 가까이 했을 때, (다)는 자석을 제거했을 때 내부의 원자 자석의 배열을 모식적으로 나타낸 것이다. 원자 자석의 극은 N ⊖ S 이다.

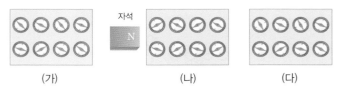

(가) (나) (다)

이에 대한 설명으로 옳은 것만을 〈보기〉에서 있는 대로 고른 것은?

> 보기
> ㄱ. (나)에서 물체에는 자석을 미는 방향으로 자기력이 작용한다.
> ㄴ. 이 물체는 강자성체이다.
> ㄷ. 이 물체로 자석을 만들 수 없다.

① ㄱ ② ㄴ ③ ㄷ
④ ㄱ, ㄴ ⑤ ㄴ, ㄷ

04 [8711-0201]
그림 (가)는 자기화되지 않은 물체 A, B 사이에 막대자석을 고정시켰더니 A는 막대자석 쪽으로 힘을 받고, B는 막대자석에서 멀어지는 쪽으로 힘을 받는 모습을 나타낸 것이다. 그림 (나)는 (가) 상태에서 막대자석을 치우고 자기화되지 않은 클립을 A에 가까이 가져갔더니 클립이 자석에 달라붙지 않는 것을 나타낸 것이다.

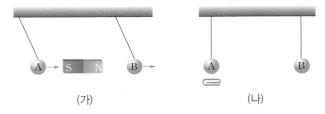

(가) (나)

이에 대한 설명으로 옳은 것만을 〈보기〉에서 있는 대로 고른 것은? (단, A, B 사이의 상호 작용은 무시한다.)

> 보기
> ㄱ. A는 강자성체이다.
> ㄴ. B는 반자성체이다.
> ㄷ. (나)의 B에 자기화되지 않은 클립을 가까이 가져가면 클립이 B에 달라붙는다.

① ㄱ ② ㄴ ③ ㄷ
④ ㄱ, ㄴ ⑤ ㄴ, ㄷ

05 [8711-0202]
그림은 자석의 N극에 클립을 붙여 물체에 가까이 했을 때 물체의 원자 자석의 배열을 모식적으로 나타낸 것이다. a는 자석에 붙어 있는 클립의 끝 부분, b는 자석에서 멀리 있는 반대 편 끝 부분이다.

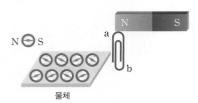

물체

이에 대한 설명으로 옳은 것만을 〈보기〉에서 있는 대로 고른 것은?

┌─ 보기 ┌────────────────────────────
ㄱ. 클립은 자기화되었다.
ㄴ. a는 S극이다.
ㄷ. 물체는 반자성체이다.
└──────────────────────────────────

① ㄱ   ② ㄷ   ③ ㄱ, ㄴ
④ ㄴ, ㄷ   ⑤ ㄱ, ㄴ, ㄷ

06 [8711-0203]
다음은 물체의 자성을 알아보는 실험이다.

[실험 과정]
(가) 나침반을 평평한 곳에 놓고 자침을 관찰한다.
(나) 자기화되지 않은 막대 A를 (가)의 나침판 주위에 놓고 자침의 움직임을 관찰한다.
(다) 자기화되지 않은 막대 B를 (가)의 나침판 주위에 놓고 자침의 움직임을 관찰한다.

[실험 결과]

(가)	(나)	(다)
N	A N	B ?

이에 대한 설명으로 옳은 것만을 〈보기〉에서 있는 대로 고른 것은? (단, A, B는 각각 강자성체, 반자성체 중 하나이다.)

┌─ 보기 ┌────────────────────────────
ㄱ. A는 강자성체이다.
ㄴ. 나침반 자침의 N극이 가리키는 방향은 (가)에서와 (다)에서가 같다.
ㄷ. 나침반의 자침은 강자성체이다.
└──────────────────────────────────

① ㄱ   ② ㄴ   ③ ㄱ, ㄷ
④ ㄴ, ㄷ   ⑤ ㄱ, ㄴ, ㄷ

07 [8711-0204]
그림은 검류계에 연결된 코일의 왼쪽 부분에 자석의 N극을 가까이 하여 좌우로 운동시킬 때 검류계의 바늘이 움직이는 모습을 나타낸 것이다.

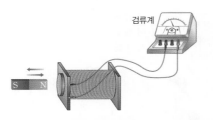

검류계

이에 대한 설명으로 옳은 것만을 〈보기〉에서 있는 대로 고른 것은?

┌─ 보기 ┌────────────────────────────
ㄱ. 자석의 N극을 코일에 가까이 할 때와 멀리 할 때 검류계에 흐르는 전류의 방향은 서로 반대이다.
ㄴ. 코일을 통과하는 자석의 속력이 증가하면 검류계에 흐르는 전류의 세기가 증가한다.
ㄷ. 강한 자석으로 바꾸어 좌우로 운동시키면 검류계에 흐르는 전류의 세기가 증가한다.
└──────────────────────────────────

① ㄱ   ② ㄴ   ③ ㄱ, ㄷ
④ ㄴ, ㄷ   ⑤ ㄱ, ㄴ, ㄷ

08 [8711-0205]
그림은 전자저울 위에 코일을 올려놓고 코일의 양 끝을 검류계에 연결한 모습을 나타낸 것이다. 저울의 눈금 값은 5 N이다.

막대자석
코일
검류계
전자저울

코일 근처에서 막대자석을 움직일 때, 이에 대한 설명으로 옳은 것만을 〈보기〉에서 있는 대로 고른 것은?

┌─ 보기 ┌────────────────────────────
ㄱ. 막대자석의 N극을 코일에 접근시키면 저울의 눈금은 5 N 보다 크다.
ㄴ. 막대자석의 S극을 코일에서 멀리 하면 저울의 눈금은 5 N 보다 크다.
ㄷ. 검류계의 눈금이 0을 가리키는 동안 저울의 눈금은 5 N 이다.
└──────────────────────────────────

① ㄱ   ② ㄴ   ③ ㄱ, ㄷ
④ ㄴ, ㄷ   ⑤ ㄱ, ㄴ, ㄷ

09 [8711-0206]
그림은 일정한 전류가 흐르는 무한히 긴 직선 도선의 양쪽에서 동일한 원형 도선 A, B가 각각 이동하는 모습을 나타낸 것이다. A는 도선과 같은 방향으로 나란히 이동하고, B는 직선 도선에 가까워지고 있다.

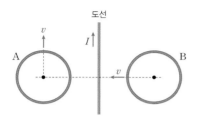

A, B에 흐르는 유도 전류의 방향을 옳게 나타낸 것은?

	A	B
①	시계 방향	시계 방향
②	시계 방향	시계 반대 방향
③	흐르지 않는다.	시계 방향
④	흐르지 않는다.	시계 반대 방향
⑤	흐르지 않는다.	흐르지 않는다.

10 [8711-0207]
그림은 코일 근처에서 자석이 수평 방향으로 일정한 속력으로 움직이고 있을 때 어느 한 순간의 자기력선의 모습을 나타낸 것이다. A는 자석에 의한 자기력선, B는 유도 전류에 의한 자기력선이다. p는 자석의 한쪽 끝 부분이다.

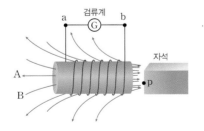

이에 대한 설명으로 옳은 것만을 〈보기〉에서 있는 대로 고른 것은?

┌ 보기 ────────────────────
ㄱ. p는 S극이다.
ㄴ. 유도 전류의 방향은 a → Ⓖ → b이다.
ㄷ. 자석이 코일에 가까워지고 있다.
└──────────────────────────

① ㄱ   ② ㄴ   ③ ㄱ, ㄷ
④ ㄴ, ㄷ   ⑤ ㄱ, ㄴ, ㄷ

11 [8711-0208]
그림은 자석이 마찰이 없는 경사면을 따라 올라가다 코일이 감긴 유리관 속을 통과하여 최고점에 정지한 것을 나타낸 것이다. 자석이 코일을 통과할 때 전구에는 불이 켜졌으며, 점 a, b, c는 자석의 운동 경로상의 지점이다.

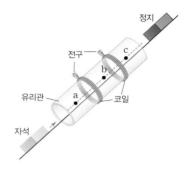

a, b, c에서 자석의 역학적 에너지를 각각 E_a, E_b, E_c라고 할 때 $E_a : E_b : E_c$를 옳게 비교한 것은?

① $E_a > E_b > E_c$ ② $E_a > E_b = E_c$
③ $E_a = E_b = E_c$ ④ $E_b > E_a > E_c$
⑤ $E_c > E_a = E_b$

12 [8711-0209]
그림 (가)는 원형 도선을 수직으로 통과하는 자기장을 나타낸 것이고, (나)는 시간에 따른 자기장의 세기를 나타낸 것이다.

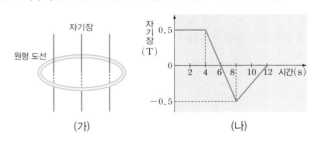

(가)   (나)

이에 대한 설명으로 옳은 것만을 〈보기〉에서 있는 대로 고른 것은?

┌ 보기 ────────────────────
ㄱ. 1초일 때 도선에 흐르는 유도 전류의 세기는 0이다.
ㄴ. 5초일 때와 7초일 때 도선에 흐르는 유도 전류의 방향은 반대이다.
ㄷ. 도선에 흐르는 유도 전류의 세기는 6초일 때가 10초일 때의 2배이다.
└──────────────────────────

① ㄴ   ② ㄷ   ③ ㄱ, ㄴ
④ ㄱ, ㄷ   ⑤ ㄴ, ㄷ

13 [8711-0210]

그림과 같이 말굽자석의 S극을 위로 놓고 내부에 있는 ㄷ자형 도선에 걸쳐 놓은 도체 막대 PQ를 v의 속력으로 오른쪽 또는 왼쪽으로 운동시켰더니 도체 막대에는 P → Q 방향으로 전류가 흘렀다.

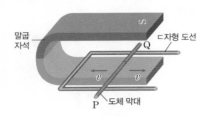

이에 대한 설명으로 옳은 것만을 〈보기〉에서 있는 대로 고른 것은?

> **보기**
>
> ㄱ. 전자기 유도 현상이 일어난다.
> ㄴ. 도체 막대의 운동 방향은 오른쪽이다.
> ㄷ. 도체 막대의 속력만 $2v$로 증가시키면 도체 막대에 흐르는 전류의 세기는 증가한다.

① ㄴ   ② ㄷ   ③ ㄱ, ㄴ
④ ㄱ, ㄷ   ⑤ ㄱ, ㄴ, ㄷ

14 [8711-0211]

그림은 저항 R이 연결된 ㄷ자형 도선을 종이면에 고정시키고 그 위에 금속 막대를 올려놓은 모습을 나타낸 것이다. 종이면에 수직으로 들어가는 방향으로 균일하게 형성된 자기장이 있는 곳에서 금속 막대를 x 방향과 나란하게 일정한 속력으로 움직였더니 저항에 b → R → a 방향으로 전류가 흘렀다.

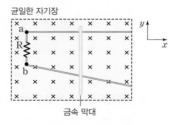

이에 대한 설명으로 옳은 것만을 〈보기〉에서 있는 대로 고른 것은?

> **보기**
>
> ㄱ. 막대의 운동 방향은 $-x$ 방향이다.
> ㄴ. 도선을 통과하는 자기 선속은 증가한다.
> ㄷ. 유도 전류의 세기는 증가한다.

① ㄱ   ② ㄴ   ③ ㄷ
④ ㄱ, ㄴ   ⑤ ㄱ, ㄷ

15 [8711-0212]

그림 (가)는 종이면에 수직으로 들어가는 방향의 균일한 자기장 속에 저항 R이 연결된 사각형 도선이 놓여 있는 것을 나타낸 것이다. 그림 (나)는 (가)에서 사각형 도선의 넓이를 시간에 따라 나타낸 것이다.

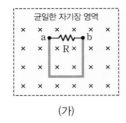 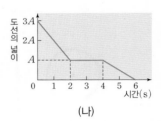

(가)   (나)

이에 대한 설명으로 옳은 것만을 〈보기〉에서 있는 대로 고른 것은?

> **보기**
>
> ㄱ. 1초일 때 저항에 흐르는 전류의 방향은 a → R → b이다.
> ㄴ. 3초일 때 저항에 유도 전류의 세기는 최대이다.
> ㄷ. 저항에 흐르는 유도 전류의 세기는 1초일 때가 5초일 때보다 작다.

① ㄱ   ② ㄴ   ③ ㄷ
④ ㄱ, ㄷ   ⑤ ㄱ, ㄴ, ㄷ

16 [8711-0213]

다음은 발광 킥보드 바퀴의 원리에 대한 설명이다.

> 바퀴가 회전하여 코일을 감은 철심이 바퀴 축에 고정된 영구 자석 주위를 회전하면 코일을 통과하는 자기장의 변화가 생겨 유도 전류가 흐르므로 발광 다이오드에 불이 켜진다.

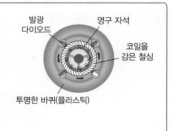

발광 킥보드와 같은 원리로 작동되는 것만을 〈보기〉에서 있는 대로 고른 것은?

> **보기**
>
> ㄱ. 교통 카드
> ㄴ. 금속 탐지기
> ㄷ. 건전지로 작동하는 장난감 모터

① ㄴ   ② ㄷ   ③ ㄱ, ㄴ
④ ㄱ, ㄷ   ⑤ ㄱ, ㄴ, ㄷ

01 [8711-0214]

물질이 자성을 띠는 원인 두 가지를 쓰시오.

02 [8711-0215]

표는 강자성체, 상자성체, 반자성체에 외부 자기장을 가했을 때와 외부 자기장을 제거했을 때 원자 자석의 배열 상태를 설명한 것이다.

외부 자기장	외부 자기장을 가했을 때	외부 자기장을 제거했을 때
강자성체	(㉠)	(㉡)
상자성체	물질 내부의 원자 자석들이 외부 자기장의 방향으로 약하게 자기화된다.	자기화된 상태가 바로 사라진다.
반자성체	(㉢)	자기화된 상태가 바로 사라진다.

㉠~㉢에 대해 서술하시오.

03 [8711-0216]

그림 (가)는 검류계가 연결된 코일에 자석의 N극을 가까이 하는 것을, (나)는 코일을 자석의 N극에 가까이 하는 것을 나타낸 것이다.

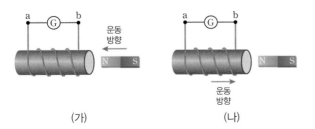

(가)   (나)

(가)와 (나)에서 전류계에 흐르는 전류의 방향과 자석에 작용하는 자기력의 방향을 서술하시오.

04 [8711-0217]

그림은 코일 주위에 자석의 N극을 가까이 하는 것을 나타낸 것이다. 유도 기전력의 크기를 증가시키는 방법으로 옳은 것만을 〈보기〉에서 있는 대로 고르시오.

┌─ 보기 ┐

ㄱ. 자석을 더 빠르게 움직인다.

ㄴ. 자기력이 더 큰 자석으로 바꾼다.

ㄷ. 자석 N극을 S극으로 바꾼다.

ㄹ. 코일의 도선을 굵은 것으로 바꾼다.

ㅁ. 단위 길이당 코일의 감은 수를 증가시킨다.

05 [8711-0218]

그림과 같이 $+x$ 방향으로 전류가 흐르는 무한히 긴 직선 도선이 x축에 고정되어 있고, xy 평면 위의 y축에 원형 도선의 중심이 놓여 있다.

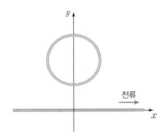

원형 도선에 시계 방향으로 유도 전류가 흐르게 하는 방법을 두 가지 서술하시오.

06 [8711-0219]

그림은 바닥으로부터 높이 H인 곳에서 길이가 같은 구리관과 플라스틱관 속으로 동일한 자석 A, B를 떨어뜨렸을 때 자석이 동시에 바닥에 도달한 모습을 나타낸 것이다.

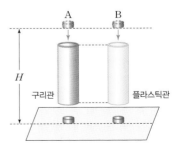

A, B 중 먼저 떨어뜨린 자석을 쓰고, 그 까닭을 서술하시오.

01 [8711-0220]
그림은 x축 위에 고정된 두 점전하 A, B를 나타낸 것이다. A, B는 원점 O로부터 같은 거리만큼 떨어져 있다. A는 음(−)전하이고, x축 위의 점 p에 양(+)전하 C를 가만히 놓았더니 C가 움직이지 않았다.

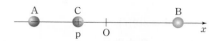

이에 대한 설명으로 옳은 것만을 〈보기〉에서 있는 대로 고른 것은?

┌ 보기 ┐
ㄱ. B는 음(−)전하이다.
ㄴ. 전하량의 크기는 A가 B보다 작다.
ㄷ. C를 O에 놓으면 C는 +x 방향으로 전기력을 받는다.
└─────┘

① ㄱ　　　　　　② ㄷ　　　　　　③ ㄱ, ㄴ
④ ㄴ, ㄷ　　　　⑤ ㄱ, ㄴ, ㄷ

02 [8711-0221]
그림은 원자핵과 전자 사이에 작용하는 전기력에 의해 전자가 속박되어 일정한 범위에서 운동하는 모습을 나타낸 것이다.

○ 전자
⊕ 원자핵

이에 대한 설명으로 옳은 것만을 〈보기〉에서 있는 대로 고른 것은? (단, 전자 사이에 작용하는 힘은 무시한다.)

┌ 보기 ┐
ㄱ. 원자핵과 전자 사이에는 서로 끌어당기는 전기력이 작용한다.
ㄴ. 전자가 원자핵에 가까워질수록 전자의 역학적 에너지는 감소한다.
ㄷ. 원자핵으로부터 전자가 멀어질수록 전자를 원자핵으로부터 분리하기 쉽다.
└─────┘

① ㄴ　　　　　　② ㄷ　　　　　　③ ㄱ, ㄷ
④ ㄱ, ㄷ　　　　⑤ ㄱ, ㄴ, ㄷ

03 [8711-0222]
다음은 원자 모형의 변천 과정에 대한 설명이다.

┌─────────────────────────────┐
러더퍼드는 ⬚ ⊙ ⬚ 으로 양(+)전하를 띤 원자핵 주위를 음(−)전하를 띤 전자가 돌고 있다는 원자 모형을 제시하였고, 보어는 수소 원자의 ⬚ ⓛ ⬚ 을 통해 원자 모형을 제시하였다.

톰슨 모형　　　러더퍼드 모형　　　보어 모형
└─────────────────────────────┘

㉠과 ㉡에 들어갈 내용을 옳게 짝 지은 것은?

	㉠	㉡
①	전자의 발견	선 스펙트럼
②	음극선의 발견	알파(α)입자 산란 실험
③	선 스펙트럼	알파(α)입자 산란 실험
④	알파(α)입자 산란 실험	선 스펙트럼
⑤	알파(α)입자 산란 실험	연속 스펙트럼

04 [8711-0223]
그림 (가)~(다)는 여러 종류의 스펙트럼을 나타낸 것이다.

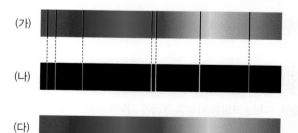

(가)
(나)
(다)

이에 대한 설명으로 옳은 것만을 〈보기〉에서 있는 대로 고른 것은?

┌ 보기 ┐
ㄱ. 연속 스펙트럼은 (다)이다.
ㄴ. (나)는 고온의 기체에서 나타나는 스펙트럼이다.
ㄷ. (가)와 (나)에서 기체의 종류는 같다.
└─────┘

① ㄱ　　　　　　② ㄴ　　　　　　③ ㄱ, ㄷ
④ ㄴ, ㄷ　　　　⑤ ㄱ, ㄴ, ㄷ

05 [8711-0224]
그림은 고온의 수소 기체에서 방출된 가시광선 영역의 스펙트럼 선 a, b, c, d를 나타낸 것이다.

보라   빨강

이에 대한 설명으로 옳은 것만을 〈보기〉에서 있는 대로 고른 것은?

┌ 보기 ┐
ㄱ. 원자의 에너지 준위는 불연속적이다.
ㄴ. 광자 1개의 에너지는 a에서가 d에서보다 작다.
ㄷ. 수소 기체의 온도가 내려가면 a, b, c, d의 위치가 변한다.
└─────┘

① ㄱ   ② ㄷ   ③ ㄱ, ㄴ
④ ㄴ, ㄷ   ⑤ ㄱ, ㄴ, ㄷ

06 [8711-0225]
그림은 수소의 원자 모형을 나타낸 것이다. n은 양자수이다.

이에 대한 설명으로 옳은 것만을 〈보기〉에서 있는 대로 고른 것은?

┌ 보기 ┐
ㄱ. 보어의 원자 모형이다.
ㄴ. 양자수 n이 작아질수록 전자의 에너지는 커진다.
ㄷ. 전자가 $n=2$인 궤도에서 $n=3$인 궤도로 전이할 때 원자가 빛을 흡수한다.
└─────┘

① ㄴ   ② ㄷ   ③ ㄱ, ㄴ
④ ㄱ, ㄷ   ⑤ ㄴ, ㄷ

07 [8711-0226]
그림은 보어의 수소 원자 모형에서 에너지가 E_1, E_2, E_3인 세 준위 사이에서 전자가 전이하는 세 가지 경우를 나타낸 것이다. 세 가지 전이 과정에서 흡수 또는 방출하는 빛의 파장은 각각 λ_1, λ_2, λ_3이고, $\lambda_1 > \lambda_2 > \lambda_3$이다.

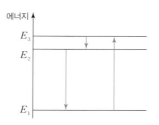

이에 대한 설명으로 옳은 것만을 〈보기〉에서 있는 대로 고른 것은?

┌ 보기 ┐
ㄱ. 에너지가 E_1인 상태에서 E_3인 상태로 전이할 때 흡수한 빛의 파장은 λ_3이다.
ㄴ. 발머 계열로 전이할 때 방출하는 빛의 파장은 λ_2이다.
ㄷ. $\lambda_2 + \lambda_3 = \lambda_1$이다.
└─────┘

① ㄱ   ② ㄷ   ③ ㄱ, ㄴ
④ ㄴ, ㄷ   ⑤ ㄱ, ㄴ, ㄷ

08 [8711-0227]
그림 (가)는 수소 원자 내에 있는 전자의 에너지 준위를, (나)는 (가)에서 방출된 선 스펙트럼의 일부를 나타낸 것이다.

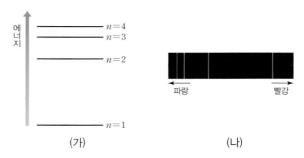

(가)   (나)

이에 대한 설명으로 옳은 것만을 〈보기〉에서 있는 대로 고른 것은?

┌ 보기 ┐
ㄱ. 전자는 특정 에너지 값만 가질 수 있다.
ㄴ. 종류가 다른 원자의 선 스펙트럼도 (나)와 같다.
ㄷ. (나)는 전자가 $n=2$보다 큰 에너지 상태에서 $n=2$인 궤도로 전이할 때 나타난다.
└─────┘

① ㄱ   ② ㄴ   ③ ㄱ, ㄷ
④ ㄴ, ㄷ   ⑤ ㄱ, ㄴ, ㄷ

09 [8711-0228]
표는 고체 A, B, C의 전기 전도성을 나타낸 것으로, A, B, C는 각각 도체, 절연체, 반도체 중 하나이다.

고체	전기적 특성
A	원자가 띠와 전도띠 사이의 간격이 매우 넓어 외부에서 에너지를 공급해도 전자가 쉽게 전도띠로 이동하지 못한다.
B	전자가 쉽게 전도띠로 이동하여 자유 전자가 될 수 있다.
C	외부에서 에너지를 공급하면 전자가 전도띠로 이동할 수 있다.

이에 대한 설명으로 옳은 것만을 〈보기〉에서 있는 대로 고른 것은?

┌─ 보기 ┌─────────────────────────────
ㄱ. A는 절연체이다.
ㄴ. 전기 전도성은 B가 C보다 좋다.
ㄷ. C는 상온에서 전도띠에 전자가 존재하지 않는다.
└──────────────────────────────────────

① ㄱ   ② ㄷ   ③ ㄱ, ㄴ
④ ㄴ, ㄷ   ⑤ ㄱ, ㄴ, ㄷ

10 [8711-0229]
그림 (가), (나)는 기체 원자, 고체 원자의 에너지 준위의 분포를 순서 없이 나타낸 것이다. A는 허용된 띠 사이의 에너지 간격이다.

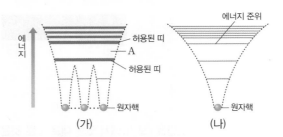

이에 대한 설명으로 옳은 것만을 〈보기〉에서 있는 대로 고른 것은?

┌─ 보기 ┌─────────────────────────────
ㄱ. 기체 원자의 에너지 준위는 (나)이다.
ㄴ. (가)에서 허용된 띠에 있는 전자의 에너지는 모두 같다.
ㄷ. A에는 전자가 머물 수 있다.
└──────────────────────────────────────

① ㄱ   ② ㄴ   ③ ㄱ, ㄴ
④ ㄱ, ㄷ   ⑤ ㄴ, ㄷ

11 [8711-0230]
다음은 어떤 반도체에 대한 설명이다.

┌──────────────────────────────────────
• 규소(Si)에 불순물 원소 A를 첨가하여 만든 반도체이다.
• 이 반도체에서는 주로 [㉠]이/가 전하를 운반한다.

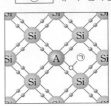
└──────────────────────────────────────

이에 대한 설명으로 옳은 것만을 〈보기〉에서 있는 대로 고른 것은?

┌─ 보기 ┌─────────────────────────────
ㄱ. A의 원자가 전자는 3개이다.
ㄴ. ㉠은 양공이다.
ㄷ. p형 반도체이다.
└──────────────────────────────────────

① ㄱ   ② ㄴ   ③ ㄱ, ㄷ
④ ㄴ, ㄷ   ⑤ ㄱ, ㄴ, ㄷ

12 [8711-0231]
그림은 p−n 접합 발광 다이오드(LED) X와 Y, 다이오드를 전원에 연결하고 스위치 S를 닫았을 때 전구에 불이 켜진 모습을 나타낸 것이다. S를 열었을 때 전구의 밝기는 변화 없고, A, B는 각각 p형 반도체, n형 반도체 중 하나이다.

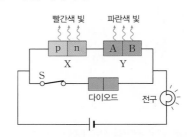

이에 대한 설명으로 옳은 것만을 〈보기〉에서 있는 대로 고른 것은?

┌─ 보기 ┌─────────────────────────────
ㄱ. A는 n형 반도체이다.
ㄴ. 원자가 띠와 전도띠 사이의 에너지 간격은 X가 Y보다 좁다.
ㄷ. 다이오드에는 순방향 전압이 걸려 있다.
└──────────────────────────────────────

① ㄱ   ② ㄴ   ③ ㄷ
④ ㄴ, ㄷ   ⑤ ㄱ, ㄴ, ㄷ

13 [8711-0232]
다음은 발광 다이오드(LED)에서 빛이 발생하는 원리를 설명한 것이다.

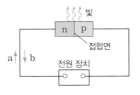

> 회로에서 LED에 순방향 전압이 걸리면 ⓐ 반도체의 전자와 ⓑ 반도체의 양공이 각각 p—n 접합면으로 이동하여 결합하고, 전도띠와 원자가 띠 사이의 ⓒ띠 간격에 해당하는 에너지가 빛으로 방출된다. 이때 회로에는 ⓓ 방향으로 전류가 흐른다.

이에 대한 설명으로 옳은 것만을 〈보기〉에서 있는 대로 고른 것은?

> **보기**
> ㄱ. ⓐ은 p형, ⓑ은 n형이다.
> ㄴ. ⓒ이 커질수록 방출하는 빛의 파장은 짧아진다.
> ㄷ. ⓓ은 a이다.

① ㄱ   ② ㄴ   ③ ㄷ
④ ㄱ, ㄴ   ⑤ ㄴ, ㄷ

14 [8711-0233]
그림과 같이 xy 평면에 수직으로 교차하는 두 직선 도선 A, B에 각각 크기가 I_A, I_B인 전류가 흐르고 있다. 점 P, Q는 xy 평면 위의 점이고, 두 도선의 교차점을 지나는 실선은 자기장의 세기가 0인 지점을 나타낸 것이며, A에는 $+x$ 방향으로 전류가 흐른다.

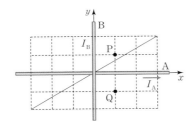

이에 대한 설명으로 옳은 것만을 〈보기〉에서 있는 대로 고른 것은? (단, 모눈의 간격은 일정하다.)

> **보기**
> ㄱ. B에 흐르는 전류의 방향은 $+y$ 방향이다.
> ㄴ. $I_A : I_B = 3 : 2$이다.
> ㄷ. 자기장의 세기는 P에서가 Q에서의 $\frac{1}{3}$배이다.

① ㄱ   ② ㄴ   ③ ㄱ, ㄷ
④ ㄴ, ㄷ   ⑤ ㄱ, ㄴ, ㄷ

15 [8711-0234]
그림과 같이 동일한 평면에 고정된 무한히 긴 직선 도선 A, B에 세기가 각각 I, $2I$인 전류가 서로 반대 방향으로 흐르고 있다. P, Q, R는 A, B에서 같은 거리만큼 떨어진 평면 위의 점이다.

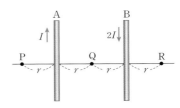

P, Q, R에서 두 도선에 의한 자기장의 세기 B_P, B_Q, B_R의 크기를 옳게 비교한 것은? (단, 지구 자기장은 무시한다.)

① $B_P > B_Q > B_R$ ② $B_P > B_R > B_Q$
③ $B_P > B_Q = B_R$ ④ $B_Q > B_P > B_R$
⑤ $B_Q > B_R > B_P$

16 [8711-0235]
그림 (가)와 같이 무한히 긴 도선을 한 바퀴 감아 반지름 r인 원형 도선을 만들어서 원형 도선에 시계 방향으로 전류를 흘렸더니 원형 도선의 중심에서의 자기장의 세기는 B_0이고, 방향은 종이면에 수직으로 들어가는 방향이었다. 그림 (나)는 (가)의 원형 도선 부분을 두 바퀴 감은 원형 도선을 만들어서 같은 세기의 전류를 흐르게 한 것을 나타낸 것이다.

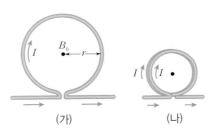

(나)에 대한 설명으로 옳은 것만을 〈보기〉에서 있는 대로 고른 것은?

> **보기**
> ㄱ. 반지름은 $\frac{r}{4}$이다.
> ㄴ. 원형 도선 중심에서 자기장의 세기는 $4B_0$이다.
> ㄷ. 자기장의 방향은 종이면에 수직으로 들어가는 방향이다.

① ㄱ   ② ㄴ   ③ ㄷ
④ ㄱ, ㄴ   ⑤ ㄴ, ㄷ

17 [8711-0236]
그림은 물질 X의 온도에 따른 전기 저항을 보고 이에 대해 학생 A, B, C가 대화하는 모습을 나타낸 것이다.

제시한 내용이 옳은 학생만을 있는 대로 고른 것은?

① A   ② B   ③ A, C
④ B, C   ⑤ A, B, C

18 [8711-0237]
그림은 디스크의 정보 저장 물질에 디지털 정보가 저장되는 하드디스크의 구조와 하드디스크의 헤드가 정보 저장 물질에서 정보를 재생하는 모습을 나타낸 것이다.

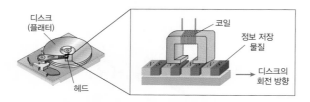

이에 대한 설명으로 옳은 것만을 〈보기〉에서 있는 대로 고른 것은?

┌─ 보기 ┐
ㄱ. 디스크가 회전할 때 코일에 유도 전류가 흐르는 전자기 유도 현상을 이용한다.
ㄴ. 정보 저장 물질은 상자성체이다.
ㄷ. 하드디스크에 연결된 전원을 차단해도 저장된 정보는 사라지지 않는다.
└─────────┘

① ㄱ   ② ㄴ   ③ ㄷ
④ ㄱ, ㄷ   ⑤ ㄴ, ㄷ

19 [8711-0238]
그림 (가)는 사각형 도선이 종이면에 수직으로 들어가는 방향으로 균일하게 형성된 자기장 영역을 자기장에 수직인 방향으로 통과하는 것을 나타낸 것이고, (나)는 도선의 중심이 (가)의 점 P, Q, R를 지나가는 동안의 속도를 위치에 따라 나타낸 것이다.

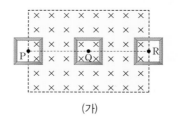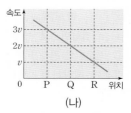

(가)   (나)

이에 대한 설명으로 옳은 것만을 〈보기〉에서 있는 대로 고른 것은?

┌─ 보기 ┐
ㄱ. P에서 유도 전류의 방향은 시계 반대 방향이다.
ㄴ. Q에서는 유도 전류가 흐르지 않는다.
ㄷ. 유도 전류의 세기는 P에서가 R에서의 3배이다.
└─────────┘

① ㄱ   ② ㄷ   ③ ㄱ, ㄴ
④ ㄴ, ㄷ   ⑤ ㄱ, ㄴ, ㄷ

20 [8711-0239]
다음은 금속 탐지기의 원리에 대한 설명이다.

땅 속에 동전과 같은 금속이 있을 때 전송 코일에 교류 전류를 흐르게 하면 수신 코일에 유도 전류가 흘러서 '삐~~' 소리가 난다.

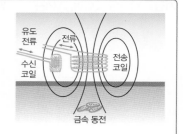

이에 대한 설명으로 옳은 것만을 〈보기〉에서 있는 대로 고른 것은?

┌─ 보기 ┐
ㄱ. 전송 코일에 의해 금속에 유도 전류가 흐르게 된다.
ㄴ. 전송 코일과 수신 코일의 중심축을 서로 수직하게 만들어 전송 코일이 수신 코일에 전류를 유도하지 않게 한다.
ㄷ. 동전 대신 원형 도선을 놓으면 수신 코일에 유도 전류가 흐르지 않는다.
└─────────┘

① ㄱ   ② ㄴ   ③ ㄷ
④ ㄱ, ㄴ   ⑤ ㄴ, ㄷ

고난도 문제

21 [8711-0240]
그림은 점전하 A, B, C를 각각 $x=0$, $x=d$, $x=2d$에 고정시켜 놓은 모습을 나타낸 것이다. B와 C는 모두 음($-$)전하이고, 전하량의 크기는 서로 같다. B와 C가 받는 전기력은 모두 $+x$ 방향이고, 크기는 F 이다.

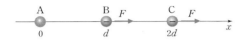

이에 대한 설명으로 옳은 것만을 〈보기〉에서 있는 대로 고른 것은?

┌ 보기 ┐
ㄱ. A는 양($+$)전하이다.
ㄴ. 전하량의 크기는 A가 C보다 크다.
ㄷ. A가 받는 전기력의 크기는 F이다.
└────┘

① ㄱ   ② ㄴ   ③ ㄱ, ㄷ
④ ㄴ, ㄷ   ⑤ ㄱ, ㄴ, ㄷ

22 [8711-0241]
다음은 여러 가지 원자 모형에 대한 설명이다.

(가) 전자는 특정한 양자 조건을 만족하는 원 궤도를 따라 원자핵 주위를 회전하면서 안정된 궤도에서 다른 안정된 궤도로 옮겨갈 때 전자기파를 방출하거나 흡수한다.
(나) 모든 원자는 전기적으로 중성이기 때문에 원자 안의 양($+$)전하는 연속적으로 분포되어 있고, 그 속에 전자들이 띄엄띄엄 떨어져 있다.
(다) 원자의 중심에 있는 원자핵에 양($+$)전하가 모여 있고, 전자는 태양계의 행성처럼 원자핵 주위를 원운동한다. 이 모형은 수소 원자의 선 스펙트럼을 설명할 수 없다.

이에 대한 설명으로 옳은 것만을 〈보기〉에서 있는 대로 고른 것은?

┌ 보기 ┐
ㄱ. (가)는 현대의 원자 모형이다.
ㄴ. 원자핵이 없는 모형은 (나)이다.
ㄷ. 모형을 시대 순으로 나열하면 (나) → (다) → (가)이다.
└────┘

① ㄱ   ② ㄴ   ③ ㄱ, ㄷ
④ ㄴ, ㄷ   ⑤ ㄱ, ㄴ, ㄷ

23 [8711-0242]
그림은 수소의 흡수 스펙트럼과 기체 P로부터 관측된 흡수 스펙트럼을 나타낸 것이다.

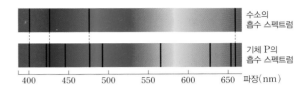

이에 대한 설명으로 옳은 것만을 〈보기〉에서 있는 대로 고른 것은?

┌ 보기 ┐
ㄱ. 수소는 연속적인 파장의 빛을 흡수한다.
ㄴ. 흡수 스펙트럼은 원소마다 다르게 나타난다.
ㄷ. P는 수소를 포함하는 기체이다.
└────┘

① ㄱ   ② ㄷ   ③ ㄱ, ㄴ
④ ㄴ, ㄷ   ⑤ ㄱ, ㄴ, ㄷ

24 [8711-0243]
그림은 수소 원자 모형을 나타낸 것이고, 표는 전자가 전이되는 과정 A, B, C를 나타낸 것이다. n은 양자수이다.

과정	전자의 전이
A	$n=4 \rightarrow n=3$
B	$n=2 \rightarrow n=1$
C	$n=3 \rightarrow n=2$

이에 대한 설명으로 옳은 것만을 〈보기〉에서 있는 대로 고른 것은?

┌ 보기 ┐
ㄱ. 전자가 갖는 에너지 준위는 불연속적이다.
ㄴ. 전자가 갖는 에너지는 준위는 $n=1$인 궤도에 있을 때 가장 작다.
ㄷ. A, B, C 과정에서 방출되는 광자 1개가 갖는 에너지의 크기는 A>C>B이다.
└────┘

① ㄱ   ② ㄷ   ③ ㄱ, ㄴ
④ ㄴ, ㄷ   ⑤ ㄱ, ㄴ, ㄷ

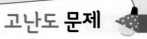
25 [8711-0244]
그림은 고체 물질 (가), (나), (다)의 전기적 특성을 나타낸 것이다. (가), (나), (다)는 각각 도체, 절연체, 반도체 중 하나이다.

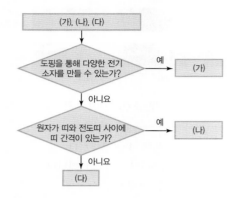

이에 대한 설명으로 옳은 것만을 〈보기〉에서 있는 대로 고른 것은?

┌─ 보기 ┐
ㄱ. (가)는 반도체이다.
ㄴ. (나)에 열에너지를 공급하면 띠 간격이 좁아진다.
ㄷ. (다)는 자유 전자가 많아 전류가 잘 흐른다.
└──────┘

① ㄱ   ② ㄴ   ③ ㄱ, ㄷ
④ ㄴ, ㄷ   ⑤ ㄱ, ㄴ, ㄷ

26 [8711-0245]
그림 (가)는 규소(Si)에 각각 원소 a, b를 넣어 만든 반도체 A, B의 원자가 전자의 배열을 나타낸 것이다. 그림 (나)는 X, Y를 접합하여 만든 발광 다이오드를 직류 전원 장치에 연결했을 때 빛이 나오는 것을 나타낸 것으로, X, Y는 반도체 A, B를 순서 없이 나타낸 것이다.

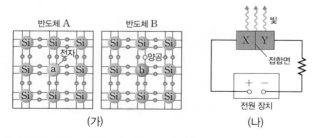

이에 대한 설명으로 옳은 것만을 〈보기〉에서 있는 대로 고른 것은?

┌─ 보기 ┐
ㄱ. 원자가 전자는 a가 b보다 2개 많다.
ㄴ. (나)의 X는 (가)의 B에 해당한다.
ㄷ. (나)의 X, Y의 접합면에서 전자와 양공이 결합한다.
└──────┘

① ㄱ   ② ㄴ   ③ ㄱ, ㄷ
④ ㄴ, ㄷ   ⑤ ㄱ, ㄴ, ㄷ

27 [8711-0246]
그림은 원형 도선 A와 솔레노이드 B에 같은 세기의 전류가 흐를 때 코일 주위에 만들어지는 자기장의 모양을 자기력선으로 나타낸 것이다. A와 B의 중심, a점은 중심축 위에 놓여 있다.

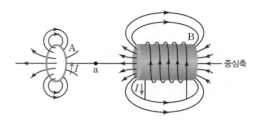

이에 대한 설명으로 옳은 것만을 〈보기〉에서 있는 대로 고른 것은? (단, 지구 자기장의 영향은 무시한다.)

┌─ 보기 ┐
ㄱ. A와 B 사이에는 전기적 인력이 작용한다.
ㄴ. a에서 자기장의 방향은 왼쪽 방향이다.
ㄷ. 중심에서 자기장의 세기는 A에서가 B에서보다 작다.
└──────┘

① ㄱ   ② ㄴ   ③ ㄱ, ㄷ
④ ㄴ, ㄷ   ⑤ ㄱ, ㄴ, ㄷ

28 [8711-0247]
그림은 고리 모양의 철심에 각각 코일 A, B를 감은 후 A에는 전원 장치와 스위치를 연결하고, B 근처에는 나침반을 놓은 모습을 나타낸 것이다. B에 연결된 도선은 나침반의 자침과 나란하고 나침반 위를 지나간다.

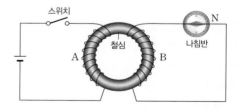

이에 대한 설명으로 옳은 것만을 〈보기〉에서 있는 대로 고른 것은?

┌─ 보기 ┐
ㄱ. 스위치를 닫는 순간 A의 전류로 인해 철심에는 시계 반대 방향의 자기장이 생긴다.
ㄴ. 스위치를 닫는 순간 나침반 자침의 N극은 시계 반대 방향으로 회전한다.
ㄷ. 스위치를 계속 닫고 있으면 나침반은 회전 상태를 유지한다.
└──────┘

① ㄱ   ② ㄴ   ③ ㄱ, ㄴ
④ ㄱ, ㄷ   ⑤ ㄴ, ㄷ

11 파동의 성질

1 파동의 표현

(1) 파동: 물질의 한곳에서 생긴 진동이 물질을 따라 주위로 퍼져 나가는 현상

① 파원: 파동이 발생한 지점

② 매질: 파동을 전달하는 물질로, 매질은 이동하지 않고 진동만 하며, 매질의 진동으로 에너지가 전달된다.

(2) 파동의 종류: 파동이 진행할 때 매질의 유무에 따라 분류하거나 매질의 진동 방향과 파동의 진행 방향에 따라 분류한다.

① 매질의 유무에 따른 분류

　• 탄성파: 매질이 있어야만 전달된다.

　　예 물결파, 음파, 초음파, 지진파 등

　• 전자기파: 매질이 없어도 전달될 수 있다.

　　예 전파, 적외선, 가시광선, 자외선, X선, 감마(γ)선 등

② 매질의 진동 방향과 파동의 진행 방향에 따른 분류

　• 횡파: 매질의 진동 방향과 파동의 진행 방향이 수직이다.

　　예 물결파, 전파, 빛, X선, 지진파의 S파 등

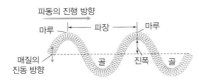

　• 종파: 매질의 진동 방향과 파동의 진행 방향이 나란하다.

　　예 음파, 초음파, 지진파의 P파 등

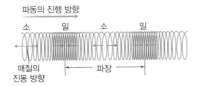

(3) 파동의 기본 요소

① 진폭(A): 진동 중심에서 마루나 골까지의 수직 거리

② 주기(T): 매질이 1회 진동하는 데 걸리는 시간(단위: s(초))

③ 진동수(f): 1초 동안에 진동하는 횟수(단위: Hz(헤르츠))

　• 주기와 진동수는 역수 관계이다.$\left(f = \dfrac{1}{T} \right)$

④ 파장(λ): 파동이 1주기 동안 진행한 거리로, 이웃한 마루 사이의 거리 또는 이웃한 골 사이의 거리와 같다.(단위: m (미터))

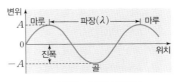

변위−위치 그래프

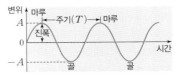

변위−시간 그래프

(4) 파동의 속력: 파동이 1주기 동안 이동한 거리로, 파장(λ)을 주기(T)로 나누어서 구한다.

$$\text{파동의 속력}(v) = \frac{\text{파장}}{\text{주기}} = \frac{\lambda}{T} = \lambda f \quad \text{(단위: m/s)}$$

① 파동의 속력은 매질의 종류와 상태에 따라 다르다.

② 소리의 속력은 일반적으로 고체＞액체＞기체 순이다.

③ 소리의 속력은 공기의 온도가 높을수록 빠르다.

④ 물결파의 속력은 물의 깊이가 깊을수록 빠르고, 얕을수록 느리다.

핵심 개념 체크

정답과 해설 33쪽

1. 파동이 발생하는 지점을 (　　　)이라 하고, 파동을 전달하는 물질을 (　　　)이라고 한다.

2. 파동의 진행 방향과 매질의 진동 방향이 나란한 파동을 (　　　), 파동의 진행 방향과 매질의 진동 방향이 수직인 파동을 (　　　)라고 한다.

3. 다음 파동을 횡파와 종파로 구분하여 분류하시오.

> 음파, 지진파의 S파, X선, 초음파, 지진파의 P파, 빛

(1) 횡파: (　　　　　　　　　　)

(2) 종파: (　　　　　　　　　　)

4. 파동의 기본 요소와 해당하는 설명을 연결하시오.

(1) 진폭 •　　　　　• ㉠ 1초 동안에 진동하는 횟수

(2) 진동수 •　　　　• ㉡ 파동이 1주기 동안 진행한 거리

(3) 파장 •　　　　　• ㉢ 진동 중심에서 마루까지의 거리

5. 주기가 2초인 파동의 진동수는 (　　　) Hz이다.

6. 파장이 2 m, 주기가 4초인 파동의 속력은 (　　　) m/s이다.

7. 소리의 속력은 공기의 온도가 (　　　)수록 빠르고, 물결파의 속력은 물의 깊이가 (　　　)수록 빠르다.

2 파동의 성질

(1) 파동의 반사: 파동이 진행하다가 다른 매질을 만날 때 그 경계면에서 파동이 원래 매질로 되돌아오는 현상

① **파면:** 파동이 전파되어 나갈 때 위상이 같은 지점을 연결한 선이나 면이다.

　　• 파동의 진행 방향과 파면은 항상 수직이고, 이웃한 파면 사이의 거리는 한 파장이다.

② **반사 법칙:** 파동이 반사할 때 입사각과 반사각은 같다.

　　• 입사파의 진행 방향과 법선이 이루는 각이 입사각, 반사파의 진행 방향과 법선이 이루는 각이 반사각이다.

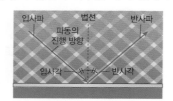

　　• 반사할 때 파동의 속력, 파장, 진동수는 변하지 않는다.

(2) 파동의 굴절: 파동이 한 매질에서 다른 매질로 진행할 때 파동의 속력이 달라져 파동의 진행 방향이 바뀌는 현상

① **굴절이 일어나는 까닭:** 매질의 종류와 상태에 따라 파동의 속력이 다르기 때문이다.

　　• 파동이 굴절할 때 속력과 파장은 변하지만 파동의 진동수는 변하지 않는다.

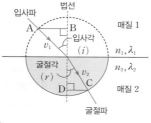

② **굴절 법칙:** 파동이 매질 1에서 매질 2로 진행할 때 입사각(i), 굴절각(r), 속력(v), 파장(λ) 사이의 관계는 다음과 같다.

$$\frac{\sin i}{\sin r} = \frac{\overline{\text{AB}}}{\overline{\text{CD}}} = \frac{v_1}{v_2} = \frac{\lambda_1}{\lambda_2}$$

3 파동의 굴절 현상

(1) 물결파의 굴절: 물의 깊이에 따라 물결파의 속력이 달라지기 때문에 굴절한다.

① 물결파가 깊은 곳에서 얕은 곳으로 진행할 때 입사각은 굴절각보다 크다.

② 물결파의 속력이 깊은 곳에서 빠르고 얕은 곳에서 느리기 때문에 파도는 곶 쪽으로 진행 방향이 꺾이게 된다.

 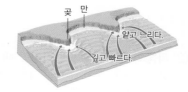

(2) 소리의 굴절: 공기의 온도에 따라 소리의 속력이 달라지기 때문에 소리가 굴절한다.

　　• 공기의 온도가 높을수록 소리의 속력이 빠르다.

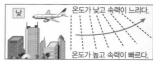 

소리가 상층을 향해 굴절한다. 　　소리가 지면을 향해 굴절한다.

(3) 빛의 굴절: 빛의 속력은 진공에서 가장 빠르고, 물질마다 빛의 속력이 다르다.

① **렌즈:** 볼록 렌즈는 빛을 모으고, 오목 렌즈는 빛을 퍼지게 한다.

② **떠 보이기:** 물속에 있는 물고기는 실제 위치보다 떠 보인다.

③ **신기루:** 빛의 속력이 공기의 온도가 높을수록 빠르고, 온도가 낮을수록 느리기 때문에 물체가 실제 위치가 아닌 다른 위치에 보이는 현상이다.

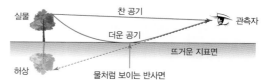

핵심 개념 체크

정답과 해설 33쪽

8. 파동이 진행하다가 다른 매질의 경계면에서 원래 매질로 되돌아오는 현상을 (　　　)라 하고, 다른 매질로 진행할 때 진행 방향이 바뀌는 현상을 (　　　)이라고 한다.

9. 파동이 반사할 때 입사각이 30°이면 반사각은 (　　　)°이다.

10. 파동이 굴절하는 까닭은 매질에 따라 (　　　)이 다르기 때문이다.

11. 파동이 굴절할 때 (　　　)과 파장은 변하지만 (　　　)는 변하지 않는다.

12. 다음 중 옳은 것은 ○표, 옳지 <u>않은</u> 것은 ×표 하시오.

　(1) 파면과 파동의 진행 방향은 나란하다. 　　　　(　　　)

　(2) 파동이 반사할 때 파동의 파장, 속력, 진동수는 변하지 않는다. 　　　　(　　　)

　(3) 파동이 속력이 빠른 매질에서 속력이 느린 매질로 진행할 때 입사각은 굴절각보다 크다. 　　　　(　　　)

　(4) 물결파의 속력은 물의 깊이가 얕을수록 빠르다. (　　　)

　(5) 공기의 온도에 따라 소리의 속력이 달라진다. (　　　)

01 [8711-0248]
그림은 파동에 대해 학생 A, B, C가 대화하는 모습을 나타낸 것이다.

파동은 물질의 이동 없이 에너지와 정보를 전달할 수 있어.

매질의 경계에서 파동의 진행 방향이 바뀌는 것은 파동의 속력이 달라지기 때문이야.

파동이 진행하는 동안 매질이 달라지면 파동의 진동수도 달라져.

학생 A   학생 B   학생 C

제시한 내용이 옳은 학생만을 있는 대로 고른 것은?

① A   ② C   ③ A, B
④ B, C   ⑤ A, B, C

02 [8711-0249]
그림 (가), (나)는 수평인 실험대 위에 놓인 파동 실험용 용수철을 각각 좌우와 앞뒤로 흔든 모습을 나타낸 것이다. (가), (나)에서 파동의 진행 방향은 왼쪽으로 같다.

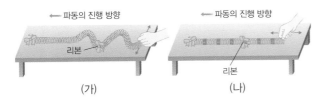

←파동의 진행 방향   ←파동의 진행 방향

리본   리본

(가)   (나)

이에 대한 설명으로 옳은 것만을 〈보기〉에서 있는 대로 고른 것은?

┌ 보기 ┐
ㄱ. (가)에서 용수철에 고정된 리본은 파동의 진행 방향으로 이동한다.
ㄴ. 소리는 (나)의 용수철 파동처럼 진행한다.
ㄷ. (나)에서 용수철을 흔드는 주기가 짧을수록 리본의 진동수는 크다.

① ㄱ   ② ㄴ   ③ ㄱ, ㄷ
④ ㄴ, ㄷ   ⑤ ㄱ, ㄴ, ㄷ

03 [8711-0250]
그림은 오른쪽으로 진행하는 파동의 어느 순간의 모습을 나타낸 것이다. 점선은 실선이 나타나고 1초 후에 처음으로 나타났다.

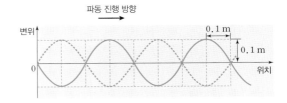

파동 진행 방향

변위   0.1 m
0   0.1 m
위치

이 파동의 진동수와 속력을 옳게 짝 지은 것은?

	진동수	속력		진동수	속력
①	0.5 Hz	0.1 m/s	②	0.5 Hz	0.2 m/s
③	1 Hz	0.1 m/s	④	1 Hz	0.2 m/s
⑤	2 Hz	0.5 m/s			

04 [8711-0251]
다음은 물 컵 속에 넣은 연필의 모습을 관찰한 것이다.

[관찰 내용]
(가) 연필이 수면에서 꺾여 보인다.
(나) 공기 중의 연필보다 물속에 보이는 연필이 더 굵어 보인다.

관찰한 내용과 가장 관련이 깊은 파동 현상은?

① 직진   ② 반사   ③ 굴절
④ 간섭   ⑤ 회절

05 [8711-0252]
그림은 동일한 줄의 양쪽을 각각 위 아래로 흔들어 발생한 파동 A, B가 서로 반대 방향으로 진행하는 모습을 나타낸 것이다.

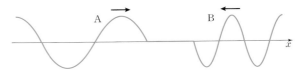

A   B
x

A의 물리량이 B의 물리량보다 큰 것만을 〈보기〉에서 있는 대로 고른 것은?

┌ 보기 ┐
ㄱ. 파장   ㄴ. 진행 속력   ㄷ. 진동수

① ㄱ   ② ㄴ   ③ ㄷ
④ ㄱ, ㄴ   ⑤ ㄱ, ㄷ

06 [8711–0253]
그림은 단색광 A, B가 매질 Ⅰ에서 매질 Ⅱ로 같은 입사각으로 입사하여 진행하는 경로를 나타낸 것이다.

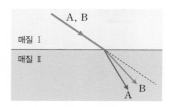

이에 대한 설명으로 옳은 것만을 〈보기〉에서 있는 대로 고른 것은?

┌─ 보기 ┌
ㄱ. Ⅱ에서 굴절각은 A가 B보다 크다.
ㄴ. A의 파장은 Ⅰ에서가 Ⅱ에서보다 크다.
ㄷ. Ⅰ에 대한 Ⅱ의 굴절률은 A가 B보다 크다.
└────────

① ㄱ   ② ㄴ   ③ ㄷ   ④ ㄱ, ㄴ   ⑤ ㄴ, ㄷ

[07~08] 그림 (가)는 오른쪽 방향으로 진행하는 파동의 매질의 변위를 위치에 따라 나타낸 것이다. 그림 (나)는 (가)의 순간부터 매질 위의 점 P, Q 중 하나의 변위를 시간에 따라 나타낸 것이다.

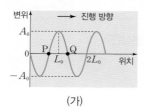 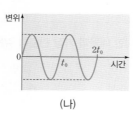

(가)   (나)

07 [8711–0254]
이에 대한 설명으로 옳은 것만을 〈보기〉에서 있는 대로 고른 것은?

┌─ 보기 ┌
ㄱ. P의 진폭은 $2A_0$이다.
ㄴ. (나)는 Q의 변위를 시간에 따라 나타낸 것이다.
ㄷ. (가)의 순간 P와 Q의 운동 방향이 같다.
└────────

① ㄱ   ② ㄴ   ③ ㄱ, ㄴ   ④ ㄱ, ㄷ   ⑤ ㄴ, ㄷ

08 [8711–0255]
이 파동의 진행 속력은?

① $\dfrac{2L_0}{3t_0}$ ② $\dfrac{L_0}{t_0}$ ③ $\dfrac{4L_0}{3t_0}$ ④ $\dfrac{2L_0}{t_0}$ ⑤ $\dfrac{4L_0}{t_0}$

09 [8711–0256]
그림은 공기에서 물로 진행하는 파동 A, B의 진행 경로를 나타낸 것이다. A, B는 소리와 빛 중 하나이다.

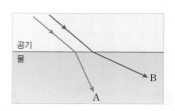

A, B에 대한 설명으로 옳은 것만을 〈보기〉에서 있는 대로 고른 것은?

┌─ 보기 ┌
ㄱ. A는 소리이다.
ㄴ. A의 진동수는 공기에서가 물에서보다 크다.
ㄷ. B의 파장은 물에서가 공기에서보다 크다.
└────────

① ㄴ   ② ㄷ   ③ ㄱ, ㄴ
④ ㄱ, ㄷ   ⑤ ㄴ, ㄷ

10 [8711–0257]
그림은 물결파 발생 장치에서 발생한 물결파가 깊은 곳에서 유리판이 깔린 얕은 곳으로 진행하는 모습을 나타낸 것이다.

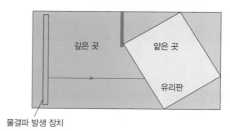

물결파의 진행 방향으로 가장 옳은 것은?

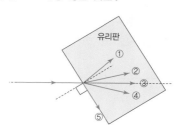

11 [8711-0258]
그림은 공기에서 프리즘으로 같은 각으로 입사한 빨간색 빛과 파란색 빛이 진행하는 경로를 나타낸 것이다.

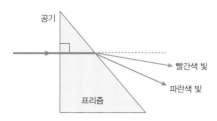

이에 대한 설명으로 옳은 것만을 〈보기〉에서 있는 대로 고른 것은? (단, 공기에서 빨간색 빛과 파란색 빛의 굴절률은 같다.)

┌─ 보기 ┐
ㄱ. 빨간색 빛의 파장은 공기에서가 프리즘에서보다 크다.
ㄴ. 프리즘에서 진동수는 빨간색 빛이 파란색 빛보다 작다.
ㄷ. 프리즘에서 속력은 빨간색 빛이 파란색 빛보다 크다.
└─────────────┘

① ㄱ   ② ㄴ   ③ ㄷ
④ ㄱ, ㄴ   ⑤ ㄱ, ㄴ, ㄷ

12 [8711-0259]
그림 (가)는 스피커에서 일정한 진동수의 소리가 발생하여 진행할 때 공기 입자의 분포를 나타낸 것이다. 공기 입자가 가장 밀집된 인접한 지점 사이의 거리는 L이다. 그림 (나)는 공기 중의 점 P에서 공기의 압력을 시간에 따라 나타낸 것이다.

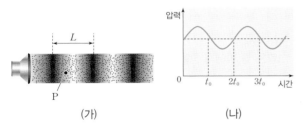

(가)   (나)

이에 대한 설명으로 옳은 것만을 〈보기〉에서 있는 대로 고른 것은?

┌─ 보기 ┐
ㄱ. 스피커에서 발생하는 소리의 진동수는 $\dfrac{1}{2t_0}$이다.

ㄴ. 공기에서 소리의 속력은 $\dfrac{L}{t_0}$이다.

ㄷ. 스피커에서 발생하는 소리의 진동수가 클수록 공기 입자가 가장 밀집된 인접한 지점 사이의 거리는 작다.
└─────────────┘

① ㄱ   ② ㄴ   ③ ㄷ
④ ㄱ, ㄷ   ⑤ ㄱ, ㄴ, ㄷ

13 [8711-0260]
그림 (가)는 도로에 정지해 있는 구급차에서 진동수가 f_0인 소리를 발생시키는 것을 나타낸 것이고. (나)는 지면으로부터 높이에 따른 공기의 온도를 나타낸 것이다.

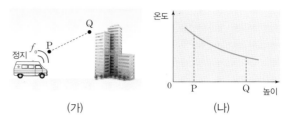

(가)   (나)

이에 대한 설명으로 옳은 것만을 〈보기〉에서 있는 대로 고른 것은?

┌─ 보기 ┐
ㄱ. 소리의 파장은 P에서가 Q에서보다 크다.
ㄴ. Q에서 소리의 진동수는 f_0보다 작다.
ㄷ. P에서 Q를 향하는 소리는 Q의 아래를 지난다.
└─────────────┘

① ㄱ   ② ㄴ   ③ ㄱ, ㄴ
④ ㄱ, ㄷ   ⑤ ㄴ, ㄷ

14 [8711-0261]
그림 (가)는 오른쪽으로 속력 10 cm/s로 진행하는 물결파의 파면을 나타낸 것이고, (나)는 수면 위의 점 Q의 변위를 시간에 따라 나타낸 것이다. 수면 위의 점 P와 Q 사이의 거리는 6 cm이고, 물의 깊이는 일정하다.

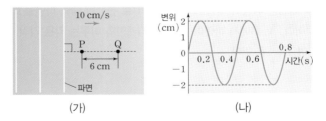

(가)   (나)

이에 대한 설명으로 옳은 것만을 〈보기〉에서 있는 대로 고른 것은?

┌─ 보기 ┐
ㄱ. P의 진동 주기는 0.2초이다.
ㄴ. 물결파의 파장은 4 cm이다.
ㄷ. Q의 변위가 +2 cm인 순간 P의 변위는 0이다.
└─────────────┘

① ㄱ   ② ㄴ   ③ ㄷ
④ ㄴ, ㄷ   ⑤ ㄱ, ㄴ, ㄷ

01 [8711-0262] 그림은 오른쪽으로 진행하는 파동의 어느 순간의 모습을 나타낸 것이다.

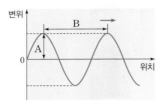

A, B에 해당하는 물리량을 각각 쓰시오.

02 [8711-0263] 그림은 동일한 공기에서 전파되는 소리 A, B에 의한 공기 입자의 분포를 모식적으로 나타낸 것이다.

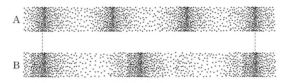

(1) 소리와 같이 파동의 진행 방향과 매질의 진동 방향이 나란한 파동을 무엇이라고 하는지 쓰시오.

(2) A, B의 진동수와 파장을 각각 비교하여 서술하시오.

03 [8711-0264] 그림은 파동이 매질 A에서 매질 B로 진행할 때의 파면을 나타낸 것이다. A, B에서 파면이 A, B의 경계면과 이루는 각은 각각 θ_A, θ_B이며, $\theta_A < \theta_B$이다.

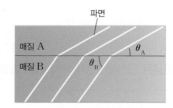

(1) A에서 B로 진행하는 파동의 진행 방향을 나타내시오.

(2) A와 B에서 파동의 파장, 진동수, 속력의 크기를 비교하여 서술하시오.

04 [8711-0265] 그림은 설탕물에 레이저를 비스듬히 비추었을 때 빛이 직선 경로에서 벗어나 휘어져 진행하는 것을 나타낸 것이다.

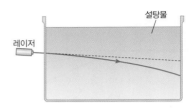

설탕물 속에서 빛이 휘어져 진행하는 까닭을 서술하시오. (단, 설탕물의 농도는 아래로 갈수록 증가한다.)

05 [8711-0266] 그림 (가)는 물결파가 오른쪽으로 진행할 때 수면 위에 떠 있는 코르크 조각이 위 아래로 진동하는 모습을 나타낸 것으로, 인접한 마루 사이의 거리는 10 cm이다. 그림 (나)는 코르크 조각의 변위를 시간에 따라 나타낸 것이다.

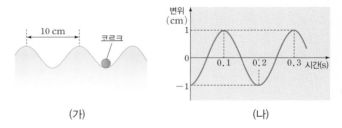

이 물결파의 전파 속력을 구하시오.

06 [8711-0267] 그림은 물 밖에서 창을 던져 물고기를 잡으려는 모습을 나타낸 것이다.

(1) 창을 어느 위치로 조준하여 던져야 하는지 서술하시오.

(2) 레이저를 쏜다면 어느 위치로 조준하여 쏘아야 하는지 서술하시오.

12 전반사와 광통신

1 빛의 반사와 굴절

(1) 빛의 반사: 빛이 진행할 때 두 매질의 경계면에서 원래 매질로 되돌아오는 현상

① 반사 법칙: 빛이 두 매질의 경계면에서 반사할 때 입사각(i)과 반사각(i')은 같다.

- 입사 광선과 법선이 이루는 각이 입사각, 반사 광선과 법선이 이루는 각이 반사각이다.

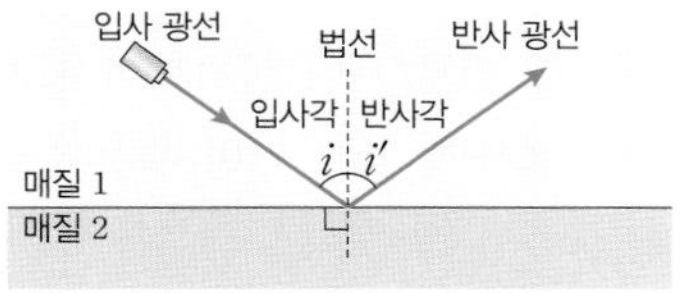

입사 광선
법선
반사 광선
입사각
반사각
i
i'
매질 1
매질 2

② 빛이 반사할 때 빛의 속력, 파장, 진동수는 변하지 않는다.

(2) 빛의 굴절: 빛이 한 매질에서 다른 매질로 진행할 때 빛의 속력이 달라져 빛의 진행 방향이 바뀌는 현상

① 굴절률(n): 매질에서 빛의 속력이 v, 진공에서 빛의 속력이 c일 때 매질의 굴절률은 $n=\frac{c}{v}$이다.

- 매질의 굴절률이 클수록 빛의 속력이 느리다.
- 굴절률이 상대적으로 큰 매질을 밀한 매질, 굴절률이 상대적으로 작은 매질을 소한 매질이라고 한다.

② 굴절 법칙(스넬 법칙): 빛이 매질 1에서 매질 2로 진행할 때 굴절률(n), 빛의 속력(v), 파장(λ), 입사각(i), 굴절각(r)의 관계는 다음과 같다.

$$n_{12}=\frac{n_2}{n_1}=\frac{v_1}{v_2}=\frac{\lambda_1}{\lambda_2}=\frac{\sin i}{\sin r}$$

(n_{12}: 매질 1에 대한 매질 2의 굴절률)

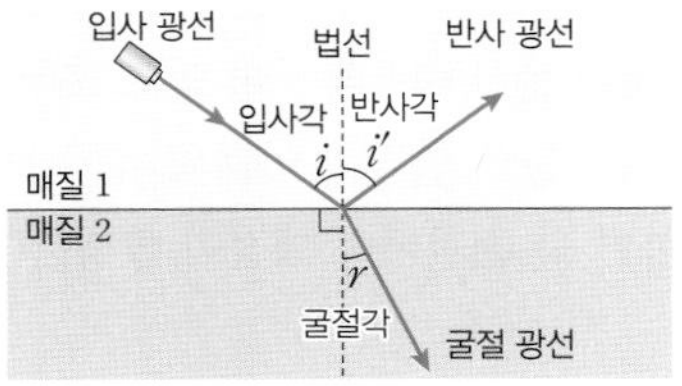

입사 광선
법선
반사 광선
입사각
반사각
i
i'
매질 1
매질 2
r
굴절각
굴절 광선

③ 굴절의 비교

구분	소한 매질에서 밀한 매질로 굴절할 때		밀한 매질에서 소한 매질로 굴절할 때	
빛의 진행	매질 1 → 매질 2 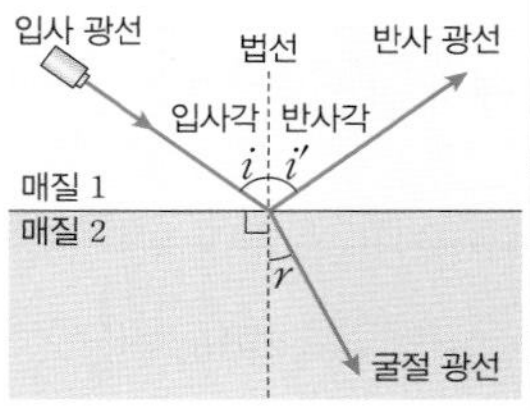		매질 2 → 매질 1 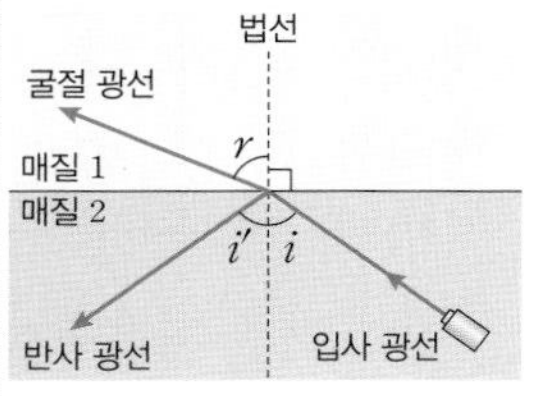	
굴절률	작다	크다	크다	작다
빛의 속력	빠르다	느리다	느리다	빠르다
빛의 파장	길다	짧다	짧다	길다
i, r 비교	$i>r$		$i<r$	
진동수 변화	변화 없음		변화 없음	

입사 광선
법선
반사 광선
입사각
반사각
i
i'
매질 1
매질 2
r
굴절 광선

법선
굴절 광선
r
매질 1
매질 2
i'
i
반사 광선
입사 광선

2 전반사

(1) 전반사: 빛이 두 매질의 경계면에서 굴절하지 않고 모두 반사하는 현상

① 빛이 굴절률이 큰 매질에서 굴절률이 작은 매질로 진행할 때 굴절각이 입사각보다 크기 때문에 입사각이 특정한 각(임계각)보다 크면 빛은 굴절률이 작은 매질로 굴절하지 않고 모두 반사한다. 이때 반사 법칙에 따라 전반사하는 빛의 입사각과 반사각은 같다.

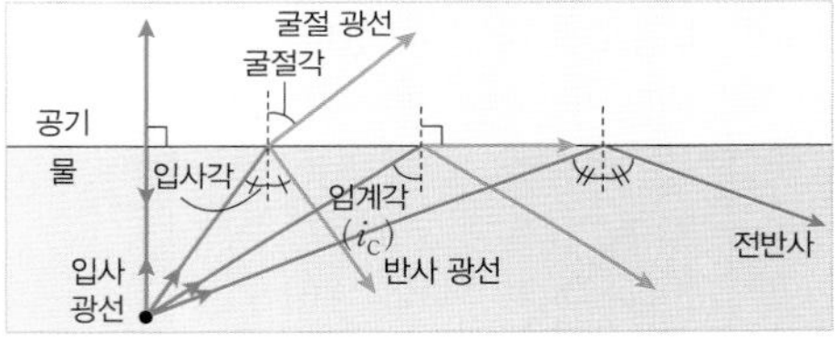

굴절 광선
굴절각
공기
물
입사각
임계각
(i_C)
반사 광선
전반사
입사 광선

② 임계각(i_C): 굴절각이 90°가 될 때의 입사각이다.

(2) 전반사 조건

① 빛이 굴절률이 큰 매질(밀한 매질)에서 굴절률이 작은 매질(소한 매질)로 입사해야 한다.

② 입사각(i)이 임계각(i_C)보다 커야 한다.

핵심 개념 체크

정답과 해설 35쪽

1. 다음 중 옳은 것은 ○표, 옳지 않은 것은 ×표 하시오.

(1) 빛이 반사할 때 입사각과 반사각은 같다. (　　)

(2) 빛이 반사할 때 빛의 속력, 파장, 진동수는 변한다. (　　)

(3) 빛이 굴절할 때 입사각이 커지면 굴절각도 커진다. (　　)

(4) 빛이 굴절률이 큰 매질에서 작은 매질로 진행할 때 빛의 진동수는 작아진다. (　　)

(5) 매질의 굴절률이 클수록 빛의 속력이 느리다. (　　)

2. 진공에서 빛의 속력이 c일 때 굴절률이 1.5인 매질에서 빛의 속력은 (　　　)이다.

3. 매질 1, 2의 굴절률이 $n_1>n_2$일 때 매질 1, 2에서 빛의 파장은 λ_1 (　　　) λ_2이다.

4. 빛이 굴절률이 큰 매질에서 굴절률이 작은 매질로 진행할 때 입사각은 굴절각보다 (크다 , 작다).

5. 굴절각이 90°가 될 때의 입사각을 (　　　)이라고 한다.

(3) 임계각과 굴절률

① 빛이 굴절률이 n_1인 밀한 매질에서 굴절률이 n_2인 소한 매질로 진행할 때 임계각은 다음과 같다.

$$\frac{n_2}{n_1}=\frac{\sin i_C}{\sin 90°} \text{이므로 } \sin i_C=\frac{n_2}{n_1}$$

② 빛이 굴절률이 n인 매질에서 굴절률이 1인 공기로 입사할 때 임계각은 다음과 같다.

$$\frac{1}{n}=\frac{\sin i_C}{\sin 90°} \text{이므로 } \sin i_C=\frac{1}{n}$$

③ 여러 가지 물질의 굴절률과 임계각(물질에서 굴절률이 1인 공기로 입사할 때): 공기에 대한 매질의 굴절률이 클수록 임계각은 작다.

구분	굴절률	임계각
물	1.33	48.7°
글리세린	1.47	42.9°
크라운 유리	1.52	41.1°
다이아몬드	2.42	24.4°

③ 전반사의 이용

(1) 전반사 프리즘: 유리로 만들어진 프리즘의 공기 중에서의 임계각은 약 42°이다. 따라서 직각 프리즘을 이용하면 빛의 손실 없이 빛의 경로를 바꿀 수 있다.

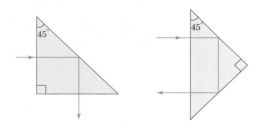

• 이용 예: 쌍안경, 잠망경, 카메라 등

(2) 광섬유

(2) 광섬유: 이중 원기둥 모양의 투명한 유리나 플라스틱으로 되어 있으며, 굴절률이 큰 코어를 굴절률이 작은 클래딩이 감싸고 있다.

광섬유

광케이블

광섬유의 구조

① 광섬유에서 빛의 전반사: 빛이 굴절률이 큰 코어에서 굴절률이 작은 클래딩으로 입사할 때 입사각이 임계각보다 크면 빛은 클래딩으로 굴절하지 않고 전반사하여 코어를 따라 손실 없이 진행한다.

② 이용 예: 장거리 광통신, 의료 및 산업용 내시경 등

④ 광통신

(1) 광통신: 빛에 정보를 담아 광섬유를 통해 정보를 주고받는 통신 방식

(2) 광통신의 과정: 발신기에서 전기 신호를 빛으로 변환하면 이 빛이 광섬유에서 전반사하여 수신기에 도달하고, 수신기에서 빛을 전기 신호로 변환하여 수신자에게 전달한다.

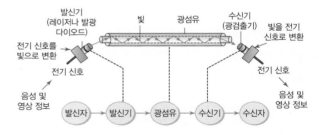

(3) 광통신의 장단점

① 장점: 대용량의 정보를 빠르게 손실 없이 전달할 수 있으며, 외부 전파에 의한 간섭이나 혼선이 없고 도청이 어렵다.

② 단점: 분리, 결합 등의 연결이 어려워 유지 보수가 힘들고, 구부러짐이 심하면 광 손실이나 깨짐이 발생한다.

핵심 개념 체크

정답과 해설 35쪽

6. 두 매질의 경계면에서 빛이 굴절하지 않고 모두 반사하는 현상을 (　　　)라고 한다.

7. 전반사는 빛이 굴절률이 (　　　) 매질에서 굴절률이 (　　　) 매질로 입사하고, 입사각이 (　　　)보다 (　　　) 때 일어난다.

8. 빛이 굴절률이 2인 물질에서 굴절률이 1인 공기로 입사할 때의 임계각은 (　　　)°이다.

9. 빛이 물질에서 공기로 입사할 때 물질의 굴절률이 클수록 임계각은 (크다 , 작다).

10. 빛에 정보를 담아 광섬유를 통해 정보를 주고받는 통신 방식을 (　　　)이라고 한다.

11. 다음 중 옳은 것은 ○표, 옳지 <u>않은</u> 것은 ×표 하시오.

　(1) 코어의 굴절률은 클래딩의 굴절률보다 크다. (　　　)

　(2) 광통신은 빛의 전반사를 이용한다. (　　　)

　(3) 광통신에서 수신기는 전기 신호를 빛으로 전환한다.

　(　　　)

　(4) 광섬유는 끊어지면 연결하기 어렵다. (　　　)

01 [8711-0268]

다음은 파동 현상에 대한 수업 장면이다.

제시한 내용이 옳은 학생만을 있는 대로 고른 것은?

① A   ② B   ③ C   ④ A, C   ⑤ B, C

02 [8711-0269]

그림은 단색광 A가 매질 Ⅰ에서 매질 Ⅱ로 진행할 때 반사, 굴절한 것을 나타낸 것이다. B는 반사한 빛이고, C는 굴절한 빛이다. A, B, C가 법선과 이루는 각은 각각 θ_A, θ_B, θ_C이다.

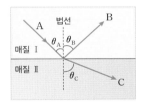

이에 대한 설명으로 옳지 <u>않은</u> 것은?

① $\theta_A = \theta_B$이다.
② θ_A가 감소하면 θ_C는 감소한다.
③ B의 세기는 A의 세기보다 약하다.
④ 단색광의 파장은 B가 C보다 길다.
⑤ 단색광의 속력은 Ⅰ에서가 Ⅱ에서보다 느리다.

03 [8711-0270]

표는 여러 가지 물질에서 빛의 속력을 나타낸 것이다.

물질	공기	물	유리	다이아몬드
빛의 속력 $(\times 10^8 \, \text{m/s})$	3	$\dfrac{9}{4}$	2	$\dfrac{5}{4}$

다음 중 전반사가 일어나는 입사각의 범위가 가장 큰 경우는?

① 물에서 공기로 진행할 때
② 유리에서 물로 진행할 때
③ 유리에서 공기로 진행할 때
④ 다이아몬드에서 물로 진행할 때
⑤ 다이아몬드에서 유리로 진행할 때

04 [8711-0271]

그림은 단색광이 매질 A와 B의 경계면에서 전반사한 후, 매질 A와 C의 경계에서 일부는 반사하고 일부는 굴절하여 진행하는 모습을 나타낸 것이다.

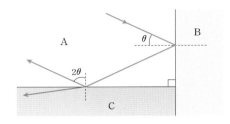

A, B, C의 굴절률을 각각 n_A, n_B, n_C라 할 때 n_A, n_B, n_C를 옳게 비교한 것은?

① $n_A > n_B > n_C$ ② $n_A > n_C > n_B$
③ $n_B > n_A > n_C$ ④ $n_B > n_C > n_A$
⑤ $n_C > n_A > n_B$

05 [8711-0272]

그림 (가)는 단색광이 매질 A와 매질 B의 경계면에 입사각 θ로 입사하여 진행하는 경로를 나타낸 것이고, (나)는 단색광이 매질 A에서 매질 C로 입사각 θ로 입사하여 진행하는 경로를 나타낸 것이다.

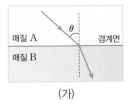
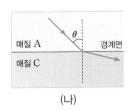

(가)   (나)

이에 대한 설명으로 옳은 것만을 〈보기〉에서 있는 대로 고른 것은?

┌ 보기 ┐
ㄱ. 굴절률은 A가 B보다 크다.
ㄴ. A에서 C로 진행할 때의 임계각은 θ보다 크다.
ㄷ. B와 C를 이용하여 광섬유를 만든다면 C는 코어, B는 클래딩이어야 한다.

① ㄱ   ② ㄴ   ③ ㄷ
④ ㄱ, ㄴ   ⑤ ㄴ, ㄷ

06 [8711−0273] 그림은 공기에서 단색광이 직사각형 모양의 유리의 윗면에 $45°$ 로 입사하는 모습을 나타낸 것이다. 공기에 대한 유리의 굴절률은 1.5 이다.

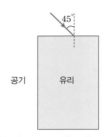

공기 유리

이에 대한 설명으로 옳은 것만을 〈보기〉에서 있는 대로 고른 것은?

┌ 보기 ┐
ㄱ. 단색광의 파장은 공기에서가 유리에서의 1.5배이다.
ㄴ. 단색광은 유리의 옆면에서 전반사하며 진행한다.
ㄷ. 단색광이 유리에서 공기로 진행하여 나올 때 굴절각은 $45°$ 이다.

① ㄱ   ② ㄴ   ③ ㄷ
④ ㄴ, ㄷ   ⑤ ㄱ, ㄴ, ㄷ

07 [8711−0274] 그림 (가)는 세기가 일정한 단색광을 매질 A에서 매질 B로 입사시키고 반사된 빛의 세기를 광 검출기로 측정하는 모습을 나타낸 것이다. 그림 (나)는 입사각 i에 따른 반사된 빛의 세기 I를 나타낸 것이다.

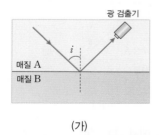

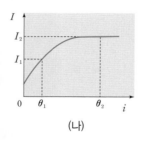

(가)   (나)

이에 대한 설명으로 옳은 것만을 〈보기〉에서 있는 대로 고른 것은?

┌ 보기 ┐
ㄱ. 입사각이 θ_1일 때 굴절각은 θ_1보다 작다.
ㄴ. 단색광의 속력은 B에서가 A에서보다 크다.
ㄷ. A와 B 사이의 임계각은 θ_2보다 크다.

① ㄱ   ② ㄴ   ③ ㄷ
④ ㄱ, ㄷ   ⑤ ㄴ, ㄷ

08 [8711−0275] 그림 (가)는 매질 Ⅰ, Ⅱ에서 빛의 파장에 따른 굴절률을 나타낸 것이고, (나)는 광섬유 속에서 단색광이 전반사하여 진행하는 것을 나타낸 것이다. 코어는 Ⅰ, 클래딩은 Ⅱ로 만들었으며, 단색광의 파장은 λ_1, λ_2 중 하나이다.

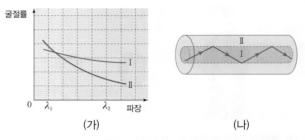

(가)   (나)

이에 대한 설명으로 옳은 것만을 〈보기〉에서 있는 대로 고른 것은?

┌ 보기 ┐
ㄱ. 파장이 λ_1인 빛이 Ⅰ에서 Ⅱ로 진행할 때 입사각은 굴절각보다 크다.
ㄴ. Ⅰ과 Ⅱ 사이에서 임계각은 파장이 λ_1인 빛일 때가 파장이 λ_2인 빛일 때보다 작다.
ㄷ. (나)에서 단색광의 파장은 λ_1이다.

① ㄱ   ② ㄴ   ③ ㄷ
④ ㄱ, ㄴ   ⑤ ㄱ, ㄷ

09 [8711−0276] 그림은 물질 A, B로 만들어진 광섬유를 이용한 광통신에서 빛이 A와 B의 경계면에서 전반사하면서 진행하는 모습을 나타낸 것이다.

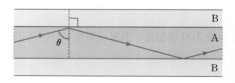

이에 대한 설명으로 옳은 것만을 〈보기〉에서 있는 대로 고른 것은?

┌ 보기 ┐
ㄱ. A는 코어이다.
ㄴ. A와 B 사이에서 임계각은 θ보다 크다.
ㄷ. A에 대한 B의 굴절률은 $\sin\theta$보다 크다.

① ㄱ   ② ㄴ   ③ ㄱ, ㄴ
④ ㄱ, ㄷ   ⑤ ㄴ, ㄷ

10 [8711-0277]

그림은 단색광 A, B가 공기 중에서 직각이등변 프리즘으로 진행하는 모습을 나타낸 것이다. A, B가 공기에서 프리즘으로 진행하는 방향은 프리즘 면과 45°를 이루며, A, B일 때 프리즘의 굴절률은 $\sqrt{2}$ 보다 크다.

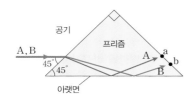

이에 대한 설명으로 옳은 것만을 〈보기〉에서 있는 대로 고른 것은? (단, 공기의 굴절률은 1이다.)

┌─ 보기 ┌
ㄱ. 프리즘의 아랫면에서 A, B는 모두 전반사한다.
ㄴ. 프리즘에서 빛의 속력은 A가 B보다 크다.
ㄷ. 프리즘의 a, b에서 공기로 나온 A, B는 나란하게 진행한다.

① ㄱ   ② ㄴ   ③ ㄷ   ④ ㄱ, ㄷ   ⑤ ㄱ, ㄴ, ㄷ

11 [8711-0278]

다음은 빛의 전반사에 대한 실험이다.

[실험 과정]
(가) 반원형 유리의 원의 중심으로 레이저 빛을 비추고 입사각을 변화시키며 굴절각을 측정한다.
(나) 반원형 물통에 물을 넣은 후 원의 중심으로 레이저 빛을 비추고 입사각을 변화시키며 굴절각을 측정한다.

[실험 결과]

(가)		(나)	
입사각	굴절각	입사각	굴절각
20°	31.3°	20°	27°
30°	49.5	30°	41.9°
40°	77.7°	40°	58.8°

이에 대한 설명으로 옳은 것만을 〈보기〉에서 있는 대로 고른 것은?

┌─ 보기 ┌
ㄱ. 빛의 속력은 유리에서가 물에서보다 작다.
ㄴ. 전반사가 일어나는 입사각의 최솟값은 (가)에서가 (나)에서보다 크다.
ㄷ. 빛이 물에서 유리로 진행할 때 전반사가 일어날 수 있다.

① ㄱ   ② ㄴ   ③ ㄱ, ㄷ   ④ ㄴ, ㄷ   ⑤ ㄱ, ㄴ, ㄷ

12 [8711-0279]

그림은 쌍안경의 대물렌즈로 들어온 빛이 직각 프리즘에서 전반사하여 접안렌즈를 통과하는 모습을 나타낸 것이다.

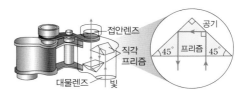

이에 대한 설명으로 옳은 것만을 〈보기〉에서 있는 대로 고른 것은? (단, 공기의 굴절률은 1이다.)

┌─ 보기 ┌
ㄱ. 빛의 파장은 프리즘에서가 공기에서보다 크다.
ㄴ. 빛이 프리즘에서 공기로 진행할 때 임계각은 45°보다 작다.
ㄷ. 프리즘의 굴절률은 $\sqrt{2}$보다 크다.

① ㄱ   ② ㄴ   ③ ㄱ, ㄷ
④ ㄴ, ㄷ   ⑤ ㄱ, ㄴ, ㄷ

13 [8711-0280]

다음은 광통신이 이루어지는 과정에 대한 설명이다.

발신자가 보내는 음성 및 영상 정보는 발신기에서 (㉠) 신호로 전환되어 광섬유의 코어를 따라 손실 없이 진행한다. 수신기에서는 발신기에서와 반대 과정을 거쳐 음성 및 영상 정보를 수신하게 된다.

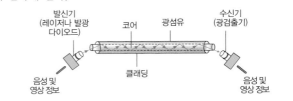

이에 대한 설명으로 옳은 것만을 〈보기〉에서 있는 대로 고른 것은?

┌─ 보기 ┌
ㄱ. ㉠은 빛이다.
ㄴ. 광섬유에서 굴절률은 코어가 클래딩보다 크다.
ㄷ. 발신기에서 전송하는 신호의 진동수는 수신기에서 수신하는 신호의 진동수보다 크다.

① ㄱ   ② ㄷ   ③ ㄱ, ㄴ
④ ㄴ, ㄷ   ⑤ ㄱ, ㄴ, ㄷ

서답형 문제

01 [8711-0281]

그림과 같이 진동수가 f_0인 빛이 굴절률이 1인 공기에서 굴절률이 2인 매질 A로 진행한다.

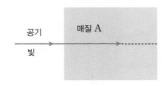

공기에서 빛의 진동수와 속력이 각각 f_0, v_0일 때, A에서 빛의 진동수와 속력을 각각 구하시오.

02 [8711-0282]

그림은 단색광을 매질 A에서 매질 B로 입사시켰을 때 반사 광선과 굴절 광선이 진행하는 것을 나타낸 것이다.

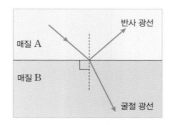

(1) A, B 중 어느 것이 굴절률이 더 큰 매질인지 서술하시오.

(2) A와 B의 경계에서 전반사가 일어나기 위한 방법에 대해 서술하시오.

03 [8711-0283]

그림은 광통신에 이용되는 광섬유에서 레이저 광선이 코어를 따라 진행하는 것을 나타낸 것이다. 표는 물질 A, B, C의 굴절률을 나타낸 것이다.

물질	굴절률
A	1.42
B	1.45
C	1.48

(1) 광섬유에서 빛이 코어를 따라 진행하는 원리를 쓰시오.

(2) 광섬유의 코어를 B로 만들었다면 클래딩으로 적합한 물질은 A, C 중 어느 것인지 쓰시오.

04 [8711-0284]

그림은 망원경, 잠망경, 사진기의 모습을 나타낸 것이다.

이들 기구에서 빛의 진행 방향을 바꾸기 위해 거울 대신에 투명한 유리로 만든 프리즘을 사용하는 까닭을 서술하시오.

05 [8711-0285]

그림은 공기에서 정삼각 프리즘의 한 변에 단색광을 수직으로 입사시키는 모습을 나타낸 것이다. 공기의 굴절률은 1, 프리즘의 굴절률은 1.5이다.

단색광이 프리즘 내에서 진행하여 공기로 나오는 경로를 그리시오.

06 [8711-0286]

그림은 액체 속에 잠겨 있는 광원에서 빛이 방출될 때, 빛이 공기로 나오지 않도록 액체의 표면을 검은색 원판으로 덮은 모습을 나타낸 것이다. 광원이 원판의 중심에서 연직 아래로 h인 지점에 있을 때 빛이 공기로 나오지 않도록 하기 위한 원판 반지름의 최솟값은 $\frac{3}{4}h$이다.

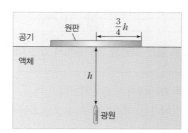

공기에 대한 액체의 굴절률을 풀이 과정을 써서 구하시오. (단, 광원의 크기는 무시한다.)

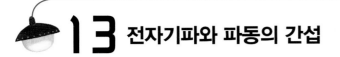

13 전자기파와 파동의 간섭

① 전자기파

(1) 전자기파: 전기장과 자기장이 서로를 유도하면서 주기적으로 진동하여 주위 공간으로 퍼져 나가는 파동

① 전자기파의 발견
- 1865년 맥스웰은 전기장과 자기장에 대한 기존의 여러 이론들을 수학적으로 체계화하여 전자기파의 존재를 예언하였으며, 빛도 전자기파의 일종이라고 하였다.
- 전자기파의 존재는 1886년 헤르츠의 실험에 의해 확인되었다.

② 전자기파의 발생: 전하가 가속도 운동하거나 진동하면 시간적으로 변하는 전기장은 자기장을 유도하고, 시간적으로 변하는 자기장은 전기장을 유도하면서 전자기파가 발생한다.

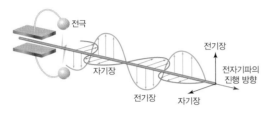

(2) 전자기파의 특성

① 전자기파는 매질이 없는 진공에서도 전파될 수 있다.
② 전기장과 자기장의 진동 방향은 서로 수직이고, 전자기파는 전기장과 자기장의 진동 방향과 각각 수직인 방향으로 진행하는 횡파이다.
③ 진공에서 전자기파의 속력은 빛의 속력과 같이 약 $3 \times 10^8 \, \text{m/s}$이다.
④ 빛과 같이 반사, 굴절 등의 성질을 나타내며, 파동의 형태로 에너지를 전달한다.
⑤ 전자기파의 에너지는 진동수가 클수록 크다.

② 전자기파 스펙트럼

(1) 전자기파 스펙트럼: 전자기파는 파장이나 진동수에 따라 성질이 다르기 때문에 주로 파장 또는 진동수에 따라 분류한다.

① 전자기파의 성질: 전자기파의 파장이 길수록 회절이 잘 일어나고, 파장이 짧을수록 직진성과 투과력이 강하며 에너지가 크다.
- 회절: 파동이 장애물 너머로 전달되는 현상이다.

② 전자기파의 종류: 가시광선보다 파장이 짧은 전자기파에는 자외선, X선, 감마(γ)선이 있고, 가시광선보다 파장이 긴 전자기파에는 적외선, 마이크로파, 라디오파가 있다.

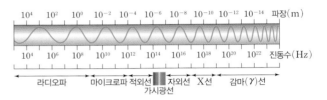

(2) 전자기파의 이용

전자기파		특징과 이용
전파	라디오파	회절이 잘 되며, TV나 라디오 방송, 휴대 전화 통신 등 무선 통신에 주로 이용된다.
	마이크로파	가속되는 전하에 의해 주로 발생하며, 레이더와 위성 통신, 전자레인지에서 음식물을 데우는 데 이용된다.
적외선		열작용이 있어 열선이라고도 한다. 적외선 온도계, 열화상 카메라, 광통신, 적외선 센서 등에 이용된다.
가시광선		사람의 눈으로 감지할 수 있는 전자기파이며, 카메라, 망원경, 현미경 등에 이용된다.
자외선		사람의 피부를 검게 하거나 미생물을 파괴시킬 정도로 에너지가 크다. 살균 및 소독기, 위조지폐 감별 등에 이용된다.
X선		고속의 전자가 금속에 충돌할 때 발생하며, 투과력이 강하여 인체 내부 또는 물품을 검사하는 데 이용된다.
감마(γ)선		원자핵이 방사성 붕괴할 때 발생하며, 투과력과 에너지가 매우 크다. 암 치료, 비파괴 검사 등에 이용된다.

핵심 개념 체크

정답과 해설 38쪽

1. 전기장과 자기장이 서로를 유도하면서 주위 공간으로 퍼져 나가는 파동을 (　　　)라고 한다.

2. 다음 중 옳은 것은 ○표, 옳지 않은 것은 ×표 하시오.
　(1) 전자기파는 매질이 있어야만 진행할 수 있다. (　　)
　(2) 진공에서 전자기파의 속력은 파장이 짧을수록 빠르다. (　　)
　(3) 전자기파의 진행 방향은 전기장과 자기장의 진동 방향과 각각 수직이다. (　　)

　(4) 전자기파의 파장이 짧을수록 진동수가 크고, 에너지도 크다. (　　)

3. 전자기파의 종류와 이용 분야를 연결하시오.
　(1) X선 ・　　・ ㉠ 열화상 카메라, 리모컨
　(2) 적외선 ・　　・ ㉡ 공항에서 수하물 검사, 인체 내부 검사
　(3) 마이크로파 ・　　・ ㉢ 전자레인지, 위성 통신
　(4) 자외선 ・　　・ ㉣ 암 치료, 비파괴 검사
　(5) 감마(γ)선 ・　　・ ㉤ 살균 소독기, 위조지폐 감별

③ 파동의 간섭

(1) 파동의 중첩: 두 개 이상의 파동이 만나 겹칠 때 파동의 모양이 변하며 합성파가 만들어지는 현상

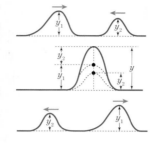

① 중첩 원리: 두 파동이 진행하다가 서로 중첩될 때 합성파의 변위는 중첩된 두 파동의 변위의 합($y=y_1+y_2$)과 같다.

② 파동의 독립성: 두 파동이 중첩 후에 만나기 전의 모양을 그대로 유지하면서 서로 독립적으로 진행하는 성질이다.

(2) 파동의 간섭: 두 파동이 중첩되어 진폭이 더 커지거나 진폭이 더 작아지는 현상

① 보강 간섭: 위상이 같은 두 파동이 중첩되어 진폭이 더 커지는 경우이다. 두 파동의 마루와 마루 또는 골과 골이 중첩될 때이며, 두 파원으로부터의 경로차($\varDelta$)가 반 파장의 짝수 배인 지점에서 보강 간섭이 일어난다.($\varDelta=\dfrac{\lambda}{2}(2m)$ [$m=0, 1, 2, \cdots$])

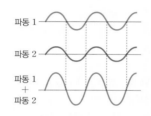 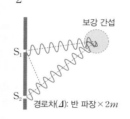

② 상쇄 간섭: 위상이 반대인 두 파동이 중첩되어 진폭이 더 작아지는 경우이다. 두 파동의 마루와 골이 중첩될 때이며, 두 파원으로부터의 경로차($\varDelta$)가 반 파장의 홀수 배인 지점에서 상쇄 간섭이 일어난다. ($\varDelta=\dfrac{\lambda}{2}(2m+1)$ [$m=0, 1, 2, \cdots$])

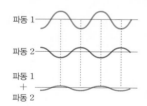 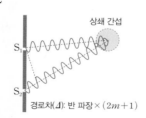

④ 파동의 간섭 이용

(1) 소리의 간섭: 소음 제거 헤드폰의 마이크로 입력되는 외부 소음을 분석하여 소음과 반대 위상의 소리를 발생시키면 상쇄 간섭이 일어나 외부 소음을 제거할 수 있다.

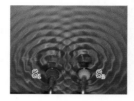

(2) 물결파의 간섭: 두 파원에서 동일한 위상으로 물결파가 발생할 때 경로차가 반 파장의 짝수 배인 지점은 물이 크게 진동(보강 간섭)하고, 경로차가 반 파장의 홀수 배인 지점은 물이 거의 진동(상쇄 간섭)하지 않는다.

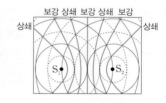 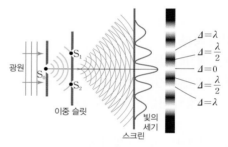

(3) 빛의 간섭

① 이중 슬릿에 의한 빛의 간섭: 이중 슬릿을 통과한 두 빛은 스크린 위에서 보강 간섭과 상쇄 간섭을 번갈아 하기 때문에 스크린에 밝은 무늬와 어두운 무늬가 번갈아 나타난다.

② 얇은 막에 의한 빛의 간섭: 물 위에 뜬 기름막이나 비눗방울에 나타나는 무지개 색은 얇은 막의 윗면과 아랫면에서 반사한 빛이 간섭하여 나타난다.
- 무반사 코팅 렌즈: 안경에 얇은 막을 코팅하여 반사되는 빛을 상쇄 간섭시켜 투과되는 빛의 양을 증가시킨다.
- 지폐에서의 간섭: 지폐의 숫자가 보는 각도에 따라 보강 간섭이 일어나는 색이 달라 다른 색으로 보인다.

핵심 개념 체크

정답과 해설 38쪽

4. 파동이 중첩될 때 중첩된 합성파의 변위는 중첩된 두 파동의 변위의 (　　　)과 같다. 이를 (　　　)라고 한다.

5. 파동이 중첩된 후에 만나기 전의 모양과 진행 방향을 그대로 유지하면서 진행하는 것을 (　　　)이라고 한다.

6. 두 파동이 서로 중첩되어 진폭이 더 커지거나 작아지는 현상을 (　　　)이라고 한다.

7. 중첩되는 두 파동의 위상이 같을 때 진폭이 커지는 (　　　) 간섭이 일어나고, 같은 위상으로 파동을 발생시키는 두 파원으로부터의 경로차는 반 파장의 (　　　) 배이다.

8. 중첩되는 두 파동의 위상이 반대일 때 진폭이 작아지는 (　　　) 간섭이 일어나고, 같은 위상으로 파동을 발생시키는 두 파원으로부터의 경로차는 반 파장의 (　　　) 배이다.

9. 무반사 코팅 렌즈, 소음 제거 헤드폰, 지폐를 보는 각도에 따라 색이 다르게 보이는 것과 가장 관련 깊은 파동 현상은 (　　　)이다.

01 [8711-0287]
그림은 전자기파를 파장에 따라 분류하여 나타낸 것이다.

이에 대한 설명으로 옳은 것만을 〈보기〉에서 있는 대로 고른 것은?

┌─ 보기 ┌
ㄱ. 진공에서의 속력은 A가 C보다 크다.
ㄴ. B는 C보다 진동수가 크다.
ㄷ. C는 원자핵이 붕괴하는 과정에서 발생한다.
└─────

① ㄱ   ② ㄴ   ③ ㄷ
④ ㄴ, ㄷ   ⑤ ㄱ, ㄴ, ㄷ

02 [8711-0288]
다음은 전자기파 A에 대한 설명이다.

• A의 진동수는 가시광선보다 크다.
• 지폐에 A를 비추면 A를 흡수한 형광 물질이 가시광선을 방출하는 것을 이용하여 지폐의 위조 여부를 판별한다.

A에 대한 설명으로 옳은 것만을 〈보기〉에서 있는 대로 고른 것은?

┌─ 보기 ┌
ㄱ. 파장은 적외선보다 짧다.
ㄴ. 기상 레이더에 이용된다.
ㄷ. 전자기파 중에서 투과력이 가장 강하다.
└─────

① ㄱ   ② ㄷ   ③ ㄱ, ㄴ
④ ㄱ, ㄷ   ⑤ ㄴ, ㄷ

03 [8711-0289]
그림은 세 학생 A, B, C가 전자기파에 대해 대화하는 모습을 나타낸 것이다.

제시한 내용이 옳은 학생만을 있는 대로 고른 것은?

① A   ② B   ③ C
④ A, C   ⑤ A, B, C

04 [8711-0290]
그림은 전자기파가 이용되는 예를 나타낸 것이다.

(가) 열화상 카메라   (나) 전자레인지   (다) 식기 소독기

(가)~(다)에서 이용하는 전자기파에 대한 설명으로 옳은 것만을 〈보기〉에서 있는 대로 고른 것은?

┌─ 보기 ┌
ㄱ. (가)의 전자기파는 (나)의 전자기파보다 파장이 길다.
ㄴ. (나)의 전자기파는 무선 통신에 이용된다.
ㄷ. (다)의 전자기파의 진동수는 X선보다 크다.
└─────

① ㄱ   ② ㄴ   ③ ㄱ, ㄴ
④ ㄱ, ㄷ   ⑤ ㄴ, ㄷ

05 [8711-0291]

그림은 A, B의 진동에 의해 진행하는 전자기파를 나타낸 것이다. A는 전기장이고, L은 A의 마루에서 인접한 마루까지의 거리이다.

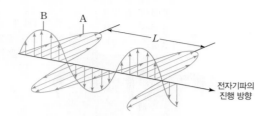

이에 대한 설명으로 옳은 것만을 〈보기〉에서 있는 대로 고른 것은?

┌─ 보기 ┐
ㄱ. 전자기파는 횡파이다.
ㄴ. B는 자기장이다.
ㄷ. 전자기파의 주기가 클수록 L이 작다.
└──────┘

① ㄱ   ② ㄷ   ③ ㄱ, ㄴ
④ ㄴ, ㄷ   ⑤ ㄱ, ㄴ, ㄷ

06 [8711-0292]

그림 (가)는 전자기파를 진동수에 따라 분류한 것이고, (나)는 사람 몸의 온도 분포를 찍은 사진이며, (다)는 공항에서 승객의 가방 내부를 찍은 사진이다.

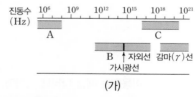

(가)

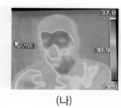 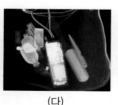

(나)   (다)

이에 대한 설명으로 옳은 것만을 〈보기〉에서 있는 대로 고른 것은?

┌─ 보기 ┐
ㄱ. (나)에서 이용하는 전자기파는 A에 속한다.
ㄴ. 파장은 B가 C보다 길다.
ㄷ. (다)는 물질에 따라 전자기파의 투과율이 다른 것을 이용한 것이다.
└──────┘

① ㄱ   ② ㄷ   ③ ㄱ, ㄴ
④ ㄴ, ㄷ   ⑤ ㄱ, ㄴ, ㄷ

07 [8711-0293]

그림은 무선 공유기를 통해 휴대 전화로 인터넷에서 자료를 검색하는 모습을 나타낸 것이다.
이에 대한 설명으로 옳은 것만을 〈보기〉에서 있는 대로 고른 것은?

┌─ 보기 ┐
ㄱ. 무선 공유기에서 휴대 전화로 보내는 파동은 전자기파이다.
ㄴ. 무선 공유기에서 방출되는 파동의 파장은 휴대 전화의 화면에서 방출되는 파동의 파장보다 짧다.
ㄷ. 무선 공유기가 보내는 파동은 매질이 없어도 전파된다.
└──────┘

① ㄱ   ② ㄴ   ③ ㄱ, ㄷ
④ ㄴ, ㄷ   ⑤ ㄱ, ㄴ, ㄷ

[08~09] 그림과 같이 동일한 줄을 따라 파동 A, B가 서로 반대 방향으로 진행하고 있다. A, B의 최대 변위는 각각 5 cm, 3 cm이다.

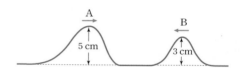

08 [8711-0294]

A, B가 중첩되었을 때 중첩된 파동의 변위의 최댓값은?

① 2 cm   ② 3 cm   ③ 4 cm
④ 5 cm   ⑤ 8 cm

09 [8711-0295]

A, B가 중첩된 이후의 모습으로 가장 적절한 것은?

① 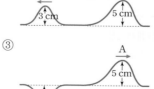   ②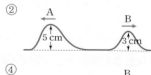

③ 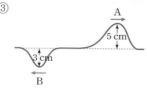   ④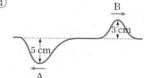

⑤

10 [8711-0296] 그림은 진폭이 A_0인 동일한 두 파동 A, B가 서로 반대 방향으로 속력 $\dfrac{d_0}{t_0}$으로 진행하다가 시간 $t=0$인 순간 점 P에서 만나는 모습을 나타낸 것이다. 점 Q는 $x=3d_0$에서 파동 위의 점이다.

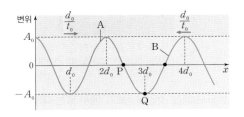

이에 대한 설명으로 옳은 것만을 〈보기〉에서 있는 대로 고른 것은?

┌ 보기 ┐
ㄱ. A의 주기는 $2t_0$이다.
ㄴ. P에서 상쇄 간섭이 일어난다.
ㄷ. $t=3t_0$일 때 Q의 변위는 $2A_0$이다.

① ㄱ   ② ㄴ   ③ ㄷ
④ ㄱ, ㄴ   ⑤ ㄱ, ㄴ, ㄷ

11 [8711-0297] 그림은 서로 비스듬히 같은 속력으로 진행하는 두 물결파가 중첩된 순간의 모습을 나타낸 것이다. 실선과 점선은 각각 물결파의 마루와 골의 위치를 나타낸 것이다.

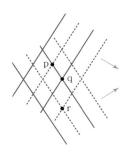

이 순간으로부터 $\dfrac{1}{2}$주기가 지난 순간, 수면 위의 점 p, q, r 중에서 보강 간섭이 일어나는 지점만을 있는 대로 고른 것은?

① p   ② q   ③ p, r
④ q, r   ⑤ p, q, r

12 [8711-0298] 그림은 공기 중에서 서로 마주보는 두 스피커 S_1, S_2에서 크기가 같고 진동수가 340 Hz인 소리가 동일한 위상으로 발생하는 모습을 나타낸 것이다. S_1과 S_2 사이의 거리는 3 m이다.

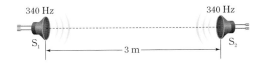

S_1과 S_2를 잇는 직선 위에서 상쇄 간섭이 일어나는 지점의 수는? (단, 공기에서 소리의 속력은 340 m/s로 일정하고, 스피커의 크기는 무시한다.)

① 3   ② 4   ③ 5
④ 6   ⑤ 7

13 [8711-0299] 다음은 소리의 간섭 실험이다.

[실험 과정]
(가) 그림과 같이 크기와 진동수가 같은 소리를 동일한 위상으로 발생하는 두 스피커 A, B를 나란히 놓는다.

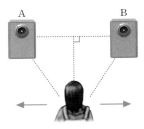

(나) A, B를 잇는 직선과 나란하게 이동하며 소리가 크게 들리는 지점들을 표시한다.
(다) 스피커에서 발생하는 소리의 진동수를 바꾸어 (가), (나)를 반복한다.

이에 대한 설명으로 옳은 것만을 〈보기〉에서 있는 대로 고른 것은?

┌ 보기 ┐
ㄱ. 소리가 크게 들리는 지점에서는 보강 간섭이 일어난다.
ㄴ. A, B로부터 떨어진 거리가 같은 지점에서는 소리가 가장 작게 들린다.
ㄷ. 스피커에서 발생하는 소리의 진동수가 클수록 소리가 크게 들리는 인접한 지점 사이의 거리는 작아진다.

① ㄱ   ② ㄷ   ③ ㄱ, ㄴ
④ ㄱ, ㄷ   ⑤ ㄴ, ㄷ

14 [8711-0300]
그림은 두 점파원 S_1, S_2에서 동일한 위상으로 파장이 5 cm이고, 진폭이 2 cm로 같은 물결파가 발생하여 퍼져 나가는 모습을 나타낸 것이다. 실선과 점선은 각각 마루와 골이고, P, Q는 수면 위의 점이다.

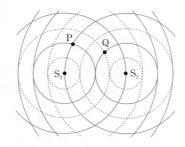

이에 대한 설명으로 옳은 것만을 〈보기〉에서 있는 대로 고른 것은?

보기
ㄱ. P의 진폭은 4 cm이다.
ㄴ. $\overline{S_1Q} - \overline{S_2Q} = 2.5$ cm이다.
ㄷ. S_1과 S_2에서 서로 반대 위상으로 물결파가 발생하면 Q에서 보강 간섭이 일어난다.

① ㄱ　　　　② ㄷ　　　　③ ㄱ, ㄴ
④ ㄴ, ㄷ　　　⑤ ㄱ, ㄴ, ㄷ

15 [8711-0301]
그림 (가)는 무반사 코팅을 하지 않은 렌즈 a와 무반사 코팅을 한 렌즈 b를 사용한 안경을 착용한 모습을 나타낸 것이다. 그림 (나)는 지폐의 숫자가 보는 각도에 따라 다른 색으로 보이는 것을 나타낸 것이다.

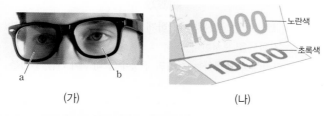

(가)　　　　　　　　　　　(나)

이에 대한 설명으로 옳은 것만을 〈보기〉에서 있는 대로 고른 것은?

보기
ㄱ. (가)의 b에서 반사되는 빛은 대부분 상쇄 간섭을 한다.
ㄴ. (가)에서 렌즈를 통과해 눈에 도달하는 빛의 양은 b에서가 a에서보다 많다.
ㄷ. (나)에서 지폐를 보는 각도에 따라 보강 간섭 하는 빛의 파장이 다르다.

① ㄱ　　　　② ㄷ　　　　③ ㄱ, ㄴ
④ ㄴ, ㄷ　　　⑤ ㄱ, ㄴ, ㄷ

16 [8711-0302]
그림 (가) ~ (다)는 빛에 의해 나타나는 현상을 나타낸 것이다.

(가) 공작의 깃털은 여러 가지 색으로 보인다.
(나) 모르포 나비의 날개는 색소가 없어도 파란색으로 보인다.
(다) 비온 뒤 물방울에 의해 여러 가지 색의 무지개가 보인다.

이에 대한 설명으로 옳은 것만을 〈보기〉에서 있는 대로 고른 것은?

보기
ㄱ. (가)는 빛의 간섭에 의한 것이다.
ㄴ. (나)의 모르포 나비의 날개에서 파란색 빛이 보강 간섭을 한다.
ㄷ. 비눗방울의 무지갯빛은 (다)의 현상과 같은 원리로 나타난다.

① ㄱ　　　　② ㄴ　　　　③ ㄱ, ㄴ
④ ㄱ, ㄷ　　　⑤ ㄴ, ㄷ

17 [8711-0303]
그림은 두 스피커 A, B에서 동일한 파장의 소리가 발생하는 모습을 나타낸 것이다. 점 P는 A, B로부터 각각 d, $\frac{3}{2}d$만큼 떨어진 지점이다.

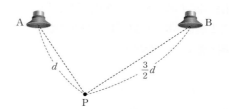

P에서 보강 간섭이 일어나는 경우만을 〈보기〉에서 있는 대로 고른 것은? (단, A, B의 크기는 무시한다.)

보기
ㄱ. A, B에서 동일한 위상으로 파장이 $\frac{1}{2}d$인 소리가 발생할 때
ㄴ. A, B에서 동일한 위상으로 파장이 d인 소리가 발생할 때
ㄷ. A, B에서 반대 위상으로 파장이 d인 소리가 발생할 때

① ㄱ　　　　② ㄴ　　　　③ ㄷ
④ ㄱ, ㄴ　　　⑤ ㄱ, ㄷ

01 [8711-0304]
다음은 전자기파를 파장에 따라 분류한 것이다.

(가) 자외선	(나) 적외선
(다) 라디오파	(라) 감마(γ)선

(1) (가)~(라)를 파장이 긴 것부터 순서대로 쓰시오.

(2) (가)~(라) 중에서 암을 치료할 때 사용하는 전자기파는 무엇이며, 전자기파의 어떤 성질을 이용한 것인지 서술하시오.

02 [8711-0305]
다음은 어떤 전자기파에 대한 설명이다.

이 전자기파는 진공관에서 고속의 전자가 무거운 원자와 충돌할 때 발생되며, 진동수와 에너지가 크고 투과력이 강하다.

(1) 이 전자기파는 무엇인지 쓰시오.

(2) 이 전자기파가 이용되는 예를 한 가지만 쓰시오.

03 [8711-0306]
그림은 진폭과 파장이 동일한 두 파동이 연속으로 발생하여 x축을 따라 서로 반대 방향으로 진행할 때 $t=0$인 순간의 모습을 나타낸 것이다.

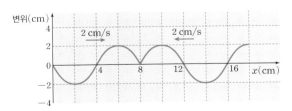

$t=3$초일 때 $x=4$ cm에서 $x=12$ cm 사이에 만들어진 합성파의 모습을 그리시오.

04 [8711-0307]
다음은 소음을 제거하는 헤드폰에 대한 설명이다.

그림과 같이 소음을 제거하는 헤드폰의 마이크로 소음 A가 입력되면 스피커에서는 A를 제거하기 위해 소리 B를 발생시킨다. 외부에서 들어오는 소음 A와 스피커에서 발생시킨 소리 B가 중첩된 소리 C가 귀로 전달된다.

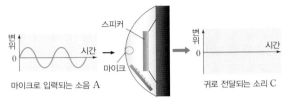

(1) 소음 제거 헤드폰에서 이용되는 파동 현상을 쓰시오.

(2) 헤드폰의 스피커에서 발생하는 소리 B의 파형을 그리고, 소음 제거 헤드폰의 원리를 서술하시오.

05 [8711-0308]
그림은 마주보고 있는 스피커 A, B와 신호 발생기를 연결하고, A, B의 중간 지점에서 소음 측정기로 소리의 크기를 측정하는 모습을 나타낸 것이다. 신호 발생기와 스피커는 연결 방법 Ⅰ 또는 Ⅱ로 연결한다.

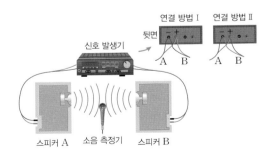

연결 방법 Ⅰ일 때와 Ⅱ일 때 소음 측정기로 측정한 소리의 크기를 비교하여 서술하시오.

14 빛과 물질의 이중성

1 빛의 이중성

(1) 광전 효과: 금속에 빛을 비출 때 금속 표면에서 전자가 튀어 나오는 현상이며, 이때 튀어 나오는 전자를 광전자라고 한다.

① **문턱 진동수(f_0)**: 금속에서 광전자가 방출되기 위한 최소한의 진동수

② **일함수(W)**: 금속에서 전자를 떼어내는 데 필요한 최소한의 에너지

$$W=hf_0 \quad (h: \text{플랑크 상수})$$

(2) 광전 효과의 실험 결과: 고전적 이론인 빛의 파동성으로는 광전 효과의 실험 결과를 설명할 수 없다.

① 광전자가 방출되기 위해서는 비추는 빛의 진동수가 금속의 문턱 진동수보다 커야 한다.

② 문턱 진동수보다 작은 진동수의 빛은 아무리 세게 오랫동안 비추어도 광전자가 방출되지 않는다.

③ 문턱 진동수보다 큰 진동수의 빛은 세기에 관계없이 비추는 즉시 광전자가 방출된다.

④ 방출되는 광전자의 최대 운동 에너지는 빛의 세기에 관계없고, 진동수와 일함수에만 관계된다.

⑤ 방출되는 광전자의 수(광전류)는 빛의 세기에 비례하여 증가한다. (빛의 파동성으로도 설명 가능)

(3) 광양자설을 이용한 광전 효과 해석

① **광양자설**: 빛은 광자(광양자)라고 하는 불연속적인 에너지 입자들의 흐름으로, 광자 1개의 에너지는 진동수에 비례한다. 즉, 광자 1개의 에너지는 $E=hf$이다.

② 광자와 전자의 1 : 1 충돌로 에너지가 전달된다.

③ 진동수가 f인 빛을 문턱 진동수가 f_0인 금속에 비추었을 때 방출되는 광전자의 최대 운동 에너지는 다음과 같다.

$$E_k=hf-W=h(f-f_0)$$

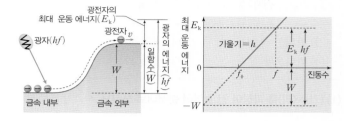

(4) 빛의 이중성: 빛은 파동의 성질과 입자의 성질을 모두 가진다.

① 빛의 파동성으로 설명할 수 있는 현상: 간섭, 회절

② 빛의 입자성으로 설명할 수 있는 현상: 광전 효과, 콤프턴 효과
  • 콤프턴 효과: 금속에 X선을 비출 때 전자가 방출되면서 산란된 X선의 파장이 길어지는 현상

2 광전 효과의 이용

(1) 광 다이오드: p−n 접합 다이오드의 접합부에 띠 간격보다 큰 에너지를 갖는 빛을 비추면 전자−양공 쌍이 생기고, 전자는 p형 → n형 반도체로 이동하며, 양공은 n형 → p형 반도체로 이동하여 전류가 흐른다.
  예 광통신, 리모컨 수신기, 광센서, 전하 결합 소자(CCD)

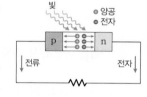

(2) 태양 전지: 광 다이오드와 같이 p−n 접합부에 빛이 흡수되어 전자−양공 쌍이 생기고, 전자는 n형 반도체로, 양공은 p형 반도체로 이동하여 전류가 발생한다. **예** 태양광 발전

3 전하 결합 소자(CCD)의 구조와 원리

(1) 전하 결합 소자(CCD): 디지털카메라에서 인공 눈의 역할을 하는 소자로, 영상 정보(빛 신호)를 전기 신호로 전환하여 기록하는 장치이다.

핵심 개념 체크

정답과 해설 40쪽

1. 금속에 빛을 비추었을 때 금속 표면에서 광전자가 방출되는 현상을 ( )라고 한다.

2. 금속에서 광전자가 방출되기 위한 최소한의 진동수를 금속의 ( )라 하고, 금속에서 전자를 떼어내는 데 필요한 최소한의 에너지를 ( )라고 한다.

3. 문턱 진동수가 f_0인 금속에 진동수가 $2f_0$인 빛을 비추었을 때 방출되는 광전자의 최대 운동 에너지는 $E_k=($)이다.

4. 다음 중 옳은 것은 ○표, 옳지 <u>않은</u> 것은 ×표 하시오.
  (1) 광전 효과는 빛의 파동성으로 설명할 수 있다. ( )
  (2) 빛의 간섭, 회절 현상은 빛의 파동성으로 설명할 수 있다. ( )
  (3) 빛은 하나의 물리 현상에서 입자성과 파동성을 동시에 나타낸다. ( )

5. 광 다이오드에 비추는 빛에너지가 ( )보다 클 때 광 다이오드에 전류가 흐른다.

(2) 전하 결합 소자(CCD)의 구조: 마이크로 렌즈, RGB 필터, 수많은 광 다이오드가 평면에 규칙적으로 배열되어 있다.

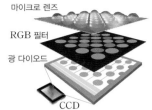

(3) 전하 결합 소자(CCD)의 원리

① 광 다이오드에는 빛의 세기에 비례하는 만큼의 전자−양공 쌍이 생긴다.

② 광 다이오드에 생성된 전자를 이동시켜 각 화소에서 생성된 전자의 양을 측정하여 영상 정보를 기록한다.

  • 전자는 (+)전압을 걸어 준 전극 아래에 모이게 되므로 전극에 (+)전압을 순차적으로 걸어 주어 전자를 왼쪽에서 오른쪽으로 이동시킨다.

③ CCD는 빛의 세기에 비례한 명암만을 구분할 수 있기 때문에 컬러 영상을 얻기 위해서는 색 필터를 이용한다.

4 물질의 이중성

(1) 물질의 이중성: 빛이 입자성과 파동성을 모두 가지는 것처럼 물질도 빛과 마찬가지로 입자성과 파동성을 모두 가진다.

① 물질파(드브로이파): 물질인 입자가 파동성을 가질 때의 파동이다.

② 물질파 파장(드브로이 파장): 질량이 m, 속력이 v인 입자의 물질파 파장 λ는 다음과 같다.

$$\lambda = \frac{h}{mv} = \frac{h}{p} \quad (h: \text{플랑크 상수}, \ p: \text{운동량})$$

(2) 물질파의 확인

① 데이비슨−거머 실험: 니켈 결정에 전자선을 입사시켰을 때 특정한 각을 이루는 곳에서 전자가 가장 많이 검출되었다. 이는 전자의 물질파가 회절되어 보강 간섭 한 것으로 해석할 수 있으며, 가속된 전자선의 파장이 드브로이가 제안한 물질파 파장과 일치하였다.

② 톰슨의 전자 회절 실험: 전자선을 얇은 금속박에 입사시켰을 때 나타나는 전자선에 의한 회절 무늬와 X선에 의한 회절 무늬가 서로 일치하는 것을 확인하였다.

전자선의 회절 무늬   X선의 회절 무늬

5 전자 현미경

(1) 전자 현미경: 전자의 파동성을 이용하여 물체를 확대시켜 볼 수 있는 현미경

① 분해능: 서로 떨어져 있는 두 물체를 구별할 수 있는 능력으로, 파장이 짧은 파동을 이용할수록 회절이 잘 일어나지 않아 분해능이 좋아진다.

② 가속 전압과 전자의 물질파 파장: 전자총에서 전자를 가속시키는 전압이 V일 때 전자의 운동 에너지는 $E_k = eV = \frac{p^2}{2m}$ 이므로 전자의 물질파 파장은 $\lambda = \frac{h}{p} = \frac{h}{\sqrt{2meV}}$ 이다.

(2) 전자 현미경의 종류와 특징

종류	투과 전자 현미경(TEM)	주사 전자 현미경(SEM)
상을 얻는 과정	시료를 투과한 전자선에 의해 형광 물질이 발라져 있는 스크린에 나타나는 상을 관찰	전자선을 시료에 쪼였을 때 시료 표면에서 방출되는 2차 전자를 검출하여 상을 관찰
시료	전자선이 투과할 수 있을 만큼 얇아야 한다.	금과 같이 전기 전도도가 높은 물질로 코팅한다.
관찰 영역	투과하는 전자선에 의한 시료의 2차원 단면을 영상화	반사된 전자선에 의한 시료의 3차원 입체 표면을 영상화
기본 원리	고속의 전자가 시료 내부에서 산란되는 정도의 차이	표면의 물질과 굴곡에 따라 2차 전자선의 발생량이 다르다.
장점	SEM보다 배율이 10배 높다.	2차원 데이터로 입체 영상을 얻는다.

정답과 해설 40쪽

핵심 개념 체크

6. (　　　)는 디지털카메라에서 인공 눈의 역할을 하는 소자로, 수많은 광 다이오드가 평면에 규칙적으로 배열되어 있다.

7. 전하 결합 소자(CCD)는 빛 신호를 (　　　) 신호로 전환시키며, CCD의 각 화소에 생성되는 전자의 수는 (　　　)에 비례한다.

8. 물질인 입자가 파동성을 가질 때의 파동을 (　　　)라고 한다.

9. 질량이 m, 속력이 v인 입자의 물질파 파장이 λ_0일 때 질량이 $2m$, 속력이 $3v$인 입자의 물질파 파장은 (　　　)이다.

10. 데이비슨−거머 실험과 톰슨의 전자 회절 실험은 전자의 (　　　)을 증명하였다.

11. 전자 현미경에서 전자를 가속시키는 전압이 클수록 전자의 물질파 파장은 (짧다 , 길다).

01 [8711-0309]
다음은 광전 효과에 대한 세 학생의 대화이다.

금속의 문턱 진동수보다 큰 진동수의 빛을 비추면 광전자가 방출돼.

광전자가 방출될 때, 비추는 빛의 세기가 셀수록 방출되는 광전자의 수가 많아.

광전 효과는 빛의 입자성을 증명하는 현상이야.

학생 A   학생 B   학생 C

제시한 내용이 옳은 학생만을 있는 대로 고른 것은?

① A   ② B   ③ C
④ A, C   ⑤ A, B, C

02 [8711-0310]
그림 (가), (나)는 각각 금속 A, B에 진동수가 f_0인 빛을 비추는 것을 나타낸 것이다. (가)에서는 전자가 방출되지 않았고, (나)에서는 전자가 방출되고 있다.

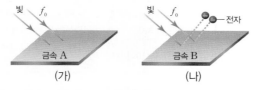

(가)   (나)

이에 대한 설명으로 옳은 것만을 〈보기〉에서 있는 대로 고른 것은?

┌─ 보기 ┐
ㄱ. A의 문턱 진동수는 f_0보다 작다.
ㄴ. 일함수는 A가 B보다 크다.
ㄷ. (나)에서 빛의 세기를 증가시키면 방출되는 광전자의 최대 운동 에너지가 증가한다.

① ㄱ   ② ㄴ   ③ ㄷ
④ ㄱ, ㄴ   ⑤ ㄴ, ㄷ

03 [8711-0311]
그림은 대전되지 않은 검전기의 금속판에 빛를 비추는 모습을 나타낸 것이다. 표는 금속판에 비춘 빛의 파장과 금속박의 변화를 나타낸 것이다.

실험	빛의 파장	금속박의 변화
I	$0.5\lambda_0$	(㉠)
II	λ_0	벌어짐
III	$2\lambda_0$	변화 없음

이에 대한 설명으로 옳은 것만을 〈보기〉에서 있는 대로 고른 것은?

┌─ 보기 ┐
ㄱ. ㉠은 '벌어짐'이다.
ㄴ. II에서 금속박은 음(−)전하로 대전된다.
ㄷ. III에서 빛의 세기를 증가시키면 금속박이 벌어진다.

① ㄱ   ② ㄴ   ③ ㄱ, ㄴ
④ ㄱ, ㄷ   ⑤ ㄴ, ㄷ

04 [8711-0312]
그림은 태양 전지를 이용하여 전기 에너지를 얻는 태양광 발전소를 나타낸 것이다.

태양 전지에서 빛에너지를 전기 에너지로 전환하는 원리와 가장 관련 있는 현상은?

① 굴절   ② 회절   ③ 간섭
④ 광전 효과   ⑤ 콤프턴 효과

05 [8711-0313]
그림은 흰 종이에 동일한 광전관의 금속판 A, B, C를 놓고 빛의 삼원색을 방출하는 백색광을 비추는 모습을 나타낸 것이다. A는 빨간색 필터, B는 빨간색 필터와 초록색 필터가 겹친 영역, C는 초록색 필터 아래에 있다. 표는 A, B, C의 금속판에서 광전자의 방출 여부를 나타낸 것이다.

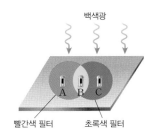

광전관	광전자 방출 여부
A	방출 안 됨
B	(㉠)
C	방출됨

이에 대한 설명으로 옳은 것만을 〈보기〉에서 있는 대로 고른 것은?

┌─ 보기 ┌
ㄱ. ㉠은 '방출됨'이다.
ㄴ. 광전관 금속판의 문턱 진동수는 초록색 빛의 진동수보다 작다.
ㄷ. 빨간색 필터를 치우면 광전자의 최대 운동 에너지는 A에서가 C에서보다 크다.
└───────

① ㄱ   ② ㄴ   ③ ㄷ
④ ㄴ, ㄷ   ⑤ ㄱ, ㄴ, ㄷ

06 [8711-0314]
그림은 p−n 접합 광 다이오드에 단색광을 비출 때 저항에 화살표 방향으로 전류가 흐르는 것을 나타낸 것이다. X, Y는 p형 반도체와 n형 반도체 중 하나이다.

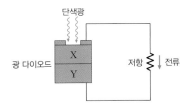

이에 대한 설명으로 옳은 것만을 〈보기〉에서 있는 대로 고른 것은?

┌─ 보기 ┌
ㄱ. X는 n형 반도체이다.
ㄴ. 광 다이오드 내부에서 양공은 Y → X 방향으로 이동한다.
ㄷ. 단색광의 세기가 셀수록 저항에 흐르는 전류의 세기는 커진다.
└───────

① ㄱ   ② ㄴ   ③ ㄷ
④ ㄱ, ㄴ   ⑤ ㄴ, ㄷ

07 [8711-0315]
그림은 전하 결합 소자(CCD)에서 화소에 모아진 전자를 이동시키는 과정 A, B, C를 순서대로 나타낸 것이다. 전자는 왼쪽에서 오른쪽으로 이동하게 된다.

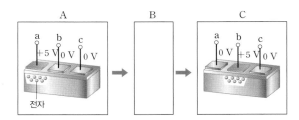

B에서 전극 a, b, c에 걸어 준 전압으로 가장 적절한 것은?

	a	b	c
①	+5 V	+5 V	+5 V
②	+5 V	+5 V	0 V
③	0 V	0 V	+5 V
④	0 V	+5 V	+5 V
⑤	0 V	0 V	0 V

08 [8711-0316]
그림은 전류계가 연결된 광 다이오드에 빛을 비추고 회로에 흐르는 전류의 세기를 측정하는 모습을 나타낸 것이다. 표는 광원에서 방출되는 빛의 광자 1개의 에너지와 전류의 흐름 유무를 나타낸 것이다.

빛	광자 1개의 에너지(eV)	전류
a	1.45	흐름
b	0.85	흐르지 않음

이에 대한 설명으로 옳은 것만을 〈보기〉에서 있는 대로 고른 것은?

┌─ 보기 ┌
ㄱ. 빛의 파장은 a가 b보다 길다.
ㄴ. 광 다이오드의 띠 간격은 0.85 eV보다 크다.
ㄷ. a와 b를 동시에 비추면 전류의 세기는 a만 비출 때보다 크다.
└───────

① ㄱ   ② ㄴ   ③ ㄷ
④ ㄱ, ㄴ   ⑤ ㄴ, ㄷ

[09~10] 그림은 광전관의 금속판에 빛을 비추는 모습을 나타낸 것이다. 표는 광전관의 금속판이 각각 A, B일 때 빛의 진동수에 따라 측정한 광전자의 최대 운동 에너지를 나타낸 것이다.

빛의 진동수	광전자의 최대 운동 에너지	
	A	B
f_0	E_0	$0.5E_0$
$2f_0$	$3E_0$	(㉠)

[8711-0317]

09 이에 대한 설명으로 옳은 것만을 〈보기〉에서 있는 대로 고른 것은?

┌ 보기 ┌
ㄱ. A의 문턱 진동수는 f_0보다 작다.
ㄴ. 일함수는 A가 B보다 작다.
ㄷ. ㉠은 $2.5E_0$이다.

① ㄱ   ② ㄴ   ③ ㄷ
④ ㄱ, ㄴ   ⑤ ㄱ, ㄴ, ㄷ

[8711-0318]

10 광전관의 금속판에 비추는 빛의 진동수가 f_0이고, A, B에서 방출되는 광전자의 물질파 파장의 최솟값을 각각 λ_A, λ_B라고 할 때 $\dfrac{\lambda_B}{\lambda_A}$는?

① $\dfrac{1}{2}$ ② $\dfrac{1}{\sqrt{2}}$ ③ $\sqrt{2}$ ④ 2   ⑤ 4

[8711-0319]

11 다음은 전하 결합 소자(CCD)에 대한 설명이다.

전하 결합 소자(CCD)에는 광 다이오드가 바둑판처럼 배열되어 있다. 광 다이오드에 빛을 비추면 광전 효과가 일어나 전자가 발생하게 되는데, 이때 발생한 전자의 수를 측정하여 영상 정보를 기록한다.

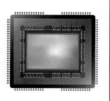

이에 대한 설명으로 옳은 것만을 〈보기〉에서 있는 대로 고른 것은?

┌ 보기 ┌
ㄱ. 전하 결합 소자(CCD)는 빛의 입자성을 이용한다.
ㄴ. 광 다이오드는 빛에너지를 전기 에너지로 전환한다.
ㄷ. 광 다이오드에서 발생하는 전자의 수는 빛의 세기가 셀수록 많다.

① ㄱ   ② ㄴ   ③ ㄷ
④ ㄱ, ㄴ   ⑤ ㄱ, ㄴ, ㄷ

[8711-0320]

12 다음은 광전 효과에 대한 실험이다.

[실험 과정]
(가) 그림과 같이 금속 P를 검전기에 올려놓고 검전기를 음(-)전하로 대전시킨다.
(나) P에 파장이 다른 단색광 A, B, C를 각각 비추고 금속박의 변화를 관찰한다.
(다) P 대신 금속 Q를 검전기에 올려놓고 과정 (가), (나)를 반복한다.

[실험 결과]

금속 \ 단색광	A	B	C
P	오므라듦	변화 없음	(㉠)
Q	변화 없음	변화 없음	오므라듦

이에 대한 설명으로 옳은 것만을 〈보기〉에서 있는 대로 고른 것은?

┌ 보기 ┌
ㄱ. 금속의 일함수는 P가 Q보다 크다.
ㄴ. ㉠은 '변화 없음'이다.
ㄷ. 빛의 파장은 B>A>C이다.

① ㄱ   ② ㄴ   ③ ㄷ
④ ㄱ, ㄴ   ⑤ ㄴ, ㄷ

[8711-0321]

13 그림은 질량이 같은 입자 A, B가 각각 v, $2v$의 속도로 운동하는 것을 나타낸 것이다.

A, B의 물질파 파장을 각각 λ_A, λ_B라고 할 때 $\lambda_A : \lambda_B$는?

① 4 : 1   ② 2 : 1   ③ 1 : 1
④ 1 : 2   ⑤ 1 : 4

14 [8711-0322]

그림 (가)는 광전관의 금속판에 단색광을 비추고 방출되는 광전자의 최대 운동 에너지를 측정하는 모습을 나타낸 것이다. 그림 (나)는 금속판이 각각 A, B일 때 금속판에 비춘 빛의 진동수 f에 따른 광전자의 최대 운동 에너지 E_{max}를 나타낸 것이다.

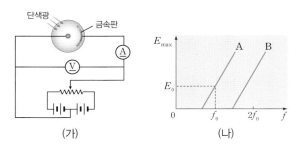

(가)   (나)

이에 대한 설명으로 옳은 것만을 〈보기〉에서 있는 대로 고른 것은?

┌─ 보기 ┌──────────────────────────────────┐
│ ㄱ. 문턱 진동수는 B가 A보다 크다.   │
│ ㄴ. A에 진동수가 f_0인 빛을 비출 때 빛의 세기를 증가시키면 │
│   광전자의 최대 운동 에너지는 E_0보다 커진다.   │
│ ㄷ. 진동수 $2f_0$인 빛을 비출 때 방출되는 광전자의 물질파 파장 │
│   의 최솟값은 A에서가 B에서보다 크다.   │
└──┘

① ㄱ   ② ㄷ   ③ ㄱ, ㄴ
④ ㄱ, ㄷ   ⑤ ㄴ, ㄷ

15 [8711-0323]

그림 (가)는 결정에 X선 또는 전자선을 입사시키고 사진 건판에 나타난 무늬를 관찰하는 모습을 나타낸 것이다. 그림 (나), (다)는 각각 X선, 전자선을 입사시켰을 때 사진 건판에 나타난 동심원 모양의 무늬를 나타낸 것이다.

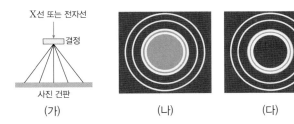

(가)   (나)   (다)

이에 대한 설명으로 옳은 것만을 〈보기〉에서 있는 대로 고른 것은?

┌─ 보기 ┌──────────────────────────────────┐
│ ㄱ. (나)에서 X선은 입자의 성질을 나타낸다.   │
│ ㄴ. (다)는 전자의 파동성으로 설명할 수 있다.   │
│ ㄷ. 전자의 속력이 다르면 동심원 모양의 무늬의 크기가 달라진다. │
└──┘

① ㄱ   ② ㄷ   ③ ㄱ, ㄴ
④ ㄴ, ㄷ   ⑤ ㄱ, ㄴ, ㄷ

16 [8711-0324]

그림은 전자 현미경의 구조를 모식적으로 나타낸 것이다. 전자총에서 방출된 전자는 가속된 후 렌즈를 지나 시료의 표면에 닿게 된다. 시료에서 방출된 전자를 검출기로 분석하여 시료의 상을 관찰한다.

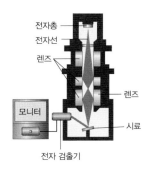

이에 대한 설명으로 옳은 것만을 〈보기〉에서 있는 대로 고른 것은?

┌─ 보기 ┌──────────────────────────────────┐
│ ㄱ. 주사 전자 현미경(SEM)이다.   │
│ ㄴ. 전자 현미경은 전자의 파동성을 이용한 것이다.   │
│ ㄷ. 가속된 전자의 속력이 빠를수록 분해능이 좋다.   │
└──┘

① ㄱ   ② ㄷ   ③ ㄱ, ㄴ
④ ㄴ, ㄷ   ⑤ ㄱ, ㄴ, ㄷ

17 [8711-0325]

그림은 전자 현미경의 전자총에서 전자를 가속하는 모습을 나타낸 것이다. 표는 가속 전압에 따른 전자총에서 방출되는 전자의 속력을 나타낸 것이다.

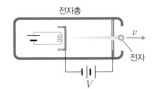

구분	가속 전압	전자의 속력
I	V_0	v_1
II	$2V_0$	v_2

이에 대한 설명으로 옳은 것만을 〈보기〉에서 있는 대로 고른 것은?

┌─ 보기 ┌──────────────────────────────────┐
│ ㄱ. $v_1 < v_2$이다.   │
│ ㄴ. 전자총에서 방출된 전자의 물질파 파장은 II에서가 I에서   │
│   보다 길다.   │
│ ㄷ. 전자 현미경의 분해능은 II에서가 I에서보다 좋다.   │
└──┘

① ㄱ   ② ㄴ   ③ ㄱ, ㄷ
④ ㄴ, ㄷ   ⑤ ㄱ, ㄴ, ㄷ

01 [8711-0326]
다음은 광전 효과의 실험 결과를 정리한 것이다.

(가) 특정 진동수보다 큰 진동수의 빛은 빛의 세기에 관계없이 비추는 즉시 광전자가 방출된다.

(나) 방출된 광전자의 최대 운동 에너지는 빛의 세기에 관계없이 빛의 진동수가 클수록 크다.

(다) 단위 시간당 방출되는 광전자의 수는 빛의 세기가 셀수록 많다.

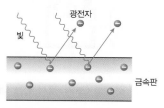

위 결과 중 빛의 파동성으로 설명할 수 없는 실험 결과를 쓰고, 그 까닭을 서술하시오.

02 [8711-0327]
진동수가 $f = 3 \times 10^{14}$ Hz인 광자의 운동량의 크기를 구하시오. (단, 광속은 $c = 3 \times 10^8$ m/s이고, 플랑크 상수는 $h = 6.6 \times 10^{-34}$ J·s 이다.)

03 [8711-0328]
그림은 절연된 실에 대전되지 않은 동일한 금속구 A, B가 매달려 있는 것을 나타낸 것이다.

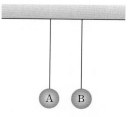

A, B에 문턱 진동수보다 큰 진동수의 빛을 비추었을 때 일어나는 변화를 서술하시오.

04 [8711-0329]
질량이 250 g인 공이 40 m/s의 속력으로 운동할 때, 이 공의 물질파 파장을 구하시오. (단, 플랑크 상수는 $h = 6.6 \times 10^{-34}$ J·s이 다.)

05 [8711-0330]
표는 두 입자 A, B의 질량과 운동 에너지를 나타낸 것이다.

입자	질량	운동 에너지
A	$2m$	E_0
B	$3m$	$4E_0$

드브로이 파장은 A가 B의 몇 배인지 구하시오.

06 [8711-0331]
그림 (가), (나)는 광학 현미경과 전자 현미경으로 동일한 물체를 관찰한 모습을 순서 없이 나타낸 것이다.

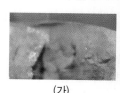 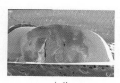

(가)　　　　　(나)

(가), (나)는 각각 어떤 현미경으로 관찰한 것인지 쓰고, (가)보다 (나)가 더 자세히 관찰할 수 있는 까닭을 서술하시오.

[8711-0332]
01 그림 (가)는 파동 발생 장치에서 발생한 파동이 매질 A에서 매질 B로 진행하는 모습을 나타낸 것이고, (나)는 매질 A에 있는 점 P와 매질 B에 있는 점 Q를 잇는 직선상의 매질의 변위를 위치에 따라 나타낸 것이다.

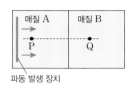 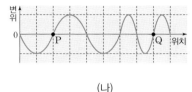

(가)   (나)

P와 Q의 진동 주기를 각각 T_P, T_Q, A와 B에서 파동의 속력을 각각 v_A, v_B라고 할 때, T_P, T_Q와 v_A, v_B의 관계를 옳게 나타낸 것은? (단, 격자의 간격은 일정하다.)

진동 주기	파동의 속력
① $T_P > T_Q$	$v_A = v_B$
② $T_P > T_Q$	$v_A > v_B$
③ $T_P = T_Q$	$v_A < v_B$
④ $T_P = T_Q$	$v_A > v_B$
⑤ $T_P = T_Q$	$v_A = v_B$

[8711-0333]
02 그림은 스피커에서 일정한 진동수의 소리를 발생시키고, 마이크에서 소리의 크기를 측정하는 모습을 나타낸 것이다. 마이크에서 측정한 소리의 크기는 스피커와 마이크 사이에 기체가 들어 있는 풍선이 있을 때가 풍선이 없을 때보다 크다.

스피커   풍선   마이크

이에 대한 설명으로 옳은 것만을 〈보기〉에서 있는 대로 고른 것은?

┌─ 보기 ┐
ㄱ. 풍선이 있을 때 마이크에서 측정하는 소리의 파장은 스피커에서 발생하는 소리의 파장과 같다.
ㄴ. 마이크에서 측정하는 소리의 진동수는 풍선이 있을 때가 없을 때보다 크다.
ㄷ. 소리의 속력은 풍선 속 기체에서가 공기에서보다 크다.
└──────┘

① ㄱ   ② ㄴ   ③ ㄷ
④ ㄱ, ㄴ   ⑤ ㄱ, ㄴ, ㄷ

[8711-0334]
03 그림은 수조에 물을 넣고 진동자로 물결파를 발생시키는 모습을 나타낸 것이다. p, q는 수면 위의 지점이고, q 아래에는 유리판이 놓여 있다.

이에 대한 설명으로 옳은 것만을 〈보기〉에서 있는 대로 고른 것은? (단, 반사파는 무시한다.)

┌─ 보기 ┐
ㄱ. 진동 주기는 p와 q에서 같다.
ㄴ. 물결파의 파장은 p에서가 q에서보다 작다.
ㄷ. 물결파의 속력은 p에서가 q에서보다 크다.
└──────┘

① ㄱ   ② ㄴ   ③ ㄱ, ㄴ
④ ㄱ, ㄷ   ⑤ ㄴ, ㄷ

[8711-0335]
04 그림은 공기에서 파장이 다른 평행한 단색광 A, B를 각각 스크린에 비추는 모습을 나타낸 것이다. 스크린 앞에 유리가 없을 때 A, B가 스크린에 도달한 지점은 각각 a, b이고, 스크린 앞에 양면이 평행한 유리를 스크린과 나란하게 놓았을 때 A, B가 스크린에 도달한 지점은 각각 a′, b′이다. $\overline{aa'}$는 $\overline{bb'}$보다 크다.

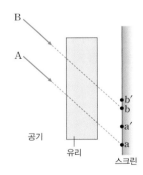

이에 대한 설명으로 옳은 것만을 〈보기〉에서 있는 대로 고른 것은? (단, 공기에서 A, B의 굴절률은 같다.)

┌─ 보기 ┐
ㄱ. $\overline{ab}$는 $\overline{a'b'}$보다 크다.
ㄴ. 유리에서 속력은 A가 B보다 크다.
ㄷ. 유리가 있을 때 스크린의 a′와 b′에 도달하는 A, B의 진행 방향은 나란하다.
└──────┘

① ㄱ   ② ㄴ   ③ ㄱ, ㄷ
④ ㄴ, ㄷ   ⑤ ㄱ, ㄴ, ㄷ

05 [8711-0336] 그림 (가)는 물체 B에서 진행하는 단색광이 물체 A, B의 경계면에서 일부가 반사하고, 물체 B, C의 경계면에서 전반사하여 진행하는 것을 나타낸 것이다. B에서 A로 진행하는 단색광의 입사각은 θ_0이고, A, B, C의 경계면은 서로 나란하다. 그림 (나)는 A, C를 이용하여 만든 광섬유에서 빛이 전반사하여 진행하는 모습을 나타낸 것이다.

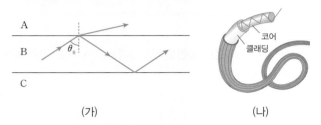

(가)　　　　　　　(나)

이에 대한 설명으로 옳은 것만을 〈보기〉에서 있는 대로 고른 것은?

┌ 보기 ┐
ㄱ. 단색광의 속력은 A에서가 B에서보다 크다.
ㄴ. B와 C 사이에서 임계각은 θ_0보다 크다.
ㄷ. (나)에서 클래딩은 C이다.

① ㄱ　　　② ㄴ　　　③ ㄱ, ㄴ
④ ㄱ, ㄷ　　　⑤ ㄴ, ㄷ

06 [8711-0337] 그림은 단색광을 물체 A에서 물체 B로 입사각 θ로 입사시켰을 때 단색광이 물체 B와 물체 C를 지나는 모습을 나타낸 것이다.

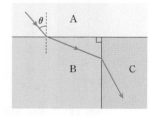

이에 대한 설명으로 옳은 것만을 〈보기〉에서 있는 대로 고른 것은?

┌ 보기 ┐
ㄱ. 굴절률은 A가 B보다 크다.
ㄴ. 빛의 파장은 C에서가 A에서보다 크다.
ㄷ. θ를 증가시키면 B로 진행하는 빛은 B와 C의 경계에서 전반사할 수 있다.

① ㄴ　　　② ㄷ　　　③ ㄱ, ㄴ
④ ㄱ, ㄷ　　　⑤ ㄱ, ㄴ, ㄷ

07 [8711-0338] 그림 (가)는 투명한 수조에 물을 넣은 후 흘러나오는 물줄기를 향해 레이저 빛을 쏘았을 때 레이저 빛이 물줄기 밖으로 나오지 않고 물줄기를 따라 진행하는 모습을 나타낸 것이고, (나)는 광섬유의 구조를 나타낸 것이다.

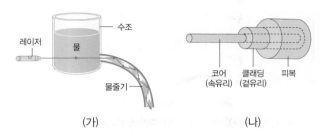

(가)　　　　　　　(나)

이에 대한 설명으로 옳은 것만을 〈보기〉에서 있는 대로 고른 것은?

┌ 보기 ┐
ㄱ. (가)에서 레이저 빛은 물줄기 속에서 전반사한다.
ㄴ. 광섬유의 코어는 (가)에서 물줄기에 해당한다.
ㄷ. 내시경은 (가)의 원리를 이용한다.

① ㄱ　　② ㄴ　　③ ㄷ　　④ ㄱ, ㄴ　　⑤ ㄱ, ㄴ, ㄷ

08 [8711-0339] 다음은 어떤 파동이 실생활에서 이용되는 예이다.

귀 온도계　　　　TV 리모컨　　　　자동 수도꼭지

이 파동은?

① 초음파　　　② 자외선　　　③ 적외선
④ 마이크로파　　　⑤ 라디오파

09 [8711-0340] 그림은 라디오파, 적외선, X선을 특성에 따라 분류하는 과정을 나타낸 것이다. A, B, C는 각각 라디오파, 적외선, X선 중 하나이다.

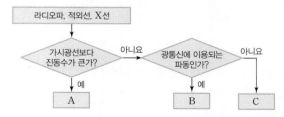

이에 대한 설명으로 옳은 것만을 〈보기〉에서 있는 대로 고른 것은?

┌ 보기 ┐
ㄱ. A는 컴퓨터 단층 촬영(CT)에 이용된다.
ㄴ. 진동수는 B가 C보다 크다.
ㄷ. C는 원거리 무선 통신에 이용된다.

① ㄱ　　② ㄷ　　③ ㄱ, ㄴ　　④ ㄴ, ㄷ　　⑤ ㄱ, ㄴ, ㄷ

10 [8711-0341]

그림 (가)는 $+x$ 방향으로 진행하는 전자기파의 전기장을 위치 x에 따라 나타낸 것이고, (나)는 $x=x_0$인 지점에서의 자기장을 시간 t에 따라 나타낸 것이다.

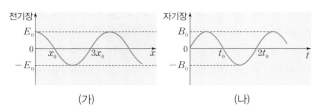

(가) (나)

이 전자기파의 속력은?

① $\dfrac{x_0}{2t_0}$ ② $\dfrac{x_0}{t_0}$ ③ $\dfrac{2x_0}{t_0}$

④ $\dfrac{3x_0}{t_0}$ ⑤ $\dfrac{4x_0}{t_0}$

11 [8711-0342]

그림 (가)는 동일한 위상으로 같은 진동수의 소리를 발생하는 스피커 A, B를 잇는 직선과 나란한 x축 위에서 소리의 크기를 측정하는 모습을 나타낸 것이다. A, B를 잇는 직선 위의 점 O는 A, B로부터 떨어진 거리가 같다. 그림 (나)는 A, B에서 발생하는 소리의 진동수가 f_1, f_2일 때, x축 위의 점 P에서 $+x$ 방향으로 이동하면서 측정한 소리의 크기를 P로부터 떨어진 거리에 따라 나타낸 것이다. $\overline{AB} \perp \overline{OP}$이다.

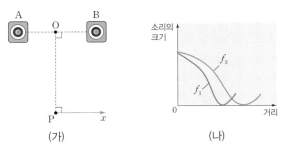

(가) (나)

이에 대한 설명으로 옳은 것만을 〈보기〉에서 있는 대로 고른 것은? (단, 소리의 속력은 일정하고, A, B의 크기는 무시한다.)

┌ 보기 ┐
ㄱ. P에서 보강 간섭이 일어난다.
ㄴ. $f_1 > f_2$이다.
ㄷ. O와 P 사이에 상쇄 간섭이 일어나는 지점이 있다.
└─────┘

① ㄱ ② ㄷ ③ ㄱ, ㄴ
④ ㄴ, ㄷ ⑤ ㄱ, ㄴ, ㄷ

12 [8711-0343]

그림은 물에 뜬 기름막에 백색광을 비추었을 때 기름막이 여러 가지 색으로 보이는 모습을 나타낸 것이다. 정면에서 보았을 때 점 P, Q는 각각 파란색, 노란색으로 보인다.

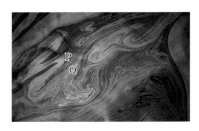

이에 대한 설명으로 옳은 것만을 〈보기〉에서 있는 대로 고른 것은?

┌ 보기 ┐
ㄱ. 기름막이 여러 가지 색으로 보이는 것은 빛의 간섭으로 설명할 수 있다.
ㄴ. P에서 파란색 빛은 상쇄 간섭이 일어난다.
ㄷ. P와 Q에서 기름막의 두께는 같다.
└─────┘

① ㄱ ② ㄷ ③ ㄱ, ㄴ
④ ㄱ, ㄷ ⑤ ㄴ, ㄷ

13 [8711-0344]

그림 (가), (나)는 각각 레이저 빛을 DVD의 표면에 비추어 정보를 읽을 때 보강 간섭과 상쇄 간섭이 일어나는 것을 순서 없이 나타낸 것이다. (가)에서 중첩되는 빛 a, b는 피트에서 반사된 빛이고, (나)에서 중첩되는 빛 c, d는 각각 피트와 랜드에서 반사된 빛이다.

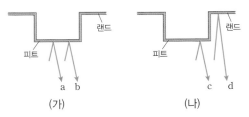

(가) (나)

이에 대한 설명으로 옳은 것만을 〈보기〉에서 있는 대로 고른 것은?

┌ 보기 ┐
ㄱ. (가)에서 a와 b는 보강 간섭을 한다.
ㄴ. (나)에서 c와 d의 경로차는 한 파장이다.
ㄷ. 반사된 빛의 세기는 (나)에서가 (가)에서보다 크다.
└─────┘

① ㄱ ② ㄷ ③ ㄱ, ㄴ
④ ㄴ, ㄷ ⑤ ㄴ, ㄷ

14 [8711-0345] 그림은 두 점파원 S_1, S_2에서 진폭과 파장이 같은 물결파가 동일한 위상으로 발생하였을 때 물결파가 중첩되어 생긴 간섭무늬를 나타낸 것이다. 점 P, Q, R는 수면 위의 지점이고, 보강 간섭과 상쇄 간섭 중 하나가 일어난다.

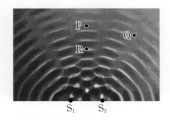

이에 대한 설명으로 옳은 것만을 〈보기〉에서 있는 대로 고른 것은?

┌ 보기 ┌
ㄱ. P에서 보강 간섭이 일어난다.
ㄴ. 진폭은 R에서가 Q에서보다 크다.
ㄷ. Q에서 중첩되는 물결파의 위상은 서로 반대이다.

① ㄱ   ② ㄷ   ③ ㄱ, ㄴ
④ ㄴ, ㄷ   ⑤ ㄱ, ㄴ, ㄷ

15 [8711-0346] 다음 (가), (나)는 광전 효과에 대한 고전적 예측이다.

(가) 광전자의 방출 여부와 광전자의 운동 에너지를 결정하는 요인은 빛의 세기이다.
(나) 빛의 세기가 매우 약한 경우 광전자가 방출되는 데 시간이 오래 걸린다.

이에 대해 제시한 내용이 옳은 사람만을 〈보기〉에서 있는 대로 고른 것은?

┌ 보기 ┌
A. 고전적 예측은 빛의 파동 이론을 적용한 거야.
B. 실제 실험 결과 (가)에 관계되는 요인은 빛의 진동수야.
C. (나)에서 빛의 진동수가 문턱 진동수보다 크면 광전자는 즉시 방출돼.

① A   ② C   ③ A, B
④ B, C   ⑤ A, B, C

16 [8711-0347] 그림은 금속판에 빛을 비추었을 때 광전자가 방출되는 모습을 나타낸 것이다.

이에 대한 설명으로 옳은 것만을 〈보기〉에서 있는 대로 고른 것은?

┌ 보기 ┌
ㄱ. 빛의 파동성을 나타내는 현상이다.
ㄴ. 광자 1개의 에너지는 금속판의 일함수보다 크다.
ㄷ. 빛의 세기를 증가시키면 광전자의 최대 속력은 커진다.

① ㄴ   ② ㄷ   ③ ㄱ, ㄴ
④ ㄱ, ㄷ   ⑤ ㄴ, ㄷ

17 [8711-0348] 그림 (가)~(다)는 대전된 검전기의 금속판에 단색광을 계속 비추었을 때의 금속박의 변화를 순서대로 나타낸 것이다. (가)에서 금속박은 오므라들고, (나)에서 금속박은 벌어지기 시작하며, (다)에서는 금속박이 (가)에서보다 더 많이 벌어졌다.

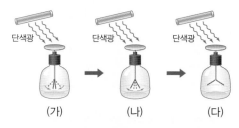

이에 대한 설명으로 옳은 것만을 〈보기〉에서 있는 대로 고른 것은?

┌ 보기 ┌
ㄱ. 단색광의 진동수는 금속판의 문턱 진동수보다 크다.
ㄴ. (나)에서 광전자가 방출되지 않는다.
ㄷ. (다)에서 검전기는 양(+)전하를 띤다.

① ㄱ   ② ㄴ   ③ ㄷ
④ ㄱ, ㄷ   ⑤ ㄱ, ㄴ, ㄷ

18 [8711–0349]

그림은 광전관의 금속판에 단색광을 비추는 모습을 나타낸 것이다. 표는 금속판에 비추는 단색광과 광전자의 방출 여부를 나타낸 것이다.

단색광	광전자 방출 여부
A	방출됨
B	방출 안 됨
B와 C	방출됨

이에 대한 설명으로 옳은 것만을 〈보기〉에서 있는 대로 고른 것은?

┌ 보기 ┐
ㄱ. 파장은 A가 B보다 작다.
ㄴ. 광자 1개의 에너지는 B가 C보다 크다.
ㄷ. B와 C를 비출 때 B의 세기를 증가시키면 광전류의 세기가 증가한다.

① ㄱ   ② ㄴ   ③ ㄷ
④ ㄱ, ㄷ   ⑤ ㄴ, ㄷ

19 [8711–0350]

그림 (가)는 레이저 빛을 이중 슬릿에 비추고 광전관을 y축을 따라 이동시키며 광전류의 세기를 측정하는 모습을 나타낸 것이다. 그림 (나)는 점 O로부터 떨어진 거리에 따른 광전류의 세기를 나타낸 것이다. P, Q, R는 y축 위의 지점이다.

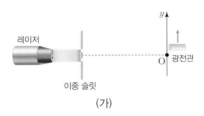

(가)

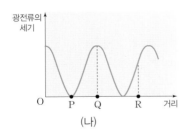

(나)

이에 대한 설명으로 옳은 것만을 〈보기〉에서 있는 대로 고른 것은?

┌ 보기 ┐
ㄱ. P에서 상쇄 간섭이 일어난다.
ㄴ. (나)와 같은 실험 결과는 빛의 입자성으로 설명할 수 있다.
ㄷ. 광전관에 도달하는 광자의 수는 Q에서가 R에서보다 많다.

① ㄱ   ② ㄴ   ③ ㄷ
④ ㄱ, ㄷ   ⑤ ㄱ, ㄴ, ㄷ

20 [8711–0351]

그림 (가)는 p−n 접합 광 다이오드의 p−n 접합면에 빛을 비추는 모습을 나타낸 것이다. 그림 (나)는 광 다이오드의 수광 감도(빛의 세기와 광전류의 비율)를 빛의 파장에 따라 나타낸 것이다.

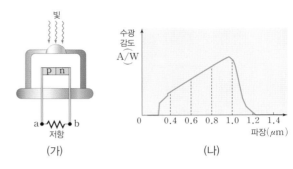

(가)   (나)

이에 대한 설명으로 옳은 것만을 〈보기〉에서 있는 대로 고른 것은?

┌ 보기 ┐
ㄱ. 광 다이오드는 빛의 입자성을 이용한다.
ㄴ. 파장이 $0.6\ \mu m$인 빛을 비출 때 광 다이오드에는 a → 저항 → b 방향으로 전류가 흐른다.
ㄷ. 광 다이오드의 띠 간격은 파장이 $1.4\ \mu m$인 광자 1개의 에너지보다 작다.

① ㄱ   ② ㄷ   ③ ㄱ, ㄴ
④ ㄱ, ㄷ   ⑤ ㄴ, ㄷ

21 [8711–0352]

다음은 데이비슨과 거머의 실험에 대한 설명이다.

┌────────────────────────────┐
│ ㉠전자총에서 54 V로 가속된 전자를 니켈 결정에 쪼여 주었을 때 반사된 전자들이 ㉡특정한 각도에서 최대로 관측되었다. 데이비슨과 거머는 전자선 대신 X선을 이용한 실험에서 같은 각도에서 X선의 세기가 최대가 되는 X선의 파장이 λ_0임을 보였다.

└────────────────────────────┘

이에 대한 설명으로 옳은 것만을 〈보기〉에서 있는 대로 고른 것은?

┌ 보기 ┐
ㄱ. 이 실험으로 전자의 파동성을 입증하였다.
ㄴ. ㉠의 물질파 파장은 λ_0이다.
ㄷ. ㉡일 때 전자의 물질파는 상쇄 간섭을 한다.

① ㄱ   ② ㄷ   ③ ㄱ, ㄴ
④ ㄴ, ㄷ   ⑤ ㄱ, ㄴ, ㄷ

22 [8711-0353]

그림은 매질 A에서 파장이 λ_0인 평행한 단색광이 각각 반볼록 렌즈 모양의 매질 B, C를 지나 진행하는 경로를 나타낸 것이다.

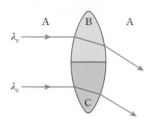

이에 대한 설명으로 옳은 것만을 〈보기〉에서 있는 대로 고른 것은?

┌─ 보기 ┌─────────────────────────────────
ㄱ. B에서 단색광의 파장은 λ_0보다 작다.
ㄴ. 굴절률은 A가 C보다 작다.
ㄷ. 단색광의 속력은 B에서가 C에서보다 크다.
└──────────────────────────────────────

① ㄱ   ② ㄴ   ③ ㄱ, ㄴ
④ ㄱ, ㄷ   ⑤ ㄴ, ㄷ

23 [8711-0354]

그림은 매질 Ⅰ에서 직각삼각형 모양의 매질 Ⅱ로 파장이 같은 단색광 A, B가 각각 Ⅰ과 Ⅱ의 경계면의 점 P로 진행하는 것을 나타낸 것이다. A는 P에서 진행하던 방향과 30°를 이루는 각으로 굴절하여 진행한다.

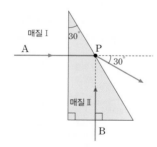

이에 대한 설명으로 옳은 것만을 〈보기〉에서 있는 대로 고른 것은?

┌─ 보기 ┌─────────────────────────────────
ㄱ. 단색광의 파장은 Ⅰ에서가 Ⅱ에서보다 크다.
ㄴ. Ⅰ에 대한 Ⅱ의 굴절률은 $\sqrt{3}$이다.
ㄷ. P를 향해 진행하는 B는 P에서 전반사한다.
└──────────────────────────────────────

① ㄱ   ② ㄴ   ③ ㄷ
④ ㄱ, ㄴ   ⑤ ㄱ, ㄴ, ㄷ

24 [8711-0355]

그림 (가)는 단색광이 매질 Ⅰ에서 매질 Ⅱ로 진행할 때 입사각 i와 굴절각 r를 나타낸 것이다. 그림 (나)는 (가)에서 단색광이 각각 A, B일 때 입사각(i)에 따른 굴절각(r)을 나타낸 것이다. 그림 (다)는 매질 Ⅰ, Ⅱ를 이용하여 만든 광섬유를 나타낸 것으로, 공기에서 코어로 진행하는 빛의 입사각 θ_m은 코어와 클래딩의 경계면에서 전반사가 일어날 수 있는 최댓값이다.

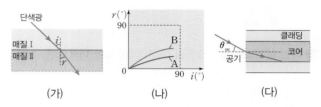

(가)   (나)   (다)

이에 대한 설명으로 옳은 것만을 〈보기〉에서 있는 대로 고른 것은?

┌─ 보기 ┌─────────────────────────────────
ㄱ. A의 파장은 Ⅰ에서가 Ⅱ에서보다 크다.
ㄴ. (다)에서 광섬유의 코어는 매질 Ⅰ이다.
ㄷ. (다)에서 θ_m은 B일 때가 A일 때보다 크다.
└──────────────────────────────────────

① ㄱ   ② ㄴ   ③ ㄷ
④ ㄱ, ㄴ   ⑤ ㄱ, ㄷ

25 [8711-0356]

그림은 파장이 다른 단색광 A, B가 매질 Ⅰ에서 매질 Ⅱ로 진행하는 모습을 나타낸 것이다. A, B 중 하나는 매질 Ⅰ과 Ⅱ의 경계면에서 전반사한다.

이에 대한 설명으로 옳은 것만을 〈보기〉에서 있는 대로 고른 것은?

┌─ 보기 ┌─────────────────────────────────
ㄱ. 굴절률은 Ⅱ가 Ⅰ보다 크다.
ㄴ. Ⅰ과 Ⅱ 사이에서 임계각은 A일 때가 B일 때보다 작다.
ㄷ. Ⅰ과 Ⅱ의 경계에서 전반사한 빛은 A이다.
└──────────────────────────────────────

① ㄱ   ② ㄴ   ③ ㄷ
④ ㄱ, ㄴ   ⑤ ㄱ, ㄷ

26 [8711-0357]

그림은 직사각형 모양의 유리의 한쪽 면에 빨간색 점과 파란색 점을 같은 위치에 찍어 놓고 유리를 통해 관찰하는 모습을 나타낸 것이다. 관찰자는 기준선으로부터 화살표 방향으로 서서히 이동하면서 점을 관찰하여 점이 보이지 않는 높이 h를 측정하였다. 점이 보이지 않는 높이는 빨간색 점이 파란색 점보다 높다.

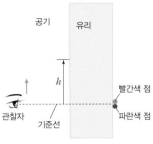

이에 대한 설명으로 옳은 것만을 〈보기〉에서 있는 대로 고른 것은? (단, 공기에서 빨간색 빛과 파란색 빛의 굴절률은 같고, 점의 크기는 무시한다.)

┌─ 보기 ┌
ㄱ. 빨간색 빛의 진동수는 공기에서가 유리에서보다 크다.
ㄴ. 유리에서 빛의 속력은 빨간색 빛이 파란 빛보다 크다.
ㄷ. 공기와 유리 사이에서 임계각은 빨간색 빛일 때가 파란색 빛일 때보다 크다.

① ㄱ   ② ㄴ   ③ ㄷ
④ ㄱ, ㄴ   ⑤ ㄴ, ㄷ

27 [8711-0358]

그림은 두 점파원 S_1, S_2에서 동일한 위상으로 진폭이 같은 물결파가 발생하는 모습을 나타낸 것이다. S_1로부터 r만큼 떨어진 지점 중에서 보강 간섭 되는 지점은 점 P, Q뿐이고, S_1과 S_2 사이의 거리는 $4r$이며, P, Q는 S_1과 S_2를 잇는 직선 위에 있다.

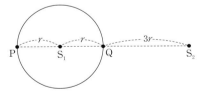

이에 대한 설명으로 옳은 것만을 〈보기〉에서 있는 대로 고른 것은? (단, 물결파의 속력은 일정하다.)

┌─ 보기 ┌
ㄱ. P와 Q는 동일한 위상으로 진동한다.
ㄴ. 물결파의 파장은 r이다.
ㄷ. S_1로부터 r만큼 떨어진 지점 중에서 상쇄 간섭이 일어나는 지점은 두 곳이다.

① ㄴ   ② ㄷ   ③ ㄱ, ㄴ
④ ㄱ, ㄷ   ⑤ ㄱ, ㄴ, ㄷ

28 [8711-0359]

그림은 광전관의 금속판에 빛 A 또는 B를 비추고 광전류의 세기를 측정하는 장치를 나타낸 것이다. 금속판의 문턱 진동수는 f_0이다. 표는 금속판에 비추는 빛 A, B의 세기와 진동수를 나타낸 것이다.

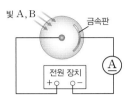

빛	세기	진동수
A	I_0	$2f_0$
B	$2I_0$	$3f_0$

이에 대한 설명으로 옳은 것만을 〈보기〉에서 있는 대로 고른 것은? (단, 플랑크 상수는 h이다.)

┌─ 보기 ┌
ㄱ. 금속판의 일함수는 hf_0이다.
ㄴ. 광전류의 세기는 B를 비출 때가 A를 비출 때보다 크다.
ㄷ. 광전자의 최대 운동 에너지는 B를 비출 때가 A를 비출 때의 2배이다.

① ㄱ   ② ㄴ   ③ ㄷ
④ ㄱ, ㄴ   ⑤ ㄱ, ㄴ, ㄷ

29 [8711-0360]

그림은 전자총에서 방출된 전자가 직류 전원 장치에 연결된 두 금속판 A, B 사이에서 등가속도 직선 운동을 하는 모습을 나타낸 것이다. A를 통과한 직후 전자의 속력은 v, B를 통과한 직후 전자의 속력은 $3v$이다. A와 B 사이의 거리는 d이다.

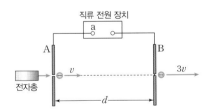

이에 대한 설명으로 옳은 것만을 〈보기〉에서 있는 대로 고른 것은? (단, 금속판의 두께는 무시한다.)

┌─ 보기 ┌
ㄱ. 전원 장치의 단자 a는 (+)극이다.
ㄴ. A에서 B까지 운동하는 데 걸린 시간은 $\dfrac{d}{2v}$이다.
ㄷ. 전자의 물질파 파장은 A를 통과한 직후가 B를 통과한 직후의 3배이다.

① ㄱ   ② ㄴ   ③ ㄱ, ㄷ
④ ㄴ, ㄷ   ⑤ ㄱ, ㄴ, ㄷ

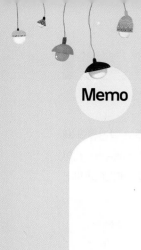

Memo

Memo

Memo

작품 감상과 지문 해석, **6**개 원리로 모두 정리됩니다!
EBS가 만든 수능·내신 대비 국어 기본서

국어 독해의 원리 시리즈

현대시

- 화자와 대상
- 발상 및 표현
- 정서와 태도
- 시상 전개 방식
- 시어와 심상
- 소통 구조와 맥락

고전 시가

- 출제 과정
- 화자
- 정확한 해독
- 시적 대상
- 시적 상황
- 표현 방식

현대 소설

- 소설의 인물
- 배경과 소재의 기능
- 사건의 구성 방식
- 서술 방식
- 갈등의 양상
- 주제와 감상

고전 산문

- 인물
- 배경과 소재
- 갈등과 전개 양상
- 시점과 서술 방식
- 사건과 구성 방식
- 주제와 감상

독서 비문학

- 핵심 정보 짚기
- 정보 추리하기
- 관계로 읽기
- 관점(입장) 따지기
- 구조로 읽기
- 사례 적용하기

올림포스

[국어, 영어, 수학의 EBS 대표 교재, 올림포스]

2015 개정 교육과정에 따른 모든 교과서의 기본 개념 정리
내신과 수능을 대비하는 다양한 평가 문항
수행평가 대비 코너 제공

국어, 영어, 수학은 EBS 올림포스로 끝낸다.

[올림포스 16책]

국어 영역 : 국어, 현대문학, 고전문학, 독서, 언어와 매체, 화법과 작문
영어 영역 : 독해의 기본1, 독해의 기본2, 구문 연습 300
수학 영역 : 수학(상), 수학(하), 수학 I , 수학 II , 미적분, 확률과 통계, 기하

개념완성 문항편

과학탐구영역

정답과 해설 | 기본 개념부터 실전 연습, 수능 + 내신까지
한 번에 다 끝낼 수 있는 **탐구영역 문항집**

물리학 Ⅰ

EBS 개념완성 문항편　**정답**과 **해설**

물리학 I

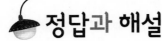 정답과 해설

Ⅰ. 역학과 에너지

01 여러 가지 운동

핵심 개념 체크 본문 006~007쪽

1 (1)-㉠ (2)-㉡ **2** 평균 속도, 순간 속도
3 변위(이동 거리) **4** 가속도, 방향 **5** 증가, 감소
6 등가속도 **7** 10 **8** 24
9 속력

출제 예상 문제 본문 008~010쪽

01 ④ **02** ① **03** ⑤ **04** ⑤ **05** ②
06 ⑤ **07** ④ **08** ③ **09** ② **10** ①
11 ④ **12** ①

01

㉠ : 이동 거리는 학생이 이동한 모든 경로의 합이므로 600 m이다.
✕ : 변위의 크기는 a와 b 사이의 직선 거리이므로 60 m이다.
㉢ : 학생의 속력은 이동 거리를 걸린 시간(t)으로 나눈 것이므로 $\frac{600}{t}$(m/s)이고, 속도의 크기는 변위를 걸린 시간으로 나눈 것이므로 $\frac{60}{t}$(m/s)이다. 따라서 속력은 속도의 크기의 10배이다.

02

㉠ : 1초에서 4초까지 물체의 평균 속도의 크기는 물체의 변위의 크기 1 m를 걸린 시간 3초로 나눈 것이므로 $\frac{1}{3}$ m/s이다.
✕ : 위치-시간 그래프에서 위치가 증가하다가 감소하거나, 감소하다가 증가할 때 물체의 운동 방향이 바뀌는 것이므로 운동 방향은 0초부터 6초까지 두 번 바뀌었다.
✕ : p를 지나는 순간 물체의 속력은 접선의 기울기이므로 $\frac{3}{4}$ m/s이다.

03

㉠ : 위치-시간 그래프의 기울기는 물체의 속력을 나타낸다. A의 속력은 3 m/s이고, B의 속력은 2 m/s이므로 속력은 A가 B의 1.5배이다.
㉡ : 3초일 때 A의 위치는 9 m이고, B의 위치는 6 m이므로 A와 B 사이의 거리는 3 m이다.
㉢ : A와 B의 속력의 차이는 1 m/s이므로 A와 B 사이의 거리는 1초마다 1 m씩 멀어진다.

04

✕ : A가 B보다 2 m/s만큼 빠르므로 A와 B 사이의 거리는 1초마다 2 m씩 멀어진다.

㉡ : A와 B의 운동 방향이 같으므로 B가 측정한 A의 속도의 크기는 4 m/s−2 m/s=2 m/s이다.
㉢ : 등속 직선 운동 하는 자동차의 평균 속력과 순간 속력은 같으므로 0초부터 4초까지 A의 평균 속력과 2초일 때 A의 순간 속력은 같다.

05

✕ : A와 B의 운동 방향이 서로 반대 방향이므로 A가 측정한 B의 속력은 5 m/s이다.
㉡ : A와 B가 스쳐 지나가려면 A와 B의 이동 거리의 합이 15 m이어야 하므로 A와 B가 스치는 시간을 t라고 할 때 $2t+3t=15$에서 $t=3$초이다.
✕ : 0초부터 6초까지 A와 B가 각각 이동한 거리의 합은 30 m이고, 3초일 때 A와 B가 서로 스쳐 지나가므로 6초일 때 A와 B 사이의 거리는 15 m이다.

06

㉠ : A는 B보다 빠르므로 A가 측정할 때 B의 운동 방향은 $+x$ 방향이고, C는 A와 반대 방향으로 운동하므로 A가 측정한 C의 운동 방향도 $+x$ 방향이다.
㉡ : B가 측정할 때 A의 속력은 2 m/s이고, B가 측정할 때 C의 속력은 16 m/s이므로 B가 측정할 때 C의 속력은 A의 속력의 8배이다.
㉢ : A, B, C가 모두 등속 직선 운동을 하므로 C가 측정할 때 A의 속력은 B의 속력보다 2 m/s 빠르다. 따라서 C가 측정할 때 A와 B 사이는 1초마다 2 m씩 멀어진다.

07

㉠ : 가속도는 속도-시간 그래프의 기울기이므로 $\frac{6 \text{ m/s}}{2 \text{ s}}=3$ m/s²이다.
✕ : 속도-시간 그래프에서 그래프 아래 부분의 넓이는 변위(이동 거리)를 나타낸다. 물체의 이동 거리는 0초부터 2초까지 6 m, 2초부터 4초까지 12 m이므로 2초부터 4초까지 물체의 이동 거리는 0초부터 2초까지의 2배이다.
㉢ : 물체의 평균 속력은 이동 거리를 시간으로 나눈 것이다. 0초부터 4초까지 물체의 이동 거리는 18 m이므로 평균 속력은 $\frac{18 \text{ m}}{4 \text{ s}}=4.5$ m/s이다.

08

㉠ : 가속도는 속도-시간 그래프의 기울기이므로 1초일 때 가속도의 크기는 A가 B보다 크다.
㉡ : A, B는 등가속도 직선 운동을 하였으므로 이동 거리는 평균 속력과 시간의 곱이다. 0초부터 3초까지 A의 평균 속력은 3 m/s이므로 이동 거리는 9 m이고, B의 평균 속력은 5 m/s이므로 이동 거리는 15 m이다. 따라서 3초일 때 B는 A보다 6 m 앞에 있다.
✕ : A가 B를 스쳐 지나가는 때는 A와 B의 이동 거리가 같을 때이다. 이때의 시간을 t라 하고 등가속도 직선 운동의 관계식을 이용하면, A가 이동한 거리 $s_A=\frac{1}{2}\times 2 \times t^2$과 B가 이동한 거리 $s_B=4t+\frac{1}{2}\times \frac{2}{3}\times t^2$이 같아야 한다. 따라서 $t^2=4t+\frac{1}{3}t^2$이므로 $\frac{2}{3}t=4$에서 $t=6$초이다.

09

✗ㄱ : 시간이 지날수록 A의 이동 거리가 감소하므로 A의 속력은 감소하고 있다. 따라서 A의 가속도 방향은 운동 방향과 반대 방향이다.

ㄴ : A와 B가 같은 시간 동안 같은 거리를 이동하였으므로 평균 속력은 같다.

✗ㄷ : A는 등가속도 직선 운동을 하므로 0.1초당 속도 변화량이 일정하다. 따라서 0.1초마다 A가 이동한 거리의 차이는 일정하다.

10

✗ㄱ : 마찰이 없고 경사각이 일정한 경사면 위에서 운동하는 물체는 등가속도 직선 운동을 하므로 0.1초마다 이동한 거리의 차이가 일정해야 한다. 따라서 $(㉠-5)-4=3$에서 ㉠은 12이다.

시간(s)	0	0.1	0.2	0.3	0.4	0.5
위치(cm)	0	1	5	(㉠)	22	35
0.1초마다의 이동 거리(cm)		1	4	㉠−5	22−㉠	13
구간 이동 거리의 차(cm)			3	3	3	3
구간 평균 속력의 차(cm/s)			30	30	30	30
가속도			$300\ \text{cm/s}^2=3\ \text{m/s}^2$			

ㄴ : 가속도의 크기는 $\dfrac{30\ \text{cm/s}}{0.1\ \text{s}}=300\ \text{cm/s}^2=3\ \text{m/s}^2$이다.

✗ㄷ : 0초일 때 P를 지나는 순간의 속력을 v_1, P를 지나 0.5초 후의 속력을 v_2라고 할 때 평균 속력과 이동 거리의 관계를 이용하면 이동 거리는 $\dfrac{v_1+v_2}{2}\times0.5\ \text{s}=0.35\ \text{m}$이고, 가속도는 $\dfrac{v_2-v_1}{0.5\ \text{s}}=3\ \text{m/s}^2$이다. 이 두 식을 연립하면 $v_2=1.45\ \text{m/s}$이다.

11

ㄱ : 가속도-시간 그래프를 속도-시간 그래프로 바꾸어 그리면 다음과 같다. 속도-시간 그래프와 시간축 사이의 넓이는 물체의 변위(이동 거리)이므로 0초부터 4초까지 물체가 이동한 거리는 12 m이다. 따라서 이 동안 물체의 평균 속력은 $\dfrac{12\ \text{m}}{4\ \text{s}}=3\ \text{m/s}$이다.

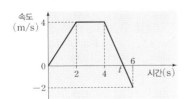

✗ㄴ : 4초부터 6초까지 물체의 가속도는 $-3\ \text{m/s}^2$이고, 이것은 4초부터 6초까지 직선의 기울기이므로 5초일 때 물체의 속도는 1 m/s로 처음 운동 방향과 같은 방향이다.

ㄷ : 위의 그래프에서 0초부터 t초까지 물체는 처음 운동 방향으로 운동하고, t초부터 6초까지 물체는 처음 운동 방향과 반대 방향으로 운동한다. 0초부터 4초까지 물체의 이동 거리는 12 m이다. 4초부터 6초까지 물체는 처음 속력 4 m/s, 가속도 $-3\ \text{m/s}^2$으로 2초 동안 운동하므로 4초부터 6초까지의 변위의 크기는 등가속도 직선 운동의 관계식을 이용하면 $4\times2+\dfrac{1}{2}\times(-3)\times2^2=2(\text{m})$가 되어 0초부터 6초까지의 물체의 변위

의 크기는 12 m+2 m=14 m이다.

12

ㄱ : 속도-시간 그래프의 기울기가 가속도이므로 A의 가속도의 크기는 $1\ \text{m/s}^2$이다. 따라서 가속도의 크기는 A가 B보다 작다.

✗ㄴ : 0초부터 4초까지 A의 이동 거리는 속도-시간 그래프에서 그래프 아래 부분의 넓이이므로 8 m이고, B의 이동 거리는 등가속도 직선 운동의 관계식으로부터 $\dfrac{1}{2}\times4\times4^2=32(\text{m})$이다. 따라서 0초부터 4초까지 이동한 거리는 B가 A의 4배이다.

✗ㄷ : 4초일 때 A의 속력은 4 m/s이고, B의 속력은 16 m/s이므로 B의 속력이 A의 속력보다 크다.

서답형 문제   본문 011쪽

01 해설 참조
02 (1) 해설 참조 (2) 해설 참조
03 (1) 해설 참조 (2) 해설 참조
04 (1) A의 속력: 12 m/s, B의 속력: 10 m/s
　　(2) A의 이동 거리: 32 m, B의 이동 거리: 28 m
05 해설 참조

01

이동 거리는 물체가 실제로 이동한 모든 경로의 길이이고, 변위는 물체가 이동한 두 지점 사이의 직선 거리와 방향이다.

모범답안 이동 거리는 B가 A보다 크고, 변위는 A와 B가 같다.

채점 기준	배점
변위와 이동 거리를 모두 옳게 비교하여 서술한 경우	100 %
변위와 이동 거리 중 한 가지만 옳게 비교하여 서술한 경우	50 %

02

상대 속도는 물체의 속도에서 관측자의 속도를 뺀 것이다.

모범답안 (1)
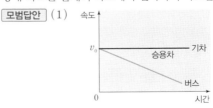

(2) 승용차의 입장에서 볼 때 버스는 뒤로 운동하는 것처럼 보인다.

채점 기준	배점
그래프를 옳게 그리고, 승용차에서 본 버스의 운동을 옳게 서술한 경우	100 %
그래프만 그리거나 승용차에서 본 버스의 운동만 옳게 서술한 경우	50 %

03

위치-시간 그래프의 기울기는 물체의 속도를 나타낸다. y축에 해당하는 물리량(위치)을 통해 택시와 버스 사이의 거리를 측정할 수 있으며, 평균 속력은 전체 이동 거리를 걸린 시간으로 나누어 구할 수 있다.

모범답안 (1) 3초부터 6초까지 버스는 정지해 있고 택시만 운동하므로 택시와 버스 사이의 거리는 멀어지고, 6초부터 9초까지 버스의 속력이 증가하므로 택시와 버스 사이의 거리는 가까워지다가 9초일 때 만난다.
(2) 택시와 버스가 운동한 시간은 9초로 같고, 9초 동안 버스의 이동 거리가 택시의 이동 거리보다 크므로 0초부터 9초까지 평균 속력은 버스가 택시보다 크다.

채점 기준	배점
3초부터 9초까지 택시와 버스 사이의 거리의 변화와 0초부터 9초까지 택시와 버스의 평균 속력을 모두 옳게 서술한 경우	100 %
3초부터 9초까지 택시와 버스 사이의 거리의 변화와 0초부터 9초까지 택시와 버스의 평균 속력 중 한 가지만 옳게 서술한 경우	50 %

04

(1) A의 속도-시간 그래프의 기울기가 4 m/s^2이므로 3초일 때 A의 속력은 12 m/s이고, B의 가속도-시간 그래프에서 그래프 아래 부분의 넓이는 속도 변화량이므로 3초일 때 B의 속력은 10 m/s이다.
(2) A의 속도-시간 그래프에서 그래프 아래 부분의 넓이는 이동 거리를 나타내므로 0초부터 4초까지 A의 이동 거리는 $\frac{1}{2} \times 16 \times 4 = 32\,(\text{m})$이다. 2초일 때 B의 속력은 8 m/s이고, B는 0초부터 2초까지와 2초부터 4초까지 각각 등가속도 직선 운동을 하므로 이동 거리는 $\frac{1}{2} \times 4 \times 2^2 + \left(8 \times 2 + \frac{1}{2} \times 2 \times 2^2\right) = 28\,(\text{m})$이다.

05

등가속도 직선 운동을 하는 경우 같은 시간 동안 이동한 거리의 차이가 일정하다. 같은 시간 동안 이동한 거리의 차이를 시간의 제곱으로 나눈 값이 가속도의 크기가 된다.

모범답안 종이테이프의 길이는 같은 시간 동안 수레가 이동한 거리이므로 같은 시간 동안 수레의 구간 평균 속력을 의미한다. 따라서 (나)는 종이테이프의 끝점을 이은 선이 직선을 이루고 있으므로 가속도가 일정하고, (다)는 종이테이프의 끝점을 이은 곡선에 그은 접선의 기울기가 점점 증가하므로 가속도의 크기가 증가하며, (라)는 종이테이프의 끝점을 이은 곡선에 그은 접선의 기울기가 점점 감소하므로 가속도의 크기가 감소한다.

채점 기준	배점
(나), (다), (라)의 가속도를 모두 옳게 서술한 경우	100 %
(나), (다), (라)의 가속도 중 두 가지만 옳게 서술한 경우	60 %
(나), (다), (라)의 가속도 중 한 가지만 옳게 서술한 경우	30 %

02 힘과 운동

핵심 개념 체크 본문 012~013쪽

1 크기, 방향, 작용점 **2** ㄱ, ㄷ **3** 관성, 질량
4 (1)-ⓒ (2)-ⓒ (3)-㉠
5 하나의(또는 한), (서로) 다른 **6** 운동량, 충격량
7 운동량 변화량 **8** 충격량
9 (1) ○ (2) × (3) ○ (4) ○

출제 예상 문제 본문 014~017쪽

01 ③	02 ①	03 ③	04 ③	05 ④
06 ①	07 ⑤	08 ④	09 ⑤	10 ②
11 ①	12 ③	13 ④	14 ⑤	15 ①
16 ②				

01

㉠ : 속도-시간 그래프에서 시간축 위쪽의 그래프와 시간축 사이의 넓이는 물체가 처음 운동 방향으로 이동한 거리이고, 시간축 아래쪽의 그래프와 시간축 사이의 넓이는 물체가 처음 운동 방향과 반대 방향으로 이동한 거리이다. 따라서 0초부터 4초까지는 처음 운동 방향으로 8 m 이동하였고, 4초부터 6초까지는 처음 운동 방향과 반대 방향으로 2 m 이동하였으므로 0초부터 6초까지 물체의 변위의 크기는 6 m이다.
ⓒ : 속도-시간 그래프의 기울기가 가속도를 나타내므로 4초일 때 물체의 가속도의 크기는 1 m/s^2이다.
✗ : 4초부터 6초까지 물체는 처음 운동 방향과 반대 방향으로 운동하고, 알짜힘의 방향도 처음 운동 방향과 반대 방향이므로 4초부터 6초까지 물체는 운동 방향과 같은 방향으로 알짜힘을 받는다.

02

망치를 바닥에 내리쳐서 망치 머리가 망치 자루에 단단히 박히도록 하는 것은 관성 법칙으로 설명할 수 있다. ②, ③, ④, ⑤는 모두 관성 법칙으로 설명할 수 있는 현상이고, ①은 작용 반작용 법칙으로 설명할 수 있는 현상이다.

03

㉠ : 수레의 가속도는 속도-시간 그래프의 기울기이므로 가속도는 운동 방향으로 2 m/s^2이고, A와 수레는 하나의 물체로 볼 수 있으므로 F의 크기는 $2 \text{ kg} \times 2 \text{ m/s}^2 = 4 \text{ N}$이다.
ⓒ : 각 물체에 작용하는 알짜힘은 각 물체의 질량과 가속도의 곱이다. A와 수레의 질량은 같고, 가속도도 같으므로 A와 수레에 작용하는 알짜힘의 크기도 같다.
✗ : A가 수레에 작용하는 힘의 크기는 수레가 A에 작용하는 힘의 크기와 같고, 수레가 A에 작용하는 힘의 크기는 A에 작용하는 알짜힘의 크기와 같으므로 2 N이다.

04

㉠ : (가)와 (나)에서 A와 B를 하나의 물체로 볼 수 있으므로 A와 B의 가속도의 크기는 $\dfrac{F}{m_1+m_2}$로 같다.

㉡ : (가)와 (나)에서 B에 작용하는 알짜힘의 크기는 B의 질량과 가속도의 곱이고, 가속도의 크기가 같으므로 B에 작용하는 알짜힘의 크기는 $\dfrac{m_2}{m_1+m_2}F$로 같다.

✗ : (가)에서 A가 B를 미는 힘의 크기는 B에 작용하는 알짜힘의 크기와 같으므로 $\dfrac{m_2}{m_1+m_2}F$이다. (나)에서 A가 B를 미는 힘의 크기는 B가 A를 미는 힘의 크기와 같고, A에 작용하는 알짜힘의 크기와 같으므로 $\dfrac{m_1}{m_1+m_2}F$이다. 따라서 (가)와 (나)에서 A가 B를 미는 힘의 크기는 같지 않다.

05

㉠ : (나)에서 B에 작용하는 알짜힘은 경사면 아래 방향으로 $3m_2a$임을 알 수 있다. (가)에서 A, B의 가속도의 크기는 $2a=\dfrac{3m_2a}{m_1+m_2}$이므로 $m_2=2m_1$이다.

✗ : (가)에서 B가 실을 당기는 힘의 크기는 실이 B를 당기는 힘의 크기와 같고, 실이 B를 당기는 힘의 크기는 실이 A를 당기는 힘의 크기와 같으므로 $2m_1a$이다.

㉢ : (나)에서 B에 작용하는 알짜힘의 크기는 $3m_2a=6m_1a$이고, (가)에서 실이 A를 당기는 힘의 크기는 $2m_1a$이므로 (나)에서 B에 작용하는 알짜힘의 크기는 (가)에서 실이 A를 당기는 힘의 크기의 3배이다.

06

✗ : 수레와 추의 질량이 각각 m이므로 중력 가속도를 g라고 하면, A에서 $a=\dfrac{2mg}{2m+2m}=\dfrac{1}{2}g$이다. B에서 실에 매달린 추의 질량을 M이라 하면, $\dfrac{1}{2}g=\dfrac{Mg}{3m+M}$에서 $M=3m$이므로 추의 개수 ㉠은 3개이다.

㉡ : C에서 ㉡$=\dfrac{4mg}{2m+4m}=\dfrac{2}{3}g$이므로 ㉡은 $\dfrac{4}{3}a$이다.

✗ : 실이 수레를 당기는 힘의 크기는 수레에 작용하는 알짜힘의 크기이므로 B에서 실이 수레를 당기는 힘의 크기는 $3ma$이고, C에서 실이 수레를 당기는 힘의 크기는 $\dfrac{8}{3}ma$이므로 실이 수레를 당기는 힘의 크기는 C에서가 B에서의 $\dfrac{8}{9}$배이다.

07

㉠ : 등속 직선 운동을 하는 물체에 작용하는 알짜힘의 크기는 0이므로 (가)에서 A에 작용하는 알짜힘의 크기는 0이다.

✗ : (가)에서 B는 등속 직선 운동을 하므로 B에 작용하는 알짜힘의 크기는 0이다. 따라서 실이 B를 당기는 힘의 크기는 B에 작용하는 중력의 크기와 같다.

㉢ : A와 B는 질량이 같고, C는 A보다 질량이 크다. 따라서 C는 B보다 질량이 크다.

08

✗ : 0초부터 2초까지 A, B는 실로 연결되어 있으므로 하나의 물체로 볼 수 있다. B에 작용하는 중력의 크기는 10 N이고, 가속도의 크기는 $2\ \text{m/s}^2$이므로 A의 질량을 m이라고 하면 $2=\dfrac{10}{m+1}$에서 $m=4\ \text{kg}$이다.

㉡ : 1초일 때 실이 B를 당기는 힘의 크기는 실이 A를 당기는 힘의 크기와 같고, 이 힘은 A에 작용하는 알짜힘의 크기와 같으므로 $4\ \text{kg}\times2\ \text{m/s}^2=8\ \text{N}$이다.

㉢ : B에 작용하는 알짜힘의 크기는 1초일 때 2 N이고, 3초일 때 10 N이므로 B에 작용하는 알짜힘의 크기는 3초일 때가 1초일 때의 5배이다.

09

㉠ : 손으로 풍선의 한쪽 끝을 잡고 있을 때 풍선이 정지해 있으므로 풍선에 작용하는 알짜힘의 크기는 0이다.

㉡ : 손을 놓으면 풍선은 공기가 빠져나오면서 속력이 증가하는 운동을 하다가 공기에 의한 마찰력에 의해 속력이 감소하게 된다.

㉢ : 손을 놓으면 풍선 속의 공기가 밖으로 빠져나오고, 그 공기가 빠져나오는 힘의 반작용으로 풍선이 줄을 따라 운동하므로 작용 반작용으로 설명할 수 있다.

10

✗ : (가)에서 A와 B 사이에 작용하는 자기력의 크기는 B에 작용하는 중력의 크기와 같고, (나)에서 A와 C 사이에 작용하는 자기력의 크기는 C에 작용하는 중력의 크기와 같다. B와 C의 질량이 같으므로 B와 C에 작용하는 중력의 크기는 같다. 따라서 (가)와 (나)에서 A가 바닥을 누르는 힘의 크기는 같다.

✗ : (가)에서 B에 작용하는 중력과 자기력은 B에 작용점이 있으며, 서로 반대 방향이고 힘의 크기가 같으므로 힘의 평형 관계이다.

㉢ : (나)에서 A와 C는 정지해 있으므로 A, C에 각각 작용하는 알짜힘의 크기는 0이다. C에 작용하는 중력의 크기와 A와 C 사이에 작용하는 자기력의 크기는 같고, A에 작용하는 수직 항력의 크기는 A에 작용하는 중력과 A와 C 사이에 작용하는 자기력의 합의 크기와 같으므로 A에 작용하는 수직 항력의 크기는 A와 C에 작용하는 중력의 합의 크기와 같다.

11

㉠ : 운동량 보존 법칙에 의해 $1\times10+0=1\times v+2\times4$에서 $v=2\ \text{m/s}$이다.

✗ : A와 B의 운동량의 합은 충돌 전후에 보존되지만, A는 B와 충돌 후 운동량이 감소한다.

✗ : 충돌 과정에서 A가 받은 충격량의 크기는 A의 운동량 변화량과 같으므로 8 N·s이다.

12

㉠ : p가 물체를 당기는 힘의 크기를 F_p라고 할 때, F_p의 크기는 p가 A를 당기는 힘의 크기와 같고, A에 작용하는 알짜힘의 크기와 같으므로 $F_\text{p}=120\ \text{N}$이다. q가 물체를 당기는 힘의 크기를 F_q라고 할 때, 물체에 작용하는 알짜힘의 크기는 $120-F_\text{q}=40\times1$에서 $F_\text{q}=80\ \text{N}$이다. 따라서 물체를 당기는 힘의 크기는 p가 q의 $\dfrac{3}{2}$배이다.

ⓒ : q가 물체를 당기는 힘의 크기와 q가 B를 당기는 힘의 크기는 같고, q가 B를 당기는 힘의 크기가 B에 작용하는 알짜힘의 크기와 같으므로 $F_q = 80\,N = m \times 1$에서 $m = 80\,kg$이다.

ⓧ : A와 B가 줄을 이용하여 물체를 당기는 힘이 평형을 이루면 물체는 등속 직선 운동을 하거나 정지해 있어야 한다. 그러나 물체가 가속도 운동을 하고 있으므로 A와 B가 각각 p와 q를 이용하여 물체를 당기는 힘은 서로 평형을 이루고 있지 않다.

13

ⓒ : 힘-시간 그래프에서 그래프 아래 부분의 넓이는 물체가 받은 충격량의 크기이다. 충격량의 크기는 운동량 변화량의 크기와 같으므로 $S = m \times v_0 - m \times (-3v_0) = 4mv_0$이다.

ⓧ : 물체가 벽으로부터 받은 충격량의 크기는 물체의 운동량 변화량의 크기와 같으므로 $4mv_0$이다.

ⓒ : 벽이 물체로부터 받는 평균 힘의 크기는 물체가 받은 충격량의 크기를 충돌 시간으로 나눈 것과 같으므로 $\dfrac{4mv_0}{t_0}$이다.

14

ⓒ : p_0은 라켓과 충돌하기 전 테니스 공의 운동량이므로 $p_0 = 0.06 \times 20 = 1.2(kg \cdot m/s)$이다.

ⓧ : 테니스 공이 라켓으로부터 받는 충격량의 크기는 운동량 변화량의 크기와 같다. 따라서 충격량 $= -1.8 - 1.2 = -3(kg \cdot m/s)$이므로 충격량의 크기는 $3\,N \cdot s$이다.

ⓒ : 테니스 공이 라켓으로부터 받는 평균 힘의 크기는 테니스 공이 받은 충격량의 크기를 충돌 시간으로 나눈 것과 같으므로 $\dfrac{3\,N \cdot s}{0.4\,s} = 7.5(N)$이다.

15

ⓒ : 충돌 전 A의 속력은 그래프에서 0초부터 2초까지 A의 기울기이므로 4 m/s이다.

ⓧ : 충돌 전후의 운동량은 보존되므로 $1 \times 4 + 0 = 1 \times 1 + 2 \times v_B$에서 충돌 후 B의 속력 $v_B = \dfrac{3}{2}$ m/s이다. 질량은 B가 A의 2배이고, 충돌 후 B의 속력은 A의 $\dfrac{3}{2}$배이므로 A와 B가 충돌한 후 운동량의 크기는 B가 A의 3배이다.

ⓧ : A가 B로부터 받은 충격량의 크기는 B의 운동량 변화량의 크기와 같으므로 $3\,N \cdot s$이다.

16

ⓧ : (가)에서 유리컵이 같은 높이에서 자유 낙하 하므로 콘크리트 바닥과 방석으로부터 유리컵이 받은 충격량의 크기는 같다.

ⓒ : 자동차의 에어백은 충돌 시간을 길게 하여 사람에게 작용하는 충격력의 크기를 줄여 주는 역할을 한다. (가)에서 방석에 떨어진 유리컵이 깨지지 않은 것은 콘크리트 바닥에서와 같은 크기의 충격량을 받아도 충돌 시간이 길어져 충격력의 크기가 작아지기 때문이다.

ⓧ : 포수가 공을 잡을 때 손을 뒤로 빼면서 잡는 것은 공과 손의 충돌 시간을 길게 하여 손이 받는 충격력의 크기를 줄이기 위해서이다. 그러

나 골프 선수가 골프채를 끝까지 스윙해 주는 것(follow through)은 골프공에 힘을 작용하는 시간을 길게 하여 골프공이 받은 충격량의 크기, 즉 골프공의 운동량 변화량을 크게 하여 골프공이 멀리 날아가게 하기 위해서이다.

서답형 문제　　　　　　　　　　　　　　　본문 018쪽

01 (1) 해설 참조　(2) 해설 참조
02 해설 참조
03 $m_A : m_B : m_C = 3 : 2 : 1$
04 해설 참조
05 해설 참조

01

관성에는 운동 관성과 정지 관성이 있다. 운동 관성은 운동 상태를 유지하려는 성질이고, 정지 관성은 정지 상태를 유지하려는 성질이다.

모범답안 (1) 물체를 놓은 맞은편 경사면을 수평이 되도록 하면 수평면에서 물체에 작용하는 알짜힘이 없으므로 물체는 운동 관성에 의해 등속 직선 운동 을 한다.
(2) B를 빠르게 잡아당길 때는 추가 정지 상태를 유지하려는 정지 관성을 나타내므로 B가 끊어진다.

채점 기준	배점
관성과 관련 지어 각각 (1), (2)를 옳게 서술한 경우	100 %
관성과 관련 지어 (1), (2) 중 한 가지만 옳게 서술한 경우	70 %
관성과 관계없이 (1), (2) 중 한 가지만 서술한 경우	30 %

02

용수철저울을 중심으로 양쪽 실에 작용하는 힘의 크기는 용수철저울에 표시되는 눈금(탄성력)과 같다. (가)의 경우 탄성력을 $2mg$로 착각하지 않는 것이 중요하다.

모범답안 (가)와 (나)에서 용수철저울의 눈금은 mg로 동일하다. (가)에서는 양쪽에 매달린 물체가 정지해 있으므로 각 물체에 작용하는 알짜힘의 크기는 0이다. 따라서 실이 물체를 당기는 힘의 크기는 mg이고, 실에 걸리는 힘의 크기는 실의 어느 부분에서나 같으므로 용수철저울의 눈금은 0이다. (나)에서도 물체에 작용하는 알짜힘의 크기가 0이다. 따라서 실이 물체를 당기는 힘의 크기가 mg이므로 용수철저울의 눈금도 mg이다.

채점 기준	배점
용수철저울의 눈금을 옳게 비교하고, 그 까닭을 옳게 서술한 경우	100 %
눈금은 잘못 비교하였으나 까닭은 옳게 서술한 경우	70 %
눈금만 옳게 비교한 경우	30 %

03

가속도의 크기는 $\dfrac{\text{알짜힘의 크기}}{\text{질량}}$이고, 연결된 물체는 하나의 물체로 생각할 수 있다. 중력 가속도를 g라고 하면 (가), (나), (다)에서 가속도의 크기는 각각

$\dfrac{m_Ag+m_Cg-m_Bg}{m_A+m_B+m_C}$, $\dfrac{m_Bg}{m_A+m_B+m_C}$, $\dfrac{m_Ag-m_Cg}{m_A+m_B+m_C}$이다. 가속도의 크기가 모두 같으므로 세 식을 연립하면 $m_A : m_B : m_C = 3 : 2 : 1$이다.

04

물체가 탄성 충돌을 할 경우 충돌 전후 운동량의 합이 보존되고, 역학적 에너지도 보존된다.

모범답안 쇠구슬 한 개의 질량을 m이라고 할 때, (나)의 B와 같이 왼쪽에서 두 개의 쇠구슬이 v의 속력으로 충돌하는 경우 충돌 후 오른쪽에서 한 개의 쇠구슬만 v_1의 속력으로 튀어 나가면 운동량 보존에 의해 $2mv=mv_1$에서 $v_1=2v$가 된다. 충돌 전후 운동 에너지가 보존되어야 하는데, 충돌 전 운동 에너지는 $\dfrac{1}{2}\times 2m\times v^2=mv^2$이고, 충돌 후 운동 에너지는 $\dfrac{1}{2}\times m\times (2v)^2=2mv^2$이므로 운동 에너지가 증가하게 되어 물리적으로 맞지 않으므로 B의 경우는 불가능하다.

채점 기준	배점
B의 경우가 불가능함을 운동량 보존과 운동 에너지 보존을 근거로 옳게 서술한 경우	100 %
운동량 보존과 운동 에너지 보존 중 한 가지만 옳게 설명한 경우	50 %

05

충격량의 크기가 일정할 경우 충돌 시간을 길게 하면 충격력의 크기를 작게 할 수 있고, 힘이 작용하는 시간을 길게 하면 운동량 변화량을 크게 할 수 있다.

모범답안 (가)에서는 사람이 에어백에 충돌하면 충돌 시간이 길어져 사람에게 작용하는 충격력의 크기를 작게 할 수 있다. (나)에서는 포탄이 포신을 지나는 동안 힘을 받으므로 포신을 길게 하면 힘을 받는 시간이 길어져 충격량의 크기, 즉 운동량 변화량의 크기가 커져 포탄을 더 멀리 보낼 수 있다.

채점 기준	배점
(가)에서 에어백이 사람을 보호하는 원리와 (나)에서 포신이 길수록 포탄이 멀리 날아가는 원리를 모두 옳게 서술한 경우	100 %
(가)에서 에어백이 사람을 보호하는 원리와 (나)에서 포신이 길수록 포탄이 멀리 날아가는 원리 중 한 가지만 옳게 서술한 경우	50 %

03 일과 에너지

핵심 개념 체크
본문 019~020쪽

1 Fs	**2** 에너지, J(줄)	**3** 운동
4 운동 에너지	**5** 퍼텐셜	**6** 역학적
7 운동	**8** mgH	**9** 최소, 최소
10 $\dfrac{1}{2}mv_1^2+\dfrac{1}{2}kx^2$	**11** 역학적 에너지, 운동 에너지	

출제 예상 문제
본문 021~023쪽

01 ③ **02** ④ **03** ② **04** ① **05** ⑤

06 ① **07** ④ **08** ② **09** ③ **10** ①

11 ④ **12** ③

01

㉠ : A, B 모두 힘이 작용한 방향으로 이동하였으므로 F_1이 A에 한 일은 F_1s이고, F_2가 B에 한 일은 F_2s이다. F_1s와 F_2s가 같으므로 F_1의 크기와 F_2의 크기는 같다.

㉡ : 수직 항력은 접촉면이 물체를 수직으로 떠받치는 힘이므로 물체의 운동 방향과 수직이다. 따라서 A에 작용한 수직 항력이 한 일은 0이다.

㉢ : A가 s만큼 이동하는 순간 A의 운동 에너지는 F_1이 한 일과 중력 퍼텐셜 에너지 감소량의 합과 같고, B가 s만큼 이동하는 순간 B의 운동 에너지는 일·운동 에너지 정리에 의해 F_2s이다. 따라서 s만큼 이동하는 동안 운동 에너지 증가량은 A가 B보다 크다.

02

㉠ : 전동기가 물체에 한 일은 $100\times 5=500(\text{J})$이다.

㉡ : 물체의 가속도의 크기는 물체에 작용한 알짜힘을 질량으로 나눈 것이다. 물체에 작용하는 알짜힘은 줄이 물체를 당기는 힘과 물체에 작용하는 중력의 합이므로 가속도의 크기는 $\dfrac{100-40}{4}=15(\text{m/s}^2)$이다.

㉢ : 물체의 중력 퍼텐셜 에너지 증가량은 $4\times 10\times 5=200(\text{J})$이다.

03

㉠ : 물체의 가속도는 속도-시간 그래프의 기울기와 같으므로 $\dfrac{4}{2}=2(\text{m/s}^2)$이다. 따라서 F의 크기는 $1\times 2=2(\text{N})$이다.

㉡ : 물체가 이동한 거리는 속도-시간 그래프에서 그래프 아래 부분의 넓이이므로 0초부터 1초까지 물체가 이동한 거리는 1 m이다.

㉢ : 0초부터 2초까지 물체가 힘의 방향으로 이동한 거리가 4 m이므로 F가 한 일은 $2\times 4=8(\text{J})$이다.

04

㉠ : $x=1$ m에서 $x=2$ m까지 운동할 때 4 N의 힘이 작용했으므로 가속도의 크기는 $\dfrac{4}{2}=2(\text{m/s}^2)$이다.

✘ : 물체에 작용하는 중력의 방향은 물체의 이동 방향과 수직이므로 중력이 물체에 한 일은 0이다.

✘ : $F-x$ 그래프에서 그래프 아래 부분의 넓이는 힘이 한 일을 나타낸다. 일·운동 에너지 정리에 의해 $x=1$ m에서 물체의 운동 에너지는 $E_{k1}=\frac{1}{2}\times 2\times v_1{}^2=2(J)$이고, $x=2$ m에서 물체의 운동 에너지는 $E_{k2}=\frac{1}{2}\times 2\times v_2{}^2=6(J)$이다. 따라서 $v_1=\sqrt{2}$ m/s이고, $v_2=\sqrt{6}$ m/s이므로 물체의 속력은 $x=2$ m에서가 $x=1$ m에서의 $\sqrt{3}$배이다.

05

✘ : 물체의 가속도의 크기는 $\frac{10-2}{2}=4(m/s^2)$이다.

㉡ : 물체가 등가속도 직선 운동을 하였으므로 물체의 이동 거리=평균 속력×시간=$\frac{2+10}{2}\times 2=12(m)$이다.

㉢ : F의 크기는 $2\times 4=8(N)$이고, 이동 거리는 12 m이므로 F가 한 일은 $8\times 12=96(J)$이다.
(별해) F가 한 일은 물체의 운동 에너지 변화량과 같으므로 $\frac{1}{2}\times 2\times 10^2-\frac{1}{2}\times 2\times 2^2=96(J)$이다.

06

㉠ : A를 잡고 있던 손을 놓았을 때 A는 위로, B는 아래로 등가속도 직선 운동을 하므로 질량은 B가 A보다 크다.

✘ : A와 B 사이의 높이 차가 $2h$이었으므로 A와 B의 높이가 같아질 때까지 A, B가 각각 이동한 거리는 h이다. 따라서 중력이 B에 한 일은 $m_B gh$이다.

✘ : A와 B의 역학적 에너지는 보존되지만, B의 역학적 에너지는 감소하고 A의 역학적 에너지는 증가한다.

07

㉠ : 용수철저울의 눈금은 A에 작용하는 알짜힘의 크기와 같으므로 2 N이다.

✘ : A와 B는 하나의 물체처럼 운동하므로 F의 크기는 $3\times 2=6(N)$이다.

㉢ : 2초 후 A와 B의 운동 에너지의 합은 F가 한 일과 같다. 2초 동안 A, B의 이동 거리는 $\frac{1}{2}\times 2\times 2^2=4(m)$이므로 F가 한 일은 $6\times 4=24(J)$이다.

08

✘ : B의 감소한 중력 퍼텐셜 에너지는 A와 B의 운동 에너지 증가량의 합과 같다. A의 운동 에너지 증가량은 B의 중력 퍼텐셜 에너지 감소량의 $\frac{1}{3}$배이고, B의 운동 에너지는 B의 중력 퍼텐셜 에너지 감소량의 $\frac{2}{3}$배이므로 B의 운동 에너지는 A의 운동 에너지의 2배이다. A와 B의 속력이 같으므로 운동 에너지의 비는 질량의 비와 같다. 따라서 질량은 B가 A의 2배가 되어야 하므로 $m=4$ kg이다.

㉡ : B의 감소한 중력 퍼텐셜 에너지는 $4\times 10\times 0.3=12(J)$이다. A가 q에 도달하는 순간의 속력을 v라고 할 때 B의 감소한 중력 퍼텐셜 에너지와 A와 B의 운동 에너지 증가량의 합이 같으므로 $12=\frac{1}{2}\times(2+4)\times v^2$에서 $v=2$ m/s이다.

✘ : B의 역학적 에너지 감소량은 A의 운동 에너지 증가량과 같으므로 $\frac{1}{2}\times 2\times 2^2=4(J)$이다.

09

㉠ : 물체가 평형 위치를 지나는 순간에 물체의 운동 에너지는 최대이고, 이때의 운동 에너지가 탄성력 퍼텐셜 에너지와 같으므로 $\frac{1}{2}\times 4\times(\sqrt{2})^2=\frac{1}{2}\times 200\times x^2$에서 $x=0.2(m)$이다.

㉡ : 물체의 최대 운동 에너지는 물체의 최대 중력 퍼텐셜 에너지와 같으므로 $\frac{1}{2}\times 4\times(\sqrt{2})^2=4\times 10\times h$에서 $h=0.1(m)$이다.

✘ : 탄성력은 $k\Delta x$(Δx는 변형된 길이)이므로 용수철이 압축된 상태에서 물체를 놓았을 때, 평형 위치까지 이동하면서 용수철이 물체에 작용하는 탄성력은 점점 작아진다. 따라서 물체의 운동은 등가속도 직선 운동이 아니다.

10

✘ : A, B에 작용하는 알짜힘은 $3mg-mg=4ma$에서 $a=\frac{1}{2}g$이다.
A, B는 정지 상태에서 크기가 $a=\frac{1}{2}g$인 가속도로 등가속도 직선 운동을 하여 h만큼 이동하므로 $v=\sqrt{2\times\frac{1}{2}g\times h}=\sqrt{gh}$이다.

㉡ : 줄이 끊어지기 전 A의 속력은 $\sqrt{gh}$이고, 중력 가속도를 받으며 연직 위로 올라가므로 속력이 0이 될 때까지 더 올라가는 높이 $H=\frac{(\sqrt{gh})^2}{2g}=\frac{1}{2}h$이다. 따라서 A의 최고 높이는 수평면으로부터 $h+\frac{1}{2}h=\frac{3}{2}h$이다.

✘ : A를 놓은 후 B가 수평면에 도달할 때까지 A의 중력 퍼텐셜 에너지 증가량은 mgh이고, B의 운동 에너지 증가량은 $\frac{1}{2}\times 3m\times v^2=\frac{3}{2}mgh$이다. 따라서 A를 놓은 후 B가 수평면에 도달할 때까지 A의 중력 퍼텐셜 에너지 증가량은 B의 운동 에너지 증가량의 $\frac{2}{3}$배이다.

11

㉠ : 지면을 기준으로 할 때 물체의 중력 퍼텐셜 에너지는 $2\times 10\times 2=40(J)$이고, 탄성력 퍼텐셜 에너지는 $\frac{1}{2}\times 500\times 0.4^2=40(J)$이다. 역학적 에너지가 보존되므로 p에서 물체의 역학적 에너지는 80 J이다.

✘ : 수평면에서 물체의 역학적 에너지는 지면에서 모두 운동 에너지로 전환되므로 지면에서 물체의 속력을 v라고 하면 $80=\frac{1}{2}\times 2\times v^2$에서 $v=4\sqrt{5}$ m/s이다.

㉢ : A에서 마찰력이 한 일은 물체의 운동 에너지 감소량과 같으므로 $\frac{1}{2}\times 2\times 6^2-80=-44(J)$이다.

12

⓵ : 물체의 역학적 에너지가 보존되므로 수평면을 기준으로 할 때 물체의 역학적 에너지는 a에서의 역학적 에너지와 같다. 즉, 물체의 질량을 m이라고 하면 $8mgh + \frac{25}{2}mv_0^2$이다. 물체가 a에서 b로 운동할 때 증가한 중력 퍼텐셜 에너지는 감소한 운동 에너지와 같다. 즉, $3mgh = \frac{1}{2}m(5v_0)^2 - \frac{1}{2}m\left(\frac{5}{2}v_0\right)^2$에서 $mgh = \frac{25}{8}mv_0^2$이다. 따라서 수평면을 기준으로 물체의 역학적 에너지는 $12mgh$이다.

⓶ : 물체의 역학적 에너지가 보존되므로 $12mgh$는 d에서의 역학적 에너지와 같다. 즉, $12mgh = 12 \times \frac{25}{8}mv_0^2 = \frac{75}{2}mv_0^2$ 이므로 $\frac{75}{2}mv_0^2 = \frac{22}{3} \times \frac{1}{2}mv^2 + \frac{1}{2}mv^2$에서 $v = 3v_0$이다.

✗ : c에서 운동 에너지는 $12mgh - 3mgh = 9mgh$이고, e에서 운동 에너지는 $12mgh$이므로 물체의 속력은 e에서가 c에서의 $\frac{2\sqrt{3}}{3}$배이다.

서답형 문제

본문 024쪽

01 해설 참조
02 해설 참조
03 (다), 해설 참조
04 2 : 1, 해설 참조
05 20 m/s

01

물체에 알짜힘이 한 일은 물체의 운동 에너지 변화량과 같다.

[모범답안] (가), (나)에서 물체는 각각 연직 위 방향과 수평 방향으로 등속도 운동을 하므로 물체에 작용하는 알짜힘이 0이어서 한 일도 0이다. (다)에서 물체에는 수평 방향으로 알짜힘이 작용하고, 수평 방향으로 이동하므로 알짜힘이 한 일이 0이 아니다.

채점 기준	배점
(가), (나)에서 알짜힘이 한 일이 0이고, (다)에서 알짜힘이 한 일이 0이 아닌 까닭을 옳게 서술한 경우	100 %
(가), (나)에서 알짜힘이 한 일이 0인 까닭과 (다)에서 알짜힘이 한 일이 0이 아닌 까닭 중 한 가지만 옳게 서술한 경우	50 %

02

물체에 중력만 작용할 때 역학적 에너지는 일정하게 보존되고, 충돌의 종류에 관계없이 충돌 전후의 총 운동량은 보존된다.

[모범답안]

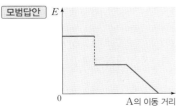

A의 역학적 에너지는 A를 경사면에 가만히 놓을 때부터 B와 충돌하기 전까지 일정하고, B와 충돌하면 감소하여 마찰이 있는 수평면에 도달하는 순간까지 일정하다. 마찰이 있는 수평면에서는 이동 거리에 따라 일정하게 감소한다.

채점 기준	배점
그래프를 옳게 그리고, 그래프를 그린 까닭을 옳게 서술한 경우	100 %
그래프만 옳게 그리거나 그래프를 그린 까닭만 옳게 서술한 경우	50 %

03

물체에 중력만 작용할 경우 물체의 역학적 에너지는 보존된다. (나)의 경우 최고점에서 운동 에너지를 가지므로 역학적 에너지가 증가한 경우이다.

[모범답안] (다), A 지점에 있는 물체는 기준면으로부터 A 지점에 해당하는 중력 퍼텐셜 에너지를 가지고, 이 중력 퍼텐셜 에너지가 물체의 역학적 에너지가 되어 운동 과정에서 보존된다. B를 통과한 물체는 최고점에서 운동 에너지를 가지고, 역학적 에너지가 보존되므로 최고점이 A의 위치보다 낮은 (다)의 경로를 따라 운동한다.

채점 기준	배점
(다)를 고르고, 그 까닭을 역학적 에너지로 옳게 서술한 경우	100 %
(다)만 고른 경우	50 %

04

높이 h인 곳에서 자유 낙하 하여 지면에 도달하는 순간 물체의 속력은 $\sqrt{2gh}$이며, 역학적 에너지가 보존될 때 물체의 중력 퍼텐셜 에너지 변화량과 운동 에너지 변화량은 같다.

[모범답안] 2 : 1, A에서 물체의 운동 에너지는 4 m 높이에서 자유 낙하하면서 감소한 중력 퍼텐셜 에너지와 같으므로 $mg \times (2\,\text{m})$이고, B에서 물체의 운동 에너지는 2 m 높이에서 자유 낙하 하면서 감소한 중력 퍼텐셜 에너지와 같으므로 $mg \times (1\,\text{m})$이다. 따라서 그래프의 A와 B에 해당하는 높이를 지나는 순간 공의 운동 에너지의 비는 2 : 1이다.

채점 기준	배점
A, B에서 공의 운동 에너지의 비를 옳게 쓰고, 그 계산 과정을 옳게 서술한 경우	100 %
A, B에서 공의 운동 에너지의 비와 비를 구하는 계산 과정 중 한 가지만 옳게 서술한 경우	50 %

05

역학적 에너지는 보존되므로 10 m 높이에서 물체의 역학적 에너지는 지면에서 물체의 운동 에너지와 같다. 따라서 물체의 질량을 m이라고 하면 $m \times 10 \times 10 + \frac{1}{2} \times m \times (10\sqrt{2})^2 = \frac{1}{2}mv^2$에서 $v = 20$ m/s이다.

04 열역학 법칙

01

㉠ : 기체가 팽창하므로 기체는 외부에 일을 한다.

㉡ : 단열된 상태에서 기체가 팽창하므로 기체의 내부 에너지는 외부에 한 일만큼 감소한다.

㉢ : 기체의 부피가 팽창하고 내부 에너지가 감소하므로 기체의 압력은 감소한다.

02

㉠ : (가)의 피스톤은 자유롭게 움직일 수 있으므로 (가)에 열을 공급하면 A는 팽창하여 외부에 일을 한다.

㉡ : (가)와 (나)에 Q를 공급하면 A의 내부 에너지는 공급한 열에서 외부에 한 일을 뺀 만큼 증가하지만, B는 외부에 일을 하지 않기 때문에 공급한 열만큼 내부 에너지가 증가한다. 내부 에너지는 온도에 비례하므로 Q를 공급한 후 기체의 온도는 내부 에너지 증가량이 큰 B가 A보다 높다.

㉢ : (가)와 (나)에 Q를 공급할 때 A는 부피가 증가하고, B는 부피가 일정하므로 Q를 공급한 후 기체의 압력은 B가 A보다 크다.

03

㉠ : 탁구공의 찌그러진 부분이 펴지면서 기체의 부피가 증가하므로 기체는 외부에 일을 한다.

㉡, ㉢ : 탁구공 내부의 기체에는 외부로부터 열이 공급되므로 기체의 내부 에너지는 증가하고, 기체의 압력도 증가한다.

04

㉠ : 가스가 분사되면서 바람의 세기가 점점 약해지는 것은 가스의 압력이 낮아지기 때문이다. 따라서 가스가 분사되면서 용기 내부의 압력은 낮아진다.

㉡ : 가스가 분사되면 용기 내부의 부피는 일정하지만 용기 내부의 기체의 압력이 낮아지기 때문에 용기 내부의 기체의 온도는 내려간다.

㉢ : 가스가 분사되면 용기 내부의 온도가 내려가서 금속 용기의 온도가 낮아지고, 용기 외부 가까이에 있는 수증기가 열을 빼앗겨 응결하여 금속 용기 외부에 물방울이 맺히게 된다.

05

㉠ : 고정핀을 제거하였을 때 칸막이가 B쪽으로 움직였으므로 기체의 압력은 A에서가 B에서보다 크다.

㉡ : A의 기체는 단열 팽창하면서 B의 기체에 일을 하였고, B의 기체는 단열 상태에서 외부로부터 일을 받았으므로 A의 기체가 한 일은 B의 기체의 내부 에너지 증가량과 같다.

㉢ : 고정핀을 제거한 후 A와 B의 기체는 외부와 열 출입이 없고, A의 기체가 한 일은 B의 기체의 내부 에너지 증가량과 같으므로 A, B에 들어 있는 기체의 전체 에너지는 일정하다.

06

㉠ : 칸막이가 정지해 있으므로 A와 B의 기체가 칸막이에 작용하는 힘은 평형을 이루고 있다. 각 기체가 칸막이에 작용하는 압력은 힘을 단면적으로 나눈 것이므로 기체의 압력은 A에서와 B에서가 같다.

㉡ : A와 B의 기체의 압력은 같고, 부피는 B가 A의 2배이므로 기체의 절대 온도는 B에서가 A에서의 2배이다.

㉢ : 기체 분자 한 개의 평균 운동 에너지는 기체의 온도에 비례한다. 기체의 온도는 B에서가 A에서의 2배이므로 기체 분자 한 개의 평균 운동 에너지도 B에서가 A에서의 2배이다.

07

㉠ : 기체의 압력과 부피의 곱이 (나)에서가 (가)에서보다 크므로 기체의 절대 온도는 (나)에서가 (가)에서보다 크다.

㉡ : (가) → (나) 과정에서 기체의 온도가 증가하였고, 기체의 내부 에너지는 기체의 온도에 비례하므로 기체의 내부 에너지는 증가하였다.

㉢ : 기체는 열을 공급받아 부피가 증가하였으므로 외부에 일을 하였고, 내부 에너지가 증가하였다. 따라서 기체에 공급된 열은 기체의 내부 에너지 증가량과 기체가 한 일의 합과 같다.

08

㉠ : (가)에서 피스톤이 정지해 있으므로 피스톤에 작용하는 알짜힘은 0이다. 기체의 압력을 P라고 하면 $PS=mg$이므로 $P=\dfrac{mg}{S}$이다.

㉡ : (가) → (나) 과정에서 기체가 추를 h만큼 이동시켰고, 기체가 한 일은 추의 중력 퍼텐셜 에너지 증가량과 같으므로 (가) → (나) 과정에서 기체가 한 일은 mgh이다.

㉢ : (가) → (나) 과정에서 기체의 압력은 일정하지만 기체의 부피가 증가하였으므로 기체의 온도는 증가하였다. 따라서 기체의 내부 에너지도 증가하였으므로 내부 에너지는 (나)에서가 (가)에서보다 크다.

09

㉠ : Q를 공급하기 전 피스톤이 정지해 있으므로 A, B가 각각 피스톤에 작용하는 힘의 크기는 같고, 두 피스톤의 단면적이 같으므로 A와 B의 압력은 같다.

㉡ : 피스톤이 이동하는 동안 단열된 상태에서 B는 일을 받으므로 받은

일만큼 내부 에너지가 증가하여 B의 온도는 증가한다.

ㄷ : A는 Q를 공급받아 내부 에너지가 증가하고, B에 일을 한다. B가 받은 일은 B의 내부 에너지 증가량과 같으므로 Q는 A의 내부 에너지 증가량과 B의 내부 에너지 증가량의 합과 같다.

10

ㄱ : A → B 과정에서 기체의 부피가 증가하므로 기체의 온도가 증가하여 내부 에너지가 증가하고, 기체는 외부에 일을 한다. 따라서 기체는 열을 흡수한다.

ㄴ : 압력-부피 그래프에서 그래프 아래 부분의 넓이는 기체가 한 일이다. 그래프 아래 부분의 넓이는 A → B 과정이 A → C 과정보다 크므로 기체가 한 일은 A → B 과정에서가 A → C 과정에서보다 크다.

ㄷ : A → C 과정에서 기체가 한 일은 기체의 내부 에너지 감소량과 같으므로 기체의 온도는 감소한다.

11

ㄱ : A → B 과정에서 기체의 온도가 감소하므로 기체 분자 한 개의 평균 운동 에너지는 감소한다.

ㄴ : B → C 과정에서 기체의 온도는 일정하므로 내부 에너지의 변화가 없다. 따라서 B → C 과정에서 기체가 받은 일은 기체가 방출한 열량과 같다.

ㄷ : C → A 과정에서 기체는 일을 하지 않고, 온도가 증가하므로 기체는 외부로부터 열을 흡수한다.

12

ㄱ : A와 C에서 기체의 부피와 압력의 곱이 같으므로 기체의 온도는 같다.

ㄴ : B → C 과정에서 기체는 외부에 일을 하지 않고, 내부 에너지는 감소하므로 기체는 열을 외부로 방출한다.

ㄷ : A → B → C → D → A 과정 중 A → B 과정에서 기체의 부피가 팽창하므로 기체는 외부에 일을 한다. 또한 C → D → A 과정에서 기체의 부피가 감소하므로 기체는 외부로부터 일을 받는다. 결국 A → B → C → D → A 과정에서 기체가 한 일은 A → B → C → D → A 그래프 내부의 넓이와 같으므로 $3P_0V_0$이다.

13

ㄱ : A → B 과정은 등온 과정이므로 기체의 내부 에너지 변화가 없다. 따라서 기체는 외부로부터 공급받은 열만큼 외부에 일을 한다.

ㄴ : B → C 과정에서 기체의 부피가 감소하므로 기체는 일을 받지만, 기체의 온도가 감소하므로 기체의 내부 에너지는 감소한다. 따라서 기체는 외부로부터 받은 일보다 더 많은 열을 외부로 방출한다.

ㄷ : A에서 기체의 압력을 P_A, C에서 기체의 압력을 P_C라고 할 때 $\dfrac{P_A V_0}{3T_0} = \dfrac{P_C(2V_0)}{2T_0}$이므로 기체의 압력은 A에서가 C에서의 3배이다.

14

ㄱ : (가) → (나) 과정에서 외부와 열 출입이 없으므로 기체의 온도는 변화가 없다. 따라서 $T_1 = T_2$이다.

ㄴ : (가) → (나) 과정에서 기체의 온도는 일정하고, 기체의 부피는 2배

가 되므로 기체의 압력은 감소한다. 따라서 $P_1 > P_2$이다.

ㄷ : (가)의 A에만 있던 기체가 (나)와 같이 A, B에 고르게 퍼지는 현상은 자발적으로 일어나지만, (나)의 A, B에 고르게 퍼져 있던 기체가 (가)와 같이 A에만 모이는 현상은 자발적으로 일어나지 않는다. 따라서 (가) → (나) 과정은 비가역 과정이다.

15

ㄱ : 일은 고온부로부터 공급받은 열에너지에서 저온부로 방출한 열에너지를 뺀 값이므로 $W = 8Q_0 - 6Q_0 = 2Q_0$이다.

ㄴ : 이 열기관의 열효율은 $\dfrac{\text{한 일}}{\text{공급한 열}}$이므로 $e = \dfrac{2Q_0}{8Q_0} = 0.25$이다.

ㄷ : 열기관은 열을 공급받아 외부에 일을 하므로 열에너지를 역학적 에너지로 전환시켜 주는 장치이다.

16

ㄱ : 열기관의 열효율은 $0.25 = \dfrac{W}{Q_1} = \dfrac{W}{W+Q_2}$에서 $Q_2 = 3W$이다.

ㄴ : A → B 과정에서 기체의 온도가 증가하므로 기체의 내부 에너지는 증가한다.

ㄷ : B → C 과정은 단열 팽창 과정이므로 기체에 공급되는 열이 없다. 따라서 기체가 한 일은 기체의 내부 에너지 감소량과 같다.

서답형 문제

본문 031쪽

01 해설 참조
02 해설 참조
03 해설 참조
04 해설 참조
05 $Q_1 = \dfrac{10}{7}Q_2$, $W = \dfrac{3}{7}Q_2$

01

지표면 근처의 공기 덩어리가 상승하면 부피가 팽창하고, 내부 온도가 내려간다. 공기 덩어리의 온도가 이슬점에 도달하면 물방울이 생성된다.

모범답안 공기 덩어리가 상승하면 기압이 낮아지므로 단열 팽창을 하고, 기체는 단열 상태에서 외부에 일을 하므로 내부 에너지가 감소하여 온도가 내려간다. 이때 수증기와 물 분자의 구성 상태가 변하면서 구름이 생성된다.

채점 기준	배점
단열 팽창 과정을 언급하여 구름이 생성되는 과정을 옳게 서술한 경우	100 %
단열 팽창 과정을 언급하지 못하고, 구름이 생성되는 과정을 단순하게 서술한 경우	50 %

02

기체가 팽창하면 기체는 외부에 일을 한다. 등압 팽창의 경우 기체가 한 일보다 흡수한 열이 크고, 단열 팽창의 경우 기체가 한 일과 내부 에너지 감소량이 같다.

모범답안 기체의 압력, 온도는 (가)에서가 (나)에서보다 크고, (가)와 (나)에서 기체가 팽창한 부피는 같지만 (가)에서는 기체의 압력이 일정하고 (나)에서는 기체의 압력이 감소하므로 기체가 외부에 한 일은 (가)에서가 (나)에서보다 크다.

채점 기준	배점
등압 팽창과 단열 팽창을 이해하고, 기체의 압력, 온도, 기체가 한 일을 옳게 비교하여 서술한 경우	100 %
기체의 압력, 온도, 기체가 한 일을 비교하여 서술하지 못하고, 단순히 기체의 열역학 과정만을 옳게 비교한 경우	50 %

03

기체의 온도가 내려가면 기체의 내부 에너지가 감소하고, 등압 과정에서 기체가 받은 일은 기체가 방출한 열보다 작다.

모범답안 기체의 압력은 일정하게 유지된다. 기체의 온도가 내려가므로 내부 에너지는 감소한다. 기체는 외부로부터 일을 받는다. 기체는 외부로 열을 방출한다. 이때 기체가 방출한 열은 기체가 받은 일보다 크다.

채점 기준	배점
(가) → (나)의 열역학 과정에서 나타나는 현상을 네 가지 이상 옳게 서술한 경우	100 %
(가) → (나)의 열역학 과정에서 나타나는 현상을 두 가지만 옳게 서술한 경우	50 %

04

제2종 영구 기관은 열역학 제1법칙인 에너지 보존 법칙에는 위배되지 않으나, 열역학 제2법칙에 위배된다.

모범답안 열역학 제1법칙은 공급받은 열이 외부에 한 일과 기체의 내부 에너지 증가량의 합과 같다는 에너지 보존 법칙이므로 P를 통한 열역학 과정은 열역학 제1법칙에 위배되지 않는다. 그러나 열은 온도가 높은 곳에서 낮은 곳으로 이동하는 비가역 과정이므로 온도가 낮은 해수에서 얻은 열이 온도가 높은 열기관으로 저절로 이동하지 않는다. 따라서 P와 같은 열기관을 제작하는 것은 불가능하다.

채점 기준	배점
P를 통한 열역학 과정이 열역학 제1법칙에 위배되는지 여부와 P가 실제로 제작이 불가능한 까닭을 열역학 제2법칙에 근거하여 옳게 서술한 경우	100 %
P를 통한 열역학 과정에 대해 열역학 제1법칙 또는 열역학 제2법칙에 근거하여 하나만 옳게 서술한 경우	50 %

05

열기관의 열효율율이 0.3이므로 $\dfrac{3}{10}=1-\dfrac{Q_2}{Q_1}$에서 $Q_1=\dfrac{10}{7}Q_2$이고, $W=Q_1-Q_2=\dfrac{10}{7}Q_2-Q_2=\dfrac{3}{7}Q_2$이다.

05 특수 상대성 이론 및 질량과 에너지

핵심 개념 체크
본문 032~033쪽

1 상대성 **2** 광속 불변 **3** (1) ○ (2) × (3) ×
4 고유 시간, 길 **5** (1) ○ (2) × (3) ○
6 질량 결손 **7** 핵분열, 핵융합

출제 예상 문제
본문 034~037쪽

01 ⑤	**02** ④	**03** ④	**04** ④	**05** ②
06 ④	**07** ①	**08** ④	**09** ⑤	**10** ③
11 ④	**12** ④	**13** ⑤	**14** ⑤	**15** ⑤
16 ④				

01

ㄱ : 마이컬슨과 몰리의 실험 결과, 광원에서 방출된 빛이 거울 1과 거울 2를 거쳐 빛 검출기에 도달할 때까지 시간 차이는 없었으며, 실험 장치의 방향에 관계없이 항상 동시에 도달하였다.

ㄴ : 실험 장치를 다른 방향으로 하여 에테르 효과를 다르게 주어 보았으나 광원에서 방출된 빛은 빛 검출기에 항상 동시에 도달하여 에테르 효과는 확인할 수 없었다.

ㄷ : 아인슈타인은 에테르는 없고, 빛은 매질 없이도 진행하는 파동이며, 빛의 속력은 어느 관측자에게나 운동 상태에 관계없이 항상 같게 측정된다고 하였다.(광속 불변 원리)

02

㉠ : (가)에서 C가 측정한 화살의 속력은 기차의 속력과 화살의 속력의 합이므로 300 km/h이다.

ㄴ : (나)에서 빛의 속력은 광원의 속력, 기차의 속력, 관찰자의 속력과 관계없이 광속 불변 원리에 의해 c로 동일하다.

㉢ : (나)에서 B에 대한 C의 상대 속도의 크기와 C에 대한 B의 상대 속도의 크기는 같다. 따라서 B가 측정한 C의 시간과 C가 측정한 B의 시간은 동일한 시간 지연이 나타나므로 두 시간은 같다.

03

㉠ : A가 측정할 때 자신은 제자리 뛰기를 하여 뛰기 전후에 위치의 변화가 없었으므로 수직 위로 뛰었다가 내려온 것으로 측정한다. 즉, A는 자신이 운동할 때 중력만 작용하는 것으로 측정한다.

ㄴ : B가 측정할 때 A는 포물선 운동을 하여 기차의 원래 자리로 떨어지므로 수평 방향으로는 등속도 운동을 하고, 수직 방향으로는 중력만 받는 운동을 하는 것으로 측정한다.

㉢ : A와 B가 A의 운동을 설명하는 물리 법칙은 A의 질량이 m, 중력 가속도가 g일 때 $F=ma=mg$로 동일하다.

04

㉠ : 구에 대해 움직이는 관측자가 측정할 때 운동 방향으로 구의 길이가 짧게 측정된다. 따라서 구의 부피는 길이 수축이 더 작은 A에서가 B에서보다 크게 측정된다.

㉴ : 광속 불변 원리에 의해 빛의 속력은 광원과 관측자의 운동 상태에 관계없이 일정하게 측정된다.

㉢ : A에서 측정할 때 B에서의 시간은 시간 지연이 나타나므로 자신의 시간보다 느리게 가는 것으로 측정한다.

05

㉴ : B가 측정할 때 운동 방향으로의 우주선의 길이는 짧아지고, A가 측정한 우주선의 길이는 고유 길이이다. 따라서 운동 방향으로의 우주선의 길이는 A가 측정할 때가 B가 측정할 때보다 길다.

㉡ : B가 측정할 때 우주선은 P에서 Q까지 v의 속력으로 시간 t_0 동안 이동하므로 P에서 Q까지의 거리는 vt_0이다.

㉴ : 우주선이 P에서 Q까지 이동하는 데 걸리는 시간은 A가 측정할 때가 고유 시간이고, B가 측정할 때가 지연된 시간이다. 따라서 A가 측정할 때 우주선이 P에서 Q까지 이동하는 데 걸리는 시간은 t_0보다 짧다.

06

㉴ : B가 측정할 때 광원에서 방출된 빛은 P, Q에 동시에 도달하므로 A가 측정할 때 광원에서 P까지의 거리는 광원에서 Q까지의 거리보다 길다. 따라서 A가 측정할 때 광원에서 방출된 빛은 P보다 Q에 먼저 도달한다.

㉡ : A가 측정할 때 P와 Q 사이의 거리 L_0은 고유 거리이다. B가 측정할 때 P와 Q 사이의 거리는 짧아지므로 L_0보다 짧다.

㉢ : 광속 불변 원리에 의해 A, B가 측정한 광원에서 방출된 빛의 속력은 같다.

07

A는 우주선 Ⅱ에 대해 정지해 있으므로 A가 우주선 Ⅱ의 광원에서 방출된 빛을 측정하면 B가 측정한 경로와 같으므로 A가 측정한 경로는 ↕ 이다. 우주선 Ⅱ에서 거울에서 반사된 빛은 광원으로 되돌아가야 하고, 빛이 천장에서 거울까지 왕복하는 동안 우주선 Ⅱ는 C에 대해 오른쪽으로 이동하고 있으므로 C가 측정한 빛의 경로는 ⋁ 이다.

08

㉠ : P에서 측정한 Q의 속력과 Q에서 측정한 P의 속력은 서로 같으므로 길이 수축이 되는 정도도 같아서 P에서 측정한 Q의 길이는 Q에서 측정한 P의 길이와 같다.

㉡ : P에서 측정한 Q의 시간은 시간 지연이 나타나므로 자신의 시간보다 느리게 간다.

㉴ : Q에서 측정할 때 a와 a′가 일치하는 사건과 b′에서 빛을 방출하는 사건은 동시에 일어난 사건이다. 이 두 사건이 동시에 일어날 때 Q에서 측정한 P의 길이는 길이 수축에 의해 Q의 고유 길이보다 짧다. 따라서 Q에서 측정할 때 b′에서 빛을 방출하기 전에 b는 b′를 지나가지 못하므로 P에서 관측할 때도 b′에서 빛을 방출하기 전에 b는 b′를 지나가지 못

한다. 그 까닭은 P에서 관측할 때 a와 a′가 일치하는 사건과 b′에서 빛을 방출하는 사건이 동시에 일어난 사건이 아니기 때문이다.

09

㉴ : 광원과 P 사이의 거리, 광원과 Q 사이의 거리가 같다면, A에서 측정할 때 P는 광원 쪽으로 이동하고 있으므로 광원에서 방출된 빛은 P에 먼저 도달한다. 그러나 광원에서 방출된 빛은 P, Q에 동시에 도달하므로 C가 측정할 때 광원과 P 사이의 거리는 광원과 Q 사이의 거리보다 길다.

㉡ : 고유 길이는 광원에서 P까지가 광원에서 Q까지보다 길고, B가 측정할 때 광원과 Q 사이의 거리는 길이 수축이 일어나므로 B가 측정할 때 광원에서 방출된 빛은 Q에 먼저 도달한다.

㉢ : 관찰자에 대한 상대 속도가 클수록 시간 지연이 커지므로 C가 측정할 때 A의 시간은 B의 시간보다 느리게 간다.

10

㉠ : A가 측정한 우주선의 길이 L_0은 고유 길이이고, B가 측정한 우주선의 길이는 짧아진 길이이므로 L_0보다 짧다.

㉡ : B가 측정할 때 P, Q에서 동시에 빛이 방출되었으나, A는 P로부터 멀어지는 방향으로, Q에는 가까워지는 방향으로 이동하므로 A는 P보다 Q에서 먼저 빛이 방출된 것으로 측정한다.

㉴ : A가 측정할 때 P에서 Q까지의 거리는 짧아진 거리이고, B가 측정할 때 P와 Q 사이의 거리는 고유 거리이다. A와 B가 측정하는 우주선의 속력은 $0.7c$로 동일하므로 우주선이 P에서 Q 사이를 이동하는 데 걸리는 시간은 A가 측정할 때가 B가 측정할 때보다 짧다.

11

㉠ : B가 측정한 뮤온의 수명은 늘어난 시간이므로 t보다 길다.

㉴ : B가 측정할 때 뮤온의 속력은 $0.99c$이고, 붕괴될 때까지 걸리는 시간은 t보다 크므로 H는 $0.99ct$보다 크다.

㉢ : A는 뮤온에 대해 정지해 있으므로 A의 좌표계에서 측정한 뮤온의 수명은 고유 시간 t이다. 따라서 뮤온의 좌표계에서 측정할 때 뮤온이 생성되어 붕괴될 때까지 걸리는 시간은 t이다.

12

㉴ : 질량을 가진 물체가 빠른 속력으로 운동할 때 물체는 상대론적 질량을 가지게 되며, 속력이 빠를수록 상대론적 질량은 커진다. 따라서 관측자가 측정한 입자의 질량은 (나)에서가 (가)에서보다 크다.

㉡ : 입자의 질량은 질량 · 에너지 동등성에 의해 에너지로 전환될 수 있다.

㉢ : 관측자가 측정한 입자의 에너지는 정지 질량보다 큰 상대론적 질량을 가지는 (나)에서가 (가)에서보다 크다.

13

㉴ : A의 좌표계는 양성자에 대해 정지한 좌표계이므로 A가 측정한 양성자의 질량은 정지 질량이고, B의 좌표계는 양성자에 대해 움직이는 좌표계이므로 B가 측정한 양성자의 질량은 상대론적 질량으로 양성자의 정지 질량보다 크다.

㉡ : 양성자의 에너지는 양성자에 대한 상대 속도의 크기가 클수록 증가

하므로 양성자의 에너지는 상대 속도의 크기가 큰 C가 측정할 때가 B가 측정할 때보다 크다.

ⓒ : A에 대한 C의 속력은 0.9c이고, B에 대한 C의 속력은 0.5c이다. 상대 속도의 크기가 클수록 시간 지연이 크게 나타나므로 C의 시간은 A가 측정할 때가 B가 측정할 때보다 느리게 간다.

14

ㄱ : 가벼운 핵이 핵반응하여 무거운 핵으로 되는 과정은 핵융합 반응이다.

ⓛ : 핵융합 과정에서 발생한 질량 결손이 에너지로 전환된다. (가)에서 17.6 MeV는 핵융합 과정에서 발생한 질량 결손에 의한 에너지이다.

ⓒ : 핵반응 이후 발생한 에너지는 (나)에서가 (가)에서보다 크므로 핵반응 과정에서의 질량 결손은 (나)에서가 (가)에서보다 크다.

15

ㄱ : 무거운 원자핵이 가벼운 원자핵으로 분열되므로 핵분열을 이용한 발전 방식이다.

ⓛ : 핵반응 전 질량수는 235＋1＝236이고, 핵반응 후 질량수는 141＋92＋(3×1)＝236이므로 핵반응 과정에서 질량수는 보존된다.

ⓒ : 핵발전은 핵반응 과정에서 질량 결손 m에 의해 $E=mc^2$(단, c는 빛의 속력)에 해당하는 에너지를 얻는다.

16

ㄱ : 가벼운 원자핵이 핵반응 후 무거운 원자핵으로 되었으므로 핵융합을 이용한 발전 방식이다.

ㄴ : 핵반응 후 발생한 에너지는 핵반응 과정에서 질량 결손에 의한 것이므로 질량의 합은 핵반응 전보다 핵반응 후가 더 작다.

ⓒ : ${}_1^3H$의 중성자 수는 3－1＝2이고, ${}_2^4He$의 중성자 수는 4－2＝2이므로 ${}_1^3H$와 ${}_2^4He$의 중성자 수는 같다.

서답형 문제

본문 038쪽

01 해설 참조
02 민수
03 해설 참조
04 해설 참조
05 해설 참조

01

동시성의 상대성은 어떤 관측자에게는 동시에 일어난 두 사건이 다른 관성 좌표계에 있는 관측자에게는 동시에 일어난 사건이 아닐 수 있다는 것이다.

모범답안 P에서 방출된 빛이 검출기로 이동하는 동안 검출기는 우주선의 방향으로 이동한다. 따라서 A가 측정할 때 P에서 방출된 빛은 P와 검출기 사이의 거리보다 더 먼 거리를 이동한다. 같은 원리로 Q에서 방출된 빛의 실제 이동 거리는 Q와 검출기 사이의 거리보다 짧다. 그런데

A가 측정할 때 P와 Q에서 동시에 방출된 빛이 검출기에 동시에 도달하였으므로 B가 측정할 때 Q와 검출기 사이의 거리는 P와 검출기 사이의 거리보다 크다.

채점 기준	배점
동시성의 상대성을 설명하면서 P, Q와 검출기 사이의 거리의 대소 관계를 옳게 비교한 경우	100 %
동시성의 상대성 설명이 미흡하거나 P, Q와 검출기 사이의 거리의 대소 관계를 틀리게 비교한 경우	50 %

02

철수의 손전등에서 나온 빛이 영희에게 도달할 때 영희는 철수 쪽으로 운동하고 있고, 민수의 손전등에서 나온 빛이 영희에게 도달할 때 영희는 민수와 멀어지는 쪽으로 운동하고 있다. 따라서 영희가 측정할 때 철수와 민수가 동시에 손전등을 켠 것으로 측정하기 위해서는 현주가 측정할 때 민수가 철수보다 손전등을 먼저 켜야 한다.

03

특수 상대성 이론의 현상에는 길이 수축이 있다.

모범답안 A가 관측할 때 우주선은 지구에 대해 v의 속력으로 운동하므로 우주선이 지구에서 행성까지 가는 데 걸리는 시간은 $t=\dfrac{L_0}{v}$이다.

B가 관측할 때 우주선이 지구에서 행성까지 가는 데 걸리는 시간은 $t_0=\dfrac{L}{v}$이다. $t_0<t$이므로 $L_0>L$이다. 따라서 지구와 행성 사이의 거리에 대해 운동하는 관측자가 측정한 거리는 거리에 대해 정지한 관측자가 측정한 거리보다 짧게 측정된다.(길이 수축)

채점 기준	배점
L_0과 L 사이의 관계를 구하는 과정과 결과를 모두 옳게 서술한 경우	100 %
L_0과 L 사이의 관계를 구하는 과정과 결과 중 한 가지만 옳게 서술한 경우	50 %

04

특수 상대성 이론의 현상에는 시간 지연과 길이 수축이 있다.

모범답안 (가)에서 A는 빛이 위아래로 왕복하는 것으로 본다. 빛이 바닥에서 출발하여 다시 바닥으로 되돌아오는 데 걸리는 시간은 $t_0=\dfrac{2L}{c}$이다.

(나)에서 B는 빛이 대각선으로 왕복하는 것으로 본다. 빛이 왕복하는 동안 우주선이 오른쪽으로 이동한 거리는 vt이고, 빛이 이동한 거리는 ct이므로 빗면 하나의 길이는 $\dfrac{ct}{2}=\sqrt{\left(\dfrac{vt}{2}\right)^2+L^2}=\sqrt{\left(\dfrac{vt}{2}\right)^2+\left(\dfrac{ct_0}{2}\right)^2}$에서 $t=\dfrac{t_0}{\sqrt{1-\left(\dfrac{v}{c}\right)^2}}$이다. 따라서 B가 측정한 시간 t는 A가 측정한 시간 t_0보다 길게 측정된다.(시간 지연)

채점 기준	배점
t_0과 t 사이의 관계를 구하는 과정과 결과를 옳게 서술한 경우	100 %
t_0과 t 사이의 관계를 구하는 과정과 결과 중 한 가지만 옳게 서술한 경우	50 %

05

뮤온의 좌표계에서는 길이 수축 현상이 일어나고, 관측자의 좌표계에서는 시간 지연이 나타난다.

모범답안 뮤온의 속력이 매우 크기 때문에 뮤온의 좌표계에서 측정할 때 산꼭대기에서 지표면까지의 거리는 길이 수축에 의해 H보다 짧게 측정된다. 따라서 뮤온은 수명 안에 지표면에 도달할 수 있다. 관측자의 좌표계에서 측정할 때 뮤온의 속력이 매우 크므로 관측자가 측정한 뮤온의 시간은 지연된다. 따라서 뮤온은 수명 안에 지표면에 도달할 수 있다.

채점 기준	배점
뮤온이 지표면에서 검출되는 까닭을 뮤온의 좌표계와 관측자의 좌표계에서 모두 옳게 서술한 경우	100 %
뮤온이 지표면에서 검출되는 까닭을 뮤온의 좌표계와 관측자의 좌표계 중 한 가지에서만 옳게 서술한 경우	50 %

대단원 종합 문제 Ⅰ. 역학과 에너지

01 ③	02 ②	03 ③	04 ②	05 ②
06 ③	07 ②	08 ②	09 ④	10 ④
11 ②	12 ⑤	13 ③	14 ⑤	15 ③
16 ④	17 ③	18 ①	19 ④	20 ③

고난도 문제

21 ⑤	22 ③	23 ④	24 ④	25 ②
26 ③	27 ②	28 ①		

01

ㄱ : 가속도는 시간 변화량에 대한 속도 변화량이므로 1초일 때 A의 가속도의 크기는 $\frac{24}{3}=8(\text{m/s}^2)$이다.

ㄴ : 0초부터 3초까지 A와 B가 이동한 거리의 합은 72 m이므로 3초 후 A와 B 사이의 거리는 144 m−72 m=72 m이다. 3초 후 A와 B의 상대 속도의 크기는 36 m/s이므로 72 m를 이동하는 데 걸리는 시간은 2초이다. 따라서 A와 B는 5초일 때 서로 스쳐 지나간다.

ㄷ : 4초일 때 A와 B의 운동 방향이 서로 반대 방향이므로 A가 본 B의 속력은 36 m/s이다.

02

ㄱ : 물체의 평균 속력은 a~b에서 12 m/s, b~c에서 16 m/s이다. 두 구간 사이의 평균 속력의 차이는 4 m/s이고, 걸린 시간은 1초이므로 물체의 가속도의 크기는 4 m/s²이다.

ㄴ : 1초마다 구간 거리의 차이가 일정해야 하고, 구간 거리가 a~b는 12 m, b~c는 16 m이므로 1초마다 구간 거리가 4 m씩 증가해야 한다. 따라서 c~d는 구간 거리가 20 m이므로 ㉠은 40 m+20 m=60 m 이다.

ㄷ : d를 지나는 순간의 속력(v_d)은 물체가 c에서 e까지 이동하는 동안의 평균 속력과 같으므로 $v_\text{d}=\frac{44\ \text{m}}{2\ \text{s}}=22$ m/s이고, 가속도의 크기는 4 m/s²이며, d에서 e까지 이동하는 데 걸리는 시간은 1초이므로 e를 지나는 순간 물체의 속력은 26 m/s이다.

03

ㄱ : A의 속력은 위치−시간 그래프의 기울기로 알 수 있다. A의 속력은 0초부터 2초까지 4 m/s이고, 2초부터 4초까지 8 m/s이므로 A의 속력은 3초일 때가 1초일 때의 2배이다.

ㄴ : 3초일 때 A의 속력은 8 m/s이고, B의 속력은 10 m/s이므로 A가 측정한 B의 속력은 2 m/s이다.

ㄷ : 4초일 때 A는 기준선으로부터 24 m 떨어진 위치에 있다. B는 0초부터 2초까지 $\frac{1}{2}\times4\times2^2=8(\text{m})$만큼 이동하였고, 2초일 때 B의 속력은 8 m/s이므로 2초부터 4초까지 $8\times2+\frac{1}{2}\times2\times2^2=20(\text{m})$만큼 이동하였으므로 B는 4초일 때 기준선으로부터 28 m 떨어진 위치에 있다. 따라서 4초일 때 A와 B 사이의 거리는 4 m이다.

04

ㄱ : 물체는 정지 상태에서 출발하여 2초 동안 16 m를 이동하였으므로 물체의 가속도를 a라고 할 때 등가속도 직선 운동의 관계식에서 $16=\dfrac{1}{2}\times a\times 2^2$이므로 $a=8\,\text{m/s}^2$이다.

ㄴ : b에서 물체의 속력을 v라고 하면 a에서 b까지의 거리는 물체의 평균 속력과 걸린 시간의 곱이므로 $\dfrac{v}{2}\times 2=16(\text{m})$에서 $v=16(\text{m/s})$이다. b에서 c까지 이동하는 데 걸린 시간을 t라고 하면 등가속도 직선 운동의 관계식에서 $32=16+8t$이므로 $t=2$초이다.

ㄷ : 등가속도 직선 운동의 관계식에서 $x=32\times 3+\dfrac{1}{2}\times 8\times 3^2$이므로 $x=132$ m이다.

05

ㄱ : (가)에서 A와 B는 정지해 있으므로 각각에 작용하는 알짜힘의 크기는 0이다. A와 B는 접촉해 있으므로 하나의 물체로 볼 수 있고, 실이 B를 당기는 힘의 크기는 A와 B에 작용하는 중력의 크기의 합과 같으므로 실이 B를 당기는 힘의 크기는 $5mg$이다.

ㄴ : (가)에서 B가 A에 작용하는 힘의 크기는 작용 반작용에 의해 A가 B에 작용하는 힘의 크기와 같으므로 $3mg$이다. (나)에서 A와 B는 자유 낙하 하므로 중력 가속도의 크기는 g로 같고, A와 B 사이에는 힘이 작용하지 않는다.

ㄷ : (나)에서 B에는 중력만 작용하므로 B에 작용하는 알짜힘의 크기는 $2mg$이다.

06

ㄱ : A, B에 작용하는 마찰력의 크기를 각각 f_A, f_B라고 하면 실이 끊어지기 전 A와 B가 등속 직선 운동을 하므로 A와 B에 작용하는 알짜힘의 크기는 0이다.
$$f_A+f_B=F \quad\cdots\cdots\cdots\cdots\text{①}$$
이다. A와 B의 질량을 각각 m_A, m_B라고 하면 실이 끊어진 후 A에는 마찰력만 작용하고, 가속도의 크기는 $1\,\text{m/s}^2$이므로
$$f_A=m_A\times 1 \quad\cdots\cdots\cdots\cdots\text{②}$$
이다. B에는 마찰력과 F가 작용하고 가속도의 크기는 $\dfrac{3}{2}\,\text{m/s}^2$이므로
$$F-f_B=m_B\times\dfrac{3}{2} \quad\cdots\cdots\text{③}$$
이다. $f_A=f_B$이므로 식 ①, ②, ③을 연립하면 $m_A=\dfrac{3}{2}m_B$이다.

ㄴ : 실이 끊어지기 전 실이 B를 당기는 힘의 크기는 실이 A를 당기는 힘의 크기와 같고, 실이 A를 당기는 힘의 크기는 A에 작용하는 마찰력의 크기와 같다. A와 B에 작용하는 마찰력의 크기는 같으므로 실이 끊어지기 전 실이 B를 당기는 힘의 크기는 B에 작용하는 마찰력의 크기와 같다.

ㄷ : 실이 끊어진 후 A에는 마찰력만 작용한다. A에 작용하는 알짜힘의 크기는 마찰력과 같으므로 $f=m_A\times 1=\dfrac{3}{2}m_B\times 1$이고, B에 작용하는 알짜힘의 크기는 $m_B\times\dfrac{3}{2}$이다. 따라서 실이 끊어진 후 A와 B에 작용하는 알짜힘의 크기는 같다.

07

ㄱ : 충돌 과정에서 A가 받은 충격량의 크기는 A의 운동량 변화량 (Δp_A)의 크기와 같으므로
$I_A=\Delta p_A=1\times(-4)-1\times 10=-14(\text{kg}\cdot\text{m/s})=-14(\text{N}\cdot\text{s})$에서 A의 충격량의 크기는 14 N·s이다.

ㄴ : 충돌 후 B의 운동 에너지는 수평면으로부터 높이 0.8 m인 곳에서의 중력 퍼텐셜 에너지와 같으므로 충돌 직후 B의 속력은 $v=\sqrt{2\times 10\times 0.8}=4(\text{m/s})$이다.

ㄷ : 충돌 전후 A와 B의 운동량의 합은 보존되어야 하므로 B의 질량을 m이라고 하면 $1\times 10=1\times(-4)+m\times 4$에서 $m=3.5$ kg이다.

08

ㄱ : 구역 1, 2는 충돌할 때 충돌 시간을 길게 늘려 주어야 하므로 적당하게 잘 찌그러지는 구조로 되어 있어야 한다.

ㄴ : 에어백은 탑승자가 차량 내부와 충돌할 때 충돌 시간을 늘려 주어 충격력의 크기를 줄여 주는 역할을 한다.

ㄷ : 에어백은 탑승자가 받는 충격력(평균 힘)의 크기를 줄여 주는 역할을 하지만 충격량의 크기를 줄여 주지는 못한다.

09

ㄱ : A와 B는 실로 연결되어 있으므로 하나의 물체로 볼 수 있다. 따라서 0초부터 2초까지 가속도의 크기는 $\dfrac{20\text{ N}}{5\text{ kg}}=4\,\text{m/s}^2$이고, 2초부터 4초까지 가속도의 크기는 $\dfrac{10\text{ N}}{5\text{ kg}}=2\,\text{m/s}^2$이다.

ㄴ : 2초부터 4초까지 전동기가 B를 당기는 힘의 크기가 줄어들었으나 A, B에는 운동 방향으로 가속도가 작용하고 있으므로 A와 B를 연결한 줄이 팽팽하여 서로 가까워지지 않는다.

ㄷ : 알짜힘이 한 일은 물체의 운동 에너지 변화량과 같다. 두 물체는 등가속도 직선 운동을 하므로 2초일 때 A와 B의 속력은 $4\,\text{m/s}^2\times 2\text{ s}=8\text{ m/s}$이고, 0초부터 2초까지 알짜힘이 B에 한 일은 B의 운동 에너지 변화량인 $\dfrac{1}{2}\times 2\times 8^2=64(\text{J})$이다. 2초부터 4초까지 알짜힘이 B에 한 일은 4초일 때의 운동 에너지에서 2초일 때의 운동 에너지를 뺀 것이고, 4초일 때 A와 B의 속력은 $8\text{ m/s}+2\,\text{m/s}^2\times 2\text{ s}=12\text{ m/s}$이므로 2초부터 4초까지 알짜힘이 B에 한 일은 $\dfrac{1}{2}\times 2\times 12^2-64=80(\text{J})$이다. 따라서 알짜힘이 B에 한 일은 0초부터 2초까지가 2초부터 4초까지의 $\dfrac{4}{5}$배이다.

10

ㄱ : (가)에서 A가 정지 상태에서 20 m를 이동하는 데 걸리는 시간을 t라 하고, 평균 속력을 적용하면 $\dfrac{10}{2}\times t=20$에서 $t=4$초이다. 가속도의 크기는 $\dfrac{10}{4}=2.5(\text{m/s}^2)$이다.

ㄴ : (나)에서 A, B를 하나의 물체로 보면 A가 경사면 아래로 받는 힘의 크기는 $2\text{ kg}\times 2.5\,\text{m/s}^2=5\text{ N}$이고, B에 작용하는 중력은 30 N이므로 A, B에 작용하는 알짜힘의 크기는 25 N이다. 따라서 (나)에서 A, B의 가속도의 크기는 $\dfrac{25}{5}=5(\text{m/s}^2)$이다. 실이 A를 당기는 힘의 크기를

T라고 하면 $T-5=2\times5$에서 $T=15$ N이다.

ⓒ : (나)에서 A가 10 m를 이동하는 동안 중력 퍼텐셜 에너지 증가량은 B의 중력 퍼텐셜 에너지 감소량에서 A와 B의 운동 에너지 증가량을 뺀 것과 같다. A에 작용하는 알짜힘의 크기는 10 N이고, A가 정지 상태에서 10 m를 이동하는 동안 증가한 운동 에너지는 A에 작용한 알짜힘이 한 일과 같으므로 100 J이다. 속력이 같을 때 운동 에너지는 질량의 비와 같으므로 B의 운동 에너지 증가량은 150 J이다. B의 중력 퍼텐셜 에너지 감소량은 $3\times10\times10=300(\text{J})$이므로 A의 중력 퍼텐셜 에너지 증가량은 $300-250=50(\text{J})$이다.

11

A가 정지했을 때 중력 퍼텐셜 에너지는 $3mgh$이고, 수평면에서 B의 운동 에너지는 $\frac{1}{2}\times m_\text{B}\times(2v)^2=2m_\text{B}v^2$이다. 용수철과 분리된 직후 B의 역학적 에너지는 보존되므로 $m_\text{B}gh+\frac{1}{2}m_\text{B}v^2=2m_\text{B}v^2$에서 $gh=\frac{3}{2}v^2$이다. 용수철에서 분리되기 전과 후에 A와 B의 운동량의 합은 보존되므로 용수철에서 분리된 후 A의 속력이 v_A일 때, $0=mv_\text{A}-m_\text{B}v$에서 $v_\text{A}=\frac{m_\text{B}}{m}v$이다. 용수철에서 분리된 후 A의 역학적 에너지가 보존되므로 $mgh+\frac{1}{2}m\left(\frac{m_\text{B}}{m}v\right)^2=3mgh$에서 $m_\text{B}=\sqrt{6}m$이다. 용수철의 탄성력 퍼텐셜 에너지는 A와 B의 증가한 역학적 에너지의 합과 같으므로 $E_\text{p}=2mgh+\left(\frac{1}{2}\times\sqrt{6}m\times(2v)^2-\sqrt{6}mgh\right)=\frac{6+\sqrt{6}}{3}mgh$이다.

12

ⓐ : 수평면을 기준으로 물체의 역학적 에너지는 중력 퍼텐셜 에너지와 탄성력 퍼텐셜 에너지의 합과 같으므로 $\frac{1}{2}\times500\times(0.2)^2+1\times10\times1=20(\text{J})$이다. 물체의 역학적 에너지는 보존되므로 $20=\frac{1}{2}\times1\times v^2$에서 $v=2\sqrt{10}$ m/s이다.

✗ : 마찰력이 작용하는 구간 p를 지나가기 전 물체의 운동 에너지는 20 J이고, 마찰력이 작용하는 구간 p를 지난 후 물체의 운동 에너지는 $\frac{1}{2}\times1\times(2\sqrt{6})^2=12(\text{J})$이므로 마찰력에 의해 감소한 에너지는 8 J이다.

ⓒ : 마찰력이 작용하는 구간 p를 지난 후 물체의 역학적 에너지는 보존되므로 $12=1\times10\times h$에서 $h=1.2$ m이다.

13

ⓐ : (가)에서 A와 B는 열평형 상태에 있으므로 A와 B의 온도는 같고, B와 C는 압력, 부피가 같으므로 온도가 같다. 따라서 A와 C의 온도는 같다.

ⓒ : (나)에서 C는 단열 압축하므로 C의 내부 에너지는 받은 일만큼 증가한다. 따라서 C의 내부 에너지는 (나)에서가 (가)에서보다 크다.

✗ : (나)에서 A와 B의 온도는 증가하였고, B는 C에 일을 하였다. 따라서 A에 공급된 열은 A의 내부 에너지 증가량과 B가 C에 한 일과 B의 내부 에너지 증가량의 합과 같다.

14

ⓐ : B → C 과정은 등온 과정으로, 기체가 흡수한 열만큼 기체는 외부에 일을 한다. E → A 과정은 등적 과정으로, 기체가 흡수한 열만큼 내

부 에너지가 증가하여 온도가 올라간다.

ⓒ : C → D 과정에서 기체는 외부에 일을 하지 않고 내부 에너지가 감소한다. 따라서 기체가 방출하는 열은 기체의 내부 에너지 감소량과 같다.

ⓒ : D → E 과정은 기체가 외부로부터 일을 받는 단열 과정이므로 기체의 내부 에너지는 외부로부터 받은 일만큼 증가한다.

15

ⓐ : 기체의 온도는 B에서가 A에서보다 높고, 기체의 내부 에너지는 기체의 온도에 비례하므로 기체 분자 한 개의 평균 속력은 B에서가 A에서보다 크다.

ⓒ : A에서 기체의 부피가 V_0이므로 $\frac{3P_0V_0}{T_0}$는 일정하다. 따라서 B에서 기체의 부피 V_B는 $\frac{3P_0V_\text{B}}{3T_0}=\frac{3P_0V_0}{T_0}$에서 $V_\text{B}=3V_0$이다.

✗ : 압력–절대 온도 그래프를 압력–부피 그래프로 바꾸면 다음 그림과 같고, 기체가 한 일은 압력–부피 그래프에서 그래프 아래 부분의 넓이와 같다. C → A 과정은 등온 과정이므로 C → A 과정에서 기체가 받은 일은 그래프에서 C와 A를 이은 직선 아래 부분의 넓이인 $4P_0V_0$보다 작다.

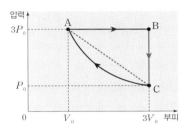

16

ⓐ : 줄의 실험 장치는 추의 역학적 에너지를 열에너지로 전환시켜 중력이 추에 한 일과 열 사이의 관계를 알아보는 장치이다.

ⓒ : 열기관의 효율이 0.2이므로 $0.2=\frac{W}{Q_1}=\frac{Q_1-Q_2}{Q_1}$에서 $Q_1=1.25Q_2$이다.

✗ : 열은 고온의 물체에서 저온의 물체로 자연스럽게 이동하므로 저열원으로 빠져나간 열을 고열원으로 다시 흡수시키기 위해서는 냉동기와 같은 장치가 필요하게 되어 열효율을 높일 수 없다.

17

ⓐ : B가 측정할 때 광원에서 나온 빛이 한 번 왕복하는 데 걸리는 시간은 지연된 시간이고, P가 한 번 왕복하는 데 걸리는 시간은 고유 시간이다. 따라서 A가 측정할 때 P가 한 번 왕복하는 데 걸리는 시간은 지연된 시간이므로 T_0보다 길다.

ⓒ : B가 측정할 때 광원에서 나온 빛이 한 번 왕복하는 데 걸린 시간과 P가 한 번 왕복하는 데 걸린 시간은 T_0이므로 A가 측정할 때 광원에서 나온 빛이 한 번 왕복하는 데 걸린 시간은 T_0보다 짧고, P가 한 번 왕복하는 데 걸린 시간은 T_0보다 길다.

✗ : A가 측정할 때 광원에서 나온 빛이 한 번 왕복하는 데 걸린 시간은 고유 시간이므로 T_0보다 짧다. 따라서 광원에서 나온 빛이 한 번 왕복하는 동안 우주선이 이동한 거리는 $0.8cT_0$보다 짧다.

18

ㄱ : A가 측정할 때 X와 Y는 운동 방향으로 길이 수축이 일어나고, 속력이 빠를수록 길이는 더 짧아진다. A가 측정할 때 X와 Y가 스쳐 지나갈 때 P와 P′, Q와 Q′는 동시에 겹쳤으므로 짧아진 후 X와 Y의 길이는 같다. 막대의 고유 길이는 X가 Y보다 크므로 X가 Y보다 길이가 더 많이 짧아진 것이고, X가 Y보다 빠르게 운동하고 있다. 즉, $v_1 > v_2$이다.

✗ : X의 좌표계에서 측정할 때 X는 고유 길이로, Y는 짧아진 길이로 측정한다. 고유 길이는 Y가 X보다 짧고 상대적인 길이는 Y의 고유 길이보다도 짧아지므로 X의 좌표에게 측정할 때 P와 P′, Q와 Q′는 동시에 겹칠 수 없다.

✗ : $v_1 > v_2$이므로 A의 시간은 X의 좌표계에서 측정할 때가 Y의 좌표계에서 측정할 때보다 느리게 간다.

19

✗ : ㉠은 헬륨 원자핵($^4_2$He)이므로 수소 원자핵($^2_1$H)보다 질량이 크다. (가)는 질량이 작은 원자핵이 합쳐져 무거운 원자핵으로 되는 핵반응이므로 핵융합 과정을 나타낸 핵반응식이다.

ㄴ : (가)의 핵반응 과정에서 질량 결손에 의해 24 MeV의 에너지가 발생하였으므로 ㉠의 질량은 $^2_1$H의 질량의 두 배보다 작다.

ㄷ : (나)의 5 MeV는 핵분열 과정에서 질량 결손에 의해 발생한 에너지이므로 $(M_2 - M_1 - M_3)c^2$에 해당하는 에너지이다.

20

ㄱ : 태양에서는 4개의 수소 원자핵이 핵융합하여 1개의 헬륨 원자핵이 생성된다.

ㄴ : 4개의 수소 원자핵이 핵반응할 때 발생하는 질량 결손은 0.029 u $= 0.029 \times 1.67 \times 10^{-27}$ kg이므로 질량·에너지 동등성에 의해 $(0.029 \times 1.67 \times 10^{-27})c^2$에 해당하는 에너지가 발생한다.

✗ : 태양에서는 핵융합 반응이 지속적으로 일어나고, 핵융합 과정에서 질량 결손이 지속적으로 발생하므로 태양의 질량은 서서히 감소하고 있다.

21

✗ : 경사면에서 물체의 가속도의 크기는 일정하므로 a와 b 사이에서 가속도의 크기와 b에서 d를 거쳐 c까지의 가속도의 크기는 같다. 즉, $\frac{3v - 32}{2} = \frac{-v - 3v}{8}$에서 $v = 8$ m/s이다.

ㄴ : 물체의 가속도$= \frac{3 \times 8 - 32}{2} = -4(\text{m/s}^2)$이므로 물체의 가속도의 크기는 4 m/s²이다.

ㄷ : 평균 속력을 이용하면 $L_1 = \frac{32 + 24}{2} \times 2 = 56(\text{m})$이고, 등가속도 직선 운동의 관계식을 이용하면 $L_2 = 24 \times 8 + \frac{1}{2} \times (-4) \times 8^2 = 64(\text{m})$이므로 $L_1 : L_2 = 7 : 8$이다.

22

ㄱ : 가속도는 시간에 따른 속도 변화량이므로 A의 가속도의 크기는 1 m/s²이고, B의 가속도의 크기는 4 m/s²이다.

ㄴ : 0초부터 2초까지 A의 이동 거리는 10 m이고, B의 이동 거리는 8 m이므로 2초일 때 A와 B 사이의 거리는 22 m이다.

ㄷ : 2초일 때 A와 B 사이의 거리는 22 m이고, 2초부터 4초까지 A는 처음 운동 방향으로 14 m를 이동하고, B는 2초일 때 방향이 바뀌어 처음 이동 방향과 반대 방향으로 8 m를 이동하므로 A와 B는 4초일 때 만난다.

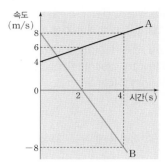

23

✗ : A와 C가 놓인 경사면의 경사각이 같으므로 A와 C의 가속도의 크기는 같다. 4초부터 6초까지 A의 가속도의 크기는 4 m/s²이므로 경사면 아래 방향으로 A에 작용하는 힘의 크기는 4 N이고, 경사면 아래 방향으로 C에 작용하는 힘의 크기는 4m이다. 0초부터 4초까지 A, B, C를 하나의 물체로 볼 때, 가속도의 크기는 2 m/s²이므로 운동 방정식을 세우면 $4m - 4 = (3 + m) \times 2$에서 $m = 5$ kg이다.

ㄴ : 0초부터 4초까지 B에 작용하는 알짜힘의 크기는 B의 운동 에너지 변화량과 같다. 0초부터 4초까지 B의 이동 거리는 16 m이고, B의 운동 에너지 증가량은 $\frac{1}{2} \times 2 \times 8^2 = 64(\text{J})$이다. B에 작용하는 알짜힘의 크기를 F라고 하면 $64 = F \times 16$에서 $F = 4$ N이다.

ㄷ : 0초부터 4초까지 A가 올라간 거리와 C가 내려간 거리는 같고, A의 질량은 1 kg, C의 질량은 5 kg이므로 C의 중력 퍼텐셜 에너지 감소량은 A의 중력 퍼텐셜 에너지 증가량의 5배이다. 0초부터 4초까지 A의 증가한 중력 퍼텐셜 에너지는 증가한 운동 에너지의 2배이므로 A의 중력 퍼텐셜 에너지는 $2 \times \frac{1}{2} \times 1 \times 8^2 = 64(\text{J})$이고, C의 감소한 중력 퍼텐셜 에너지는 $64 \times 5 = 320(\text{J})$이다.

24

ㄱ : Q를 지나는 순간의 속력을 v라 하고 평균 속력을 이용하면 $\frac{v}{2} \times 4 = 24$에서 $v = 12$ m/s이다. P에서 Q까지와 Q에서 지면까지 놀이 기구는 각각 다른 크기의 가속도로 등가속도 직선 운동을 한다. 가속도의 정의로부터 0초부터 4초까지 가속도의 크기는 $\frac{12}{4} = 3(\text{m/s}^2)$이고, 4초부터 10초까지 가속도의 크기는 $\frac{12}{6} = 2(\text{m/s}^2)$이다. 따라서 가속도의 크기는 2초일 때가 8초일 때의 $\frac{3}{2}$배이다.

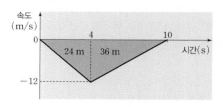

ㄴ : 놀이 기구의 질량을 m이라고 하면 0초부터 4초까지 놀이 기구의

가속도(연직 위 방향을 +방향으로 함)는 $-3=\dfrac{F_1-10m}{m}$에서 $F_1=7m$

이고, 4초부터 10초까지 놀이 기구의 가속도는 $2=\dfrac{F_2-10m}{m}$에서

$F_2=12m$이므로 $F_1:F_2=7:12$이다.

✗ : $W=Fs\cos\theta$로부터 F_1이 한 일은 $-7m\times24$이고, F_2가 한 일은 $-12m\times36$이므로 F_2가 한 일은 F_1이 한 일의 $\dfrac{18}{7}$배이다.

25

✗ : 위치-시간 그래프의 기울기가 A의 속도(속력)이므로 A의 속력은 1초일 때 8 m/s이고, 8초일 때 2 m/s이다. 따라서 A의 속력은 1초일 때가 8초일 때의 4배이다.

ⓛ : A가 받은 충격량의 크기는 A의 운동량 변화량의 크기와 같으므로 A와 B의 충돌에서 A의 운동량 변화량은 $2\times(-4)-2\times8=-24(\text{kg}\cdot\text{m/s})$이므로 A가 받은 충격량의 크기는 24 N·s이다. A와 C의 충돌에서 A의 운동량 변화량은 $2\times2-2\times(-4)=12(\text{kg}\cdot\text{m/s})$이므로 A가 받은 충격량의 크기는 12 N·s이다. 따라서 A가 받은 충격량의 크기는 B와 충돌할 때가 C와 충돌할 때의 2배이다.

✗ : A와 B는 충돌 전후 운동량이 보존되므로 충돌 후 B의 속도를 v_B라고 하면 $2\times8+0=2\times(-4)+8\times v_B$에서 $v_B=3$ m/s이고, A와 C도 충돌 전후 운동량이 보존되므로 충돌 후 C의 속도를 v_C라고 하면 $2\times(-4)+0=2\times2+6\times v_C$에서 $v_C=-2$ m/s이다. 따라서 A와 충돌 후의 속력은 B가 C의 $\dfrac{3}{2}$배이다.

26

㉠ : (가)에서 피스톤이 정지해 있으므로 피스톤은 힘의 평형을 이루고 있다. 피스톤은 A쪽에서는 A의 압력에 의한 힘을 받지만, B쪽에서는 B의 압력에 의한 힘과 용수철의 탄성력에 의한 힘을 받으므로 기체의 압력은 A가 B보다 크다. A와 B의 부피가 같고, 압력은 A가 B보다 크므로 기체의 온도는 A가 B보다 높다.

✗ : (나)에서 B는 A로부터 일을 받아 내부 에너지가 증가하므로 온도가 증가하고, 부피는 감소한다. 따라서 B의 압력은 (나)에서가 (가)에서보다 크다.

㉢ : (나)에서 A의 내부 에너지 증가량은 A에 공급된 열 Q에서 A가 한 일을 뺀 값이다. A가 한 일은 B의 내부 에너지 증가량(ΔU_B)과 탄성력 퍼텐셜 에너지 증가량$\left(\dfrac{2}{5}Q\right)$의 합과 같다. 따라서 A의 내부 에너지 증가량은 $Q-\dfrac{2}{5}Q-\Delta U_B$이므로 $\dfrac{3}{5}Q$보다 작다.

27

✗ : B에서 압력과 부피의 곱이 $9P_0V_0$이고, E에서 압력과 부피의 곱이 $10P_0V_0$이므로 기체의 온도는 E에서가 B에서보다 높다.

ⓛ : 압력-부피 그래프에서 그래프 아래 부분의 넓이가 기체가 한 일이다. 기체가 한 일은 A → B 과정에서 $6P_0V_0$이고, C → F 과정에서 $2P_0V_0$이므로 A → B → C → F 과정에서 기체가 한 일은 $8P_0V_0$이다. 또한 D → E 과정에서 기체가 한 일은 $8P_0V_0$이므로 A → D → E → F 과정에서 기체가 한 일은 $8P_0V_0$이다. 따라서 기체가 한 일은 A → B → C → F 과정에서와 A → D → E → F 과정에서가 같다.

✗ : 기체의 온도 증가량은 D → E 과정에서가 A → B 과정에서보다 크므로 기체의 내부 에너지 증가량은 D → E 과정에서가 A → B 과정에서보다 크다. 압력-부피 그래프에서 그래프 아래 부분의 넓이가 기체가 한 일이므로 기체가 외부에 한 일은 D → E 과정에서가 A → B 과정에서보다 크다. 따라서 기체가 흡수한 열은 D → E 과정에서가 A → B 과정에서보다 크다.

28

✗ : 관측자에 대한 물체의 상대 속도가 클수록 물체의 질량도 증가한다. B와 C의 정지 질량이 같으므로 상대론적 질량이 크게 측정되는 C가 B보다 속력이 크다. 따라서 $v_1<v_2$이다.

ⓛ : B가 측정할 때 빛 시계의 빛이 광원과 거울 사이를 한 번 왕복하는 데 걸리는 시간은 고유 시간이고, T_0은 지연된 시간이므로 B가 측정할 때 빛 시계의 빛이 광원과 거울 사이를 두 번 왕복하는 데 걸리는 시간은 $2T_0$보다 짧다. 따라서 B가 측정한 P와 Q 사이의 거리는 $2v_1T_0$보다 짧다.

✗ : $v_1<v_2$이므로 A의 시간은 C가 측정할 때가 B가 측정할 때보다 느리게 간다.

Ⅱ. 물질과 전자기장

06 전기력과 원자

본문 046~047쪽

핵심 개념 체크

1 전자   **2** 양($+$), 음($-$)   **3** 띠지 않는다

4 전자   **5** 밀어내는, 당기는   **6** $k\dfrac{q_1 q_2}{r^2}$

7 (1)-ⓒ (2)-ⓒ (3)-ⓐ (4)-ⓐ

8 (1) 연속 (2) 흡수 (3) 선(방출)

출제 예상 문제

본문 048~051쪽

01 ③   **02** ②   **03** ③   **04** ①   **05** ④

06 ⑤   **07** ①   **08** ③   **09** ①   **10** ②

11 ③   **12** ③   **13** ②   **14** ②   **15** ④

16 ⑤

01

ⓝ : 마찰 후 털가죽이 양($+$)전하를 띠고, 플라스틱 막대가 음($-$)전하를 띠는 것은 털가죽의 전자가 플라스틱 막대로 이동하였기 때문이다. 따라서 털가죽은 플라스틱 막대보다 전자를 잃기 쉽다.

✗ : 원자핵은 양($+$)전하를 띠고 있으며, 마찰할 때 이동하지 않는다.

ⓒ : 마찰 전에 두 물체는 전하를 띠고 있지 않았으므로 마찰 후 털가죽과 플라스틱 막대가 띠는 전하량의 크기는 같다.

02

양($+$)전하로 대전된 금속 막대를 A에 접촉시키면 A, B는 모두 양($+$)전하를 띠고, A, B 사이에는 서로 밀어내는 방향의 전기력이 작용하므로 서로 멀어진다.

03

ⓝ : A와 B 사이에는 전기적 인력이 작용하므로 B는 음($-$)전하로 대전되어 있다.

✗ : B에는 운동 방향으로 작용하는 전기력이 커지므로 속력이 점점 증가한다.

ⓒ : A와 B 사이의 거리가 가까워지므로 A에 작용하는 전기력의 크기는 점점 증가한다.

04

ⓝ : P에 놓은 음($-$)전하가 $-y$ 방향으로 움직였으므로 음($-$)전하에는 $-y$ 방향으로 전기력이 작용한다.

✗ : P에 놓은 음($-$)전하가 $-y$ 방향으로 힘을 받았으므로 음($-$)전하는 A, B와 전기적 인력이 작용하였다. 따라서 A, B는 모두 양($+$)전하이다.

ⓒ : O에 놓은 음($-$)전하는 A, B로부터 크기가 같고 방향이 반대인 전기력을 받으므로 O에서 음($-$)전하에 작용하는 전기력의 크기는 0이다. 따라서 음($-$)전하에 작용하는 전기력의 크기는 Q에서가 O에서보다 크다.

05

✗ : A와 B는 같은 종류의 전하를 띠고 있으므로 A와 B 사이에는 척력이 작용한다. B가 정지해 있으려면 B와 C 사이에도 척력이 작용해야 하므로 B와 C의 전하의 종류는 같다.

ⓒ : A와 C가 같은 종류의 전하를 띠므로 A와 C 사이에는 척력이 작용한다.

ⓒ : (나)에서 D는 (가)에서의 C보다 거리가 $\dfrac{3}{2}$배 증가하였으므로 전하량의 크기는 D가 C보다 $\dfrac{9}{4}$배 크다.

06

ⓝ : 만유인력(중력)은 서로 당기는 힘만 작용하고, 전기력은 전하의 종류가 다를 때는 서로 당기는 힘이, 전하의 종류가 같을 때는 서로 미는 힘이 작용한다.

✗ : 전기력의 크기는 원자핵과 전자 사이의 거리의 제곱에 반비례한다.

ⓒ : 만유인력과 전기력의 작용 범위는 무한대이다.

07

(가) 전체적으로 양($+$)전하를 띠는 구에 음($-$)전하를 띠는 전자가 군데군데 박혀 있다는 톰슨의 원자 모형이다.

(나) 원자 내에 매우 작고 밀도가 큰 원자핵이 존재한다는 러더퍼드의 원자 모형이다.

(다) 전자가 특정 궤도에만 존재한다는 보어의 원자 모형이다.

(라) 전자의 위치와 속력을 동시에 측정할 수 없으므로 확률적 분포로 나타내야 한다는 현대의 원자 모형이다. 따라서 발전 과정 순으로 나열하면 (가) → (나) → (다) → (라)이다.

08

ⓝ : (가)에서 음극선이 바람개비를 회전시키는 것은 음극선이 바람개비에 힘을 가한다는 것을 의미한다. 이로부터 음극선이 질량을 가진 입자의 흐름이라는 것을 알 수 있다.

ⓒ : (나)에서 음극선에 수직 방향으로 전기장을 걸었을 때 ($+$)극판 쪽으로 휘어지는 것은 음극선이 음($-$)전하를 띠고 있기 때문이다.

✗ : 이 실험으로 음극선을 구성하는 입자의 질량은 알 수 없다.

09

음극선의 발견으로 전자의 존재를 알게 되어 톰슨의 원자 모형이 제시되었고, 러더퍼드의 알파(α) 입자 산란 실험으로 원자핵을 발견하여 러더퍼드의 원자 모형이 제시되었다.

10

✗ : 전자가 원자핵 주위를 돌면서 연속적으로 에너지를 방출하면 전자의 궤도 반지름이 점점 줄어들어 전자가 핵에 붙게 된다. 따라서 러더퍼드의 원자 모형에서 원자의 안정성을 설명할 수 없다.

✗ : 러더퍼드의 원자 모형에 의하면 원자에서 방출되는 에너지(전자기파)는 연속 스펙트럼으로 나타나야 되는데, 실험에 의하면 선 스펙트럼이 나타난다.

ㄷ : 금 원자에 알파(α) 입자를 충돌시키면 전기적 반발력이 작용하여 알파(α) 입자가 산란된다.

11

ㄱ : 대부분의 알파(α) 입자가 그대로 통과했으므로 원자의 내부는 대부분 빈 공간이다.

✗ : 알파(α) 입자 산란 실험으로 원자핵과 전자의 전하량을 비교할 수는 없다. 알파(α) 입자 산란 실험을 통해 알파(α) 입자가 대부분 직진하므로 전자의 질량이 매우 작다는 것을 알 수 있다.

ㄷ : 극히 일부의 알파(α) 입자가 크게 휘어지거나 튕겨 나왔으므로 원자의 내부에는 크기가 작고 원자 질량의 대부분을 차지하며 알파(α) 입자와 같은 종류의 전하를 띠는 입자가 존재한다.

12

(가)는 러더퍼드의 알파(α) 입자 산란 실험으로 원자핵의 발견과 관련이 있고, (나)는 톰슨의 음극선 실험으로 전자의 발견과 관련이 있다. 따라서 X는 원자핵이고, Y는 전자이다.

ㄱ : (가)의 실험으로 원자에 포함된 양($+$)전하가 작은 부피 속에 모여 있다는 것을 알게 되었다.

✗ : (나)의 실험으로 음($-$)전하를 띠는 전자를 발견하였고, 톰슨은 양($+$)전하를 띠는 부드러운 구 속에 음($-$)전하를 띠는 전자가 띄엄띄엄 박혀 있는 원자 모형을 제안하였다.

ㄷ : 원자핵과 전자 사이에는 전기적 인력이 작용한다.

13

(가)는 연속 스펙트럼, (나)는 흡수 스펙트럼, (다)는 방출(선) 스펙트럼이다.

14

✗ : a 선은 가시광선이므로 눈으로 관찰할 수 있다.

ㄴ : 선 스펙트럼은 원자의 에너지 준위가 불연속적임을 나타낸다.

✗ : 백열등에서 방출되는 빛의 스펙트럼은 연속 스펙트럼이다.

15

✗ : (가)는 흡수 스펙트럼이고, (나)는 방출 스펙트럼이다.

ㄴ : (나)와 같은 선 스펙트럼은 고온의 별 주위에서 가열된 기체가 빛을 방출하는 경우에 생긴다.

ㄷ : (가)에서 흡수선이 나타나는 위치와 (나)에서 방출선이 나타나는 위치가 같으므로 (가)와 (나)는 같은 원소의 스펙트럼이다.

16

ㄱ : (가)는 백열등에서 나온 빛의 스펙트럼으로, 연속 스펙트럼이다.

ㄴ : 수소 기체 방전관에서 나온 빛의 스펙트럼은 선 스펙트럼이므로 (나)이다.

ㄷ : 파장은 에너지에 반비례하므로 파장이 짧을수록 에너지가 크다. 따라서 에너지는 a 선이 b 선보다 크다.

서답형 문제   본문 052쪽

01 해설 참조

02 음($-$)전하, ㉠ $-x$ 방향, ㉡ $9F_0$

03 $\dfrac{20}{9}F_0$

04 (나), 알파(α) 입자

05 흡수 스펙트럼, 해설 참조

01

모범답안 마찰 후 X는 음($-$)전하를, Y는 양($+$)전하를 띠므로 음($-$)전하는 Y에서 X로 이동하였다. 전하량 보존 법칙에 의해 X는 Y로부터 음($-$)전하를 얻은 만큼 음($-$)전하를 띠게 되고, Y는 음($-$)전하를 잃은 만큼 양($+$)전하를 띠게 되므로 X, Y의 전하량의 크기는 서로 같다.

채점 기준	배점
전하의 이동 방향과 전하량의 크기 비교를 모두 옳게 서술한 경우	100 %
전하의 이동 방향과 전하량의 크기 비교 중 한 가지만 서술한 경우	50 %

02

A에 놓은 양($+$)전하가 받는 전기력의 방향이 $+x$ 방향이므로 P는 음($-$)전하이다. 양($+$)전하를 B에 놓으면 P와 양($+$)전하 사이에는 서로 당기는 방향의 전기력이 작용하므로 ㉠은 $-x$ 방향이다. 전기력은 두 전하 사이의 거리의 제곱에 반비례하므로 ㉡은 $9F_0$이다.

03

A, B의 전하량의 크기가 같고 양($+$)전하로부터 같은 거리에 있으므로 A와 B가 각각 양($+$)전하에 작용하는 전기력의 크기는 $\dfrac{1}{2}F_0$이고, $+x$ 방향이다. 양($+$)전하를 $x=d$에 놓으면 A와 양($+$)전하 사이의 거리는 $\dfrac{1}{2}$배가 되므로 전기력의 크기는 4배가 되어 $2F_0$이고, B와 양($+$)전하 사이의 거리는 $\dfrac{3}{2}$배가 되므로 전기력의 크기는 $\dfrac{4}{9}$배가 되어 $\dfrac{2}{9}F_0$이다. 따라서 양($+$)전하가 A, B로부터 받는 전기력의 크기는 $2F_0+\dfrac{2}{9}F_0=\dfrac{20}{9}F_0$이다.

04

톰슨의 원자 모형은 (나)이다. (가)는 러더퍼드의 원자 모형으로, 알파(α) 입자 산란 실험을 통해 원자핵의 존재를 알아냈다.

05

스크린에 나타난 스펙트럼은 특정한 파장에 해당하는 부분이 검은 선으로 나타난 흡수 스펙트럼이다. 흡수 스펙트럼에서 검은 선의 위치와 수는 같은 종류의 가열된 기체에서 나오는 빛의 선 스펙트럼과 일치한다.

모범답안 흡수 스펙트럼

채점 기준	배점
스펙트럼의 종류를 쓰고, 수소의 선 스펙트럼을 옳게 그린 경우	100 %
스펙트럼의 종류만 쓰거나 수소의 선 스펙트럼만 그린 경우	50 %

07 에너지 준위와 에너지띠

01

ⓐ : 원자핵에서 멀수록 특정한 궤도에 있는 전자의 에너지는 증가한다.

ⓑ : 전자가 한 궤도에서 다른 궤도로 전이할 때 방출하거나 흡수하는 빛의 에너지는 전이하는 두 궤도에서 전자의 에너지 준위 차이와 같다.

ⓒ : 원자 내부 전자의 에너지가 양자화되어 있어 원자 내부의 전자는 특정한 에너지만을 가질 수 있다.

02

ⓐ, ⓑ : 전자가 에너지가 낮은 준위에서 높은 준위로 이동할 때 에너지를 흡수한다.

ⓧ : 전자가 에너지가 높은 준위에서 낮은 준위로 이동할 때 에너지를 방출한다.

03

ⓐ : 동심원이 전자의 궤도이므로 동심원의 중심에 있는 A는 원자핵이다.

ⓧ : 수소 원자에서 전자가 $n=1$인 에너지 준위에 있을 때 에너지가 가장 낮은 상태이다. 이때 가장 안정하며, 이 상태를 바닥상태라고 한다.

ⓧ : 전자의 에너지는 양자수 $n=1, 2, 3, \cdots$에 해당하는 불연속적인 값만 가능하다. 즉, 전자는 $n=1$과 $n=2$인 궤도 사이의 에너지를 가질 수 없다.

04

ⓐ : a는 전자가 $n=3$인 궤도에서 $n=2$인 궤도로 전이하는 과정이므로 에너지를 방출한다. 즉, $-3.40\,\text{eV}-(-1.51\,\text{eV})=-1.89\,\text{eV}$이므로 a에서 전자는 $1.89\,\text{eV}$의 빛에너지를 방출한다.

ⓑ : 흡수하는 에너지는 $E=hf=\dfrac{hc}{\lambda}$이므로 에너지가 클수록 파장은 짧다. b일 때 흡수하는 에너지는 $-3.40\,\text{eV}-(-13.6\,\text{eV})=10.2\,\text{eV}$이고, c일 때 흡수하는 에너지는 $-1.51\,\text{eV}-(-13.6\,\text{eV})=12.09\,\text{eV}$

이므로 흡수하는 전자기파의 파장은 b일 때가 c일 때보다 크다.

ⓒ : 원자핵은 양(+)전하를 띠고, 전자는 음(−)전하를 띠므로 원자핵과 전자 사이에는 쿨롱 법칙을 따르는 전기력이 작용한다.

05

ⓧ : 전자의 에너지 준위는 불연속적이다.

ⓒ : 전자가 E_1에서 E_2로 전이할 때 진동수가 f_1인 빛을 흡수하므로 전자의 에너지는 증가한다.

ⓧ : 전자가 E_3에서 E_1로 전이할 때 방출하는 빛의 에너지는 E_3-E_1이다. 이때 에너지는 진동수에 비례하므로 방출하는 빛의 진동수는 f_1+f_2이다.

06

ⓐ : a에서 흡수한 에너지는 E_3-E_1이다.

ⓑ : b는 전자가 $n=3$인 궤도에서 $n=2$인 궤도로 전이하는 과정으로, 발머 계열에서 파장이 가장 긴 빛을 방출하는 과정이다. 발머 계열에서 파장이 가장 긴 빛은 λ_1이다.

ⓒ : 에너지는 파장에 반비례하므로 방출한 빛의 파장은 c에서가 d에서보다 크다.

07

원자가 띠와 전도띠 사이의 띠 간격의 크기로 도체, 반도체, 절연체를 구분할 수 있다. 원자가 띠와 전도띠 사이의 띠 간격이 없거나 일부가 겹쳐 있으면 도체(C), 띠 간격이 매우 넓으면 절연체(A), 띠 간격이 좁으면 반도체(B)이다. 따라서 A는 절연체, B는 반도체, C는 도체이다.

08

ⓧ : 전자가 존재할 수 있는 영역은 허용된 띠이고, 전자가 존재할 수 없는 영역은 띠 간격이다. 따라서 띠 간격에는 전자가 존재하지 않는다.

ⓑ : 도체는 원자가 띠와 전도띠가 연속적으로 이어져 있다.

ⓒ : 전도띠는 전자가 채워져 있지 않기 때문에 전도띠에 있는 전자는 쉽게 이동한다.

09

ⓐ : 절대 온도가 0 K일 때 전도띠에는 전자가 없으므로 A는 전도띠이다.

ⓑ : B는 띠 간격으로, 띠 간격에 존재하는 전자는 없다.

ⓒ : 띠 간격보다 큰 에너지를 공급하면 원자가 띠에 있던 전자가 에너지를 공급받아 전도띠로 이동하므로 원자가 띠(C)에는 전자의 빈 자리인 양공이 생긴다.

10

ⓐ : 고체는 매우 많은 원자들이 가깝게 배열되어 있어 인접한 원자의 수가 많아져 에너지 준위가 미세한 차이를 두고 겹치게 된다. 따라서 고체 상태의 에너지 준위는 X이다.

ⓑ : 기체 원자들은 원자들 사이의 거리가 멀어 원자들 사이의 상호 작용이 거의 없으므로 기체 원자의 에너지 준위는 고체 원자 1개가 있을 때와 같이 불연속적이다.

✗ : 고체의 허용된 띠 사이에는 전자가 존재하지 않는 띠 간격이 있다. 즉, P와 Q, Q와 R 사이는 띠 간격이며, 전자가 존재하지 않는다.

11

㉠ : 도체는 원자가 띠와 전도띠 사이의 띠 간격이 없으므로 A는 도체이다.

✗ : B는 절연체로, 원자가 띠의 전자가 전도띠로 이동하기 어려우므로 B의 전도띠에는 전자가 거의 없다.

㉢ : 원자가 띠의 전자가 전도띠로 이동하기 위해서는 띠 간격보다 큰 에너지를 공급받아야 한다. A와 C에 E_0의 에너지를 공급하면 A에서만 원자가 띠의 전자가 전도띠로 이동한다.

12

㉠ : 원자가 띠에 있던 전자가 전도띠로 이동한 것이므로 A는 전자이고, B는 전자의 빈 자리인 양공이다. 이때 B는 양(+)전하의 성질을 가진다.

✗ : 고체의 전기 전도성은 띠 간격의 크기에 따라 달라진다. p의 간격이 클수록 전기 전도성은 나쁘다.

✗ : 고체에서 전자의 에너지 준위는 미세하게 겹쳐 거의 연속적으로 분포하는 에너지띠를 이루며, 원자가 띠에 있는 전자의 에너지는 모두 다르다.

서답형 문제
본문 058쪽

01 6개
02 라이먼 계열, 발머 계열
03 해설 참조, c
04 A: 전도띠, B: 띠 간격, C: 원자가 띠, 해설 참조
05 (가), 해설 참조

01

전자가 $n=4$인 궤도에서 $n=3$, $n=2$, $n=1$인 궤도로 전이하는 세 가지 경우, 전자가 $n=3$인 궤도에서 $n=2$, $n=1$인 궤도로 전이하는 두 가지 경우, 전자가 $n=2$인 궤도에서 $n=1$인 궤도로 전이하는 한 가지 경우가 가능하므로 최대 6개의 스펙트럼 선이 나타난다.

02

전자가 $n≥2$인 궤도에서 $n=1$인 궤도로 전이할 때 방출하는 빛은 자외선으로 라이먼 계열이고, 전자가 $n≥3$인 궤도에서 $n=2$인 궤도로 전이할 때 방출하는 빛은 가시광선으로 발머 계열이다.

03

모범답안 수소 원자에는 여러 개의 에너지 준위가 있기 때문에 전자가 하나뿐이지만 여러 개의 선 스펙트럼이 나타난다. 가시광선 영역의 스펙트럼 선 중 전자가 $n=4$에서 $n=2$로 전이할 때 방출되는 빛은 파장이 두 번째로 긴 빛이므로 c이다.

채점 기준	배점
여러 개의 선 스펙트럼이 나타나는 까닭을 옳게 서술하고, 방출되는 빛을 옳게 쓴 경우	100 %
여러 개의 선 스펙트럼이 나타나는 까닭만 옳게 서술한 경우	50 %
방출되는 빛만 옳게 쓴 경우	30 %

04

모범답안 A는 전도띠, B는 띠 간격, C는 원자가 띠이다. B(띠 간격)는 인접한 허용된 띠 사이의 에너지 간격으로, 전자가 존재할 수 없는 영역이며, 띠 간격이 좁아질수록 전기 전도성은 좋아진다.

채점 기준	배점
A, B, C의 명칭을 쓰고, B의 크기와 전기 전도성의 관계를 옳게 서술한 경우	100 %
A, B, C의 명칭만 쓰거나 B의 크기와 전기 전도성의 관계만 옳게 서술한 경우	50 %

05

모범답안 (가), 기체 원자의 에너지 준위는 불연속적인 선으로 나타나므로 (가)가 기체 원자의 에너지 준위이다. 고체 원자에서 원자가 서로 접근하여 가까워지면 에너지 준위가 겹쳐지는데, 파울리 배타 원리에 의해 각각의 전자들은 서로 다른 상태를 가져야 하므로 전자의 에너지 준위는 미세한 차이를 두고 갈라지고 밀집하여 에너지띠를 형성한다.

채점 기준	배점
기체 원자의 에너지 준위를 고르고, (나)에서 에너지 준위가 띠 형태로 나타나는 까닭을 옳게 서술한 경우	100 %
기체 원자의 에너지 준위만 고르거나 (나)에서 에너지 준위가 띠 형태로 나타나는 까닭을 에너지 준위가 겹치기 때문이라고만 서술한 경우	50 %

08 반도체와 다이오드

본문 059~060쪽

핵심 개념 체크

1 순수	**2** 전자, 같다	**3** 도핑
4 p형(n형), n형(p형)	**5** 5, 자유 전자	**6** p, 양공
7 양공, 자유 전자	**8** 나쁘다	**9** p, n
10 (+), (−)	**11** 역방향, 흐르지 않는다	
12 가까워, 멀어	**13** 교류, 직류	**14** 띠 간격

출제 예상 문제

본문 061~063쪽

01 ③	**02** ③	**03** ⑤	**04** ④	**05** ②
06 ③	**07** ④	**08** ①	**09** ④	**10** ④
11 ②	**12** ④			

01
ㄱ : 저마늄(Ge) 이외에 다른 물질이 없으므로 순수 반도체이다.
ㄴ : 저마늄(Ge)은 반도체이므로 절연체보다 전기 저항이 작다.
ㄷ : 저마늄(Ge)에 불순물을 첨가하면 여분의 전자나 양공이 생겨 반도체 내부에서 쉽게 움직일 수 있으므로 전기 전도도가 증가한다.

02
ㄱ : ㉠은 전자로, 음(−)전하를 띤다.
ㄴ : 순수 반도체에 원자가 전자가 5개인 원소를 첨가하면 남는 전자가 생긴다. 남는 전자를 갖는 반도체는 n형 반도체이다.
ㄷ : p형 반도체의 전하 운반자는 양공이다.

03
ㄱ : 원자가 전자가 4개인 규소(Si)에 원자가 전자가 5개인 원소 A를 첨가하여 만든 n형 반도체이다.
ㄴ : X는 공유 결합을 하고 남은 전자이다.
ㄷ : A에 의해 원자 사이에 결합에 참여하지 않은 남는 전자가 생긴다. 남는 전자는 전도띠에 존재하고, 전도띠 내에서 쉽게 이동한다.

04
ㄱ : 저마늄(Ge)의 원자가 전자는 4개이고, 인듐(In)의 원자가 전자는 3개이므로 원자가 전자는 저마늄이 인듐보다 1개 많다.
ㄴ : (나)는 공유 결합 과정에서 양공이 만들어지는 p형 반도체이다.
ㄷ : 순수 반도체에 불순물을 첨가하면 띠 간격이 좁아져 전기 전도성이 좋아진다. 따라서 전기 전도성은 (나)가 (가)보다 좋다.

05
ㄱ : 규소의 원자가 전자는 4개이며, 주변의 원자와 서로 공유 결합을 형성한다.

ㄴ : (가)에서 원자가 띠의 전자가 열에너지를 받아 전도띠로 이동하였으므로 전자가 흡수한 열에너지는 E_0보다 크거나 같다.
ㄷ : (나)에서 전도띠로 이동한 전자의 빈 자리가 양공이다. 양공 주변에 있는 원자가 띠의 전자들은 양공으로 이동할 수 있다.

06
ㄱ : A의 원자가 전자는 4개이고, B의 원자가 전자는 3개이다. 따라서 A와 B의 원자가 전자의 차이는 1개이다.
ㄴ : 양공이 원자가 띠 위에 에너지 준위를 만든다.
ㄷ : A 반도체에 B를 첨가하면 양공이 많아져 순수한 A 반도체보다 전기 전도성이 좋은 반도체가 된다.

07
ㄱ : 스위치를 a에 연결하면 A에서 B로 전류가 흐르므로 전원의 (+)극 쪽에 연결된 A는 p형 반도체이다.
ㄴ : B는 n형 반도체로, 원자가 전자가 5개인 원소를 첨가하였다.
ㄷ : 직류 전원의 방향에 따라 전류가 흐르거나 흐르지 않으므로 전류가 한쪽 방향으로만 흐른다. 따라서 이 전기 소자는 다이오드로, 교류를 직류로 바꾸는 정류 작용을 할 수 있다.

08
ㄱ : (가)의 전구에는 불이 켜지지 않고, (나)의 전구에는 불이 켜지므로 X는 직류 전원의 방향에 따라 전류가 한쪽으로만 흐르는 다이오드이다.
ㄴ : A가 전원의 (+)극 쪽에 연결되었을 때 전류가 흐르지 않으므로 A는 n형 반도체이다. n형 반도체는 주로 전자가 전류를 흐르게 한다.
ㄷ : B는 p형 반도체이다. (나)에서 p형 반도체가 전원의 (+)극 쪽에, n형 반도체가 전원의 (−)극 쪽에 연결되어 있으므로 B의 양공은 A와 B의 접합면 쪽으로 이동한다.

09
ㄱ : 전원의 (+)극 쪽에는 p형 반도체가, 전원의 (−)극 쪽에는 n형 반도체가 연결되어야 전류가 흐른다. 따라서 X는 p형 반도체이고, Y는 n형 반도체이다.
ㄴ : 발광 다이오드에 전류가 흐르므로 순방향 전압이 걸려 있다.
ㄷ : 띠 간격에 해당하는 에너지가 전자와 양공이 결합할 때 방출되는 에너지이므로 띠 간격의 차이만큼의 에너지가 전자기파인 빛의 형태로 방출된다. 따라서 파란색 빛을 방출하는 LED의 띠 간격은 빨간색 빛을 방출하는 LED의 띠 간격보다 넓다.

10
ㄱ : LED에서 빛이 방출되고 있으므로 LED 양단에는 순방향 전압이 걸려 있다. 따라서 전원 장치의 전극 a는 (+)극이다.
ㄴ : 다이오드에 순방향 전압이 걸려야 전류가 흐르므로 A는 p형 반도체이다. 따라서 A는 양공이 많아지도록 도핑되어 있다.
ㄷ : LED의 띠 간격이 좁을수록 방출되는 빛의 에너지가 작다. 빛의 에너지는 진동수에 비례하므로 LED의 띠 간격이 좁을수록 방출되는 빛의 진동수도 작다.

11

ㄱ : 규소의 원자가 전자는 4개이고, A의 원자가 전자는 3개이므로 A 는 규소보다 원자가 전자가 1개 적다.

ㄴ : (가)는 원자가 전자가 4개인 규소에 원자가 전자가 3개인 원소를 첨가한 p형 반도체이다.

ㄷ : X는 p형 반도체이고, Y는 n형 반도체이다. 따라서 (가)의 반도체는 (나)의 X에 사용된다.

12

ㄱ : X는 n형 반도체이므로 X에서는 전자가 전하 운반자 역할을 한다.

ㄴ : S를 a에 연결하면 LED에 순방향 전압이 걸리므로 n형 반도체와 p형 반도체의 접합면에서 전자와 양공이 결합한다.

ㄷ : S를 b, 즉 교류 전원에 연결하면 R_1에는 순방향 전압이 걸릴 때에만 전류가 흐른다. 따라서 R_1에는 한쪽 방향으로만 전류가 흐른다.

서답형 문제

본문 064쪽

01 a: 3개, b: 5개, 해설 참조
02 p형 반도체, 알루미늄(Al), 붕소(B), 인듐(In)
03 X: 발광 다이오드(LED), ㉠ n형, ㉡ p형, ㉢ 띠 간격
04 (가) 역방향 전압, (나) 순방향 전압, 해설 참조
05 해설 참조

01

모범답안 (가)는 도핑으로 양공이 생기므로 a의 원자가 전자는 3개이고, (나)는 도핑으로 전자가 생기므로 b의 원자가 전자는 5개이다. 순수 반도체에 불순물을 첨가하는 기술을 도핑이라고 하며, 도핑을 통해 반도체에 전자 또는 양공을 만들어 주면 이것이 전하 운반자 역할을 하여 전류가 더 잘 흐르게 된다.

채점 기준	배점
a, b의 원자가 전자의 수를 옳게 쓰고, 도핑하면 전류가 더 잘 흐르는 까닭을 옳게 서술한 경우	100 %
a, b의 원자가 전자의 수만 옳게 쓰거나 도핑하면 전류가 더 잘 흐르는 까닭만 옳게 서술한 경우	50 %

02

불순물이 원자가 띠 위에 전자가 채워지지 않은 에너지 준위를 만드는 반도체는 p형 반도체이다. p형 반도체는 원자가 전자가 3개인 알루미늄(Al), 붕소(B), 인듐(In) 등을 첨가하여 만든다.

03

발광 다이오드(LED)에 순방향 전압을 걸어 주면 전류가 흐른다. 이때 n형 반도체에서 p형 반도체에 도달한 전자들이 에너지 준위가 낮은 양공의 자리로 이동하면서 띠 간격에 해당하는 만큼의 에너지가 빛의 형태로 방출된다.

04

모범답안 (가)는 접합면으로부터 양공과 전자가 멀어지므로 역방향 전압이 걸려 있고, (나)는 접합면으로 양공과 전자가 이동하므로 순방향 전압이 걸려 있다. 회로에서 p-n 접합 다이오드는 한쪽 방향으로만 전류를 흐르게 할 수 있어 교류를 직류로 바꾸어 주는 정류 작용을 할 수 있다.

채점 기준	배점
전압의 방향을 옳게 쓰고, 다이오드의 역할을 옳게 서술한 경우	100 %
전압의 방향만 옳게 쓰거나 다이오드의 역할만 옳게 서술한 경우	50 %

05

다이오드에서 전류는 p형 반도체에서 n형 반도체 쪽으로 흐르므로 저항에는 b → 저항 → a 방향으로 전류가 흐른다. 따라서 저항에 흐르는 전류의 방향은 (−)이므로 전류의 세기를 시간에 따라 나타내면 다음과 같다.

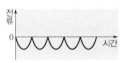

09 전류의 자기 작용

01
ㄱ : 자기력에 의해 자침이 움직이므로 전류에 의해 자기장이 생긴다.
ㄴ : 전류가 흐르는 도선이 자기장을 만들지만 도선 자체가 자기화되지는 않는다.
ㄷ : 전류가 흐르는 도선에서 멀어질수록 자기장의 세기는 감소한다.

02
ㄱ : d에서 자기장의 방향이 $-x$ 방향이므로 도선에 흐르는 전류의 방향은 xy 평면에 수직으로 들어가는 방향이다.
ㄴ : 직선 도선으로부터 a가 b보다 멀리 떨어져 있으므로 전류에 의한 자기장의 세기는 a에서가 b에서보다 작다.
ㄷ : 직선 전류에 의한 자기장은 시계 방향으로 동심원을 이루며, 동심원의 접선 방향이 자기장의 방향이므로 a와 c에서 전류에 의한 자기장의 방향은 서로 반대 방향이다.

03
a에서 전류에 의한 자기장의 세기가 0이므로 X에 흐르는 전류의 세기는 Y의 2배이고, Y에 흐르는 전류의 방향은 $+y$ 방향이다. X에 흐르는 전류가 a에 만드는 자기장을 B라고 하면 b에서 자기장은 $2B+B=3B$이고, c에서 자기장은 $-2B+B=-B$이며, d에서 자기장은 $-2B-B=-3B$이다. 따라서 자기장의 세기의 비는 $B_b : B_c : B_d = 3 : 1 : 3$이다.

04
ㄱ : P에서 자침의 N극의 방향이 북서쪽이므로 전류에 의한 자기장은 서쪽이고, P에서의 자기장은 지구 자기장과 전류에 의한 자기장의 합으로 나타난다. 따라서 전류의 방향은 종이면에 수직으로 들어가는 방향이므로 b 방향이다.
ㄴ : 두 도선으로부터 같은 거리에 있는 O에서 전류에 의한 자기장의 세기가 0이므로 두 도선에 흐르는 전류의 방향은 같다.

ㄷ : Q에서 A, B에 의한 자기장의 방향이 동쪽이므로 나침반 자침의 N극이 향하는 방향은 북동쪽이다.

05
원형 도선 중심에서 자기장의 세기는 전류의 세기에 비례하고, 도선의 반지름에 반비례한다.
ㄱ : r를 증가시키면 O에서 자기장의 세기가 감소한다.
ㄴ : 전류의 세기를 증가시키면 O에서 자기장의 세기가 증가한다.
ㄷ : 전류의 방향을 반대로 바꾸어도 자기장의 세기는 변화 없다.

06
ㄱ : O에서 자기장의 세기가 0이므로 A, B에 흐르는 전류의 방향은 서로 반대 방향이다. 따라서 B에 흐르는 전류의 방향은 시계 방향이다.
ㄴ : 원형 도선 중심에서 자기장의 세기는 전류의 세기에 비례하고, 반지름에 반비례한다. 따라서 B에 흐르는 전류의 세기는 $\frac{3}{2}I$이다.
ㄷ : A의 반지름이 r로 작아지면 O에서 자기장의 방향은 A에 의한 자기장의 방향과 같으므로 종이면에서 수직으로 나오는 방향이다.

07
(가)에서 원형 도선 중심에서 원형 전류에 의한 자기장을 $B_원$, 직선 전류에 의한 자기장을 $B_직$이라 하고, 종이면에서 수직으로 나오는 방향을 $(+)$로 하면
$$B_1=B_원-B_직 \quad\cdots\cdots\cdots\cdots\cdots ①$$
이다. (나)에서 원형 도선 중심에서 원형 전류에 의한 자기장은 $B_원$이고, 직선 도선과 원형 도선 중심 사이의 거리는 (가)에서의 $\frac{1}{2}$배이므로 $2B_직$이다.
$$B_2=B_원+2B_직 \quad\cdots\cdots\cdots\cdots ②$$
이다. $B_3=B_원$이므로 ①, ②에서 $2B_1+B_2=3B_3$이다.

08
나침반 자침의 배열이 나침반을 막대 자석 주위에 놓았을 때의 배열과 같으므로 점선 내부의 도선은 솔레노이드이며, 왼쪽이 N극이다. 오른손의 네 손가락을 전류의 방향으로 감아쥘 때 엄지손가락의 방향이 N극이므로 점선 내부의 도선은 ③과 같다. ①, ②에 의해서는 각각 시계 방향, 시계 반대 방향으로 동심원 모양의 자기장이 생기며, ⑤에 의해서는 위쪽이 S극이 된다.

09
ㄱ : 솔레노이드 바깥의 두 점 P, R에서 자기장의 방향은 왼쪽이고, 내부의 점 Q에서 자기장의 방향은 오른쪽이다.
ㄴ : 솔레노이드 바깥보다 내부에서 자기장의 세기가 더 세다.
ㄷ : 자기장의 세기는 전류의 세기에 비례하므로 전류의 세기를 증가시키면 세 점에서 자기장의 세기는 모두 증가한다.

10
ㄱ : B의 왼쪽이 S극이고, 나침반 자침의 N극이 북쪽을 가리키므로 A의 오른쪽이 S극이 되어야 한다. 따라서 A에 흐르는 전류의 방향은 b

이다.

ⓛ : 나침반을 놓은 지점에서 A, B에 흐르는 전류에 의한 자기장의 방향은 서로 반대이므로 A와 B 사이에는 서로 밀어내는 자기력이 작용한다.

ⓒ : A에 흐르는 전류의 세기를 증가시키면 A에 의한 자기장의 세기가 증가하므로 자침의 N극은 시계 반대 방향으로 회전한다.

11

ⓐ : 코일에 전류가 화살표 방향으로 흐르면 코일의 왼쪽은 N극이 되므로 자석과 코일에 사이에는 서로 밀어내는 방향의 자기력이 작용한다. 따라서 진동판은 a 방향으로 힘을 받는다.

ⓛ : 코일에 흐르는 전류의 세기를 증가시키면 코일에 의한 자기장이 증가하므로 코일과 자석 사이의 자기력은 증가한다.

ⓒ : 코일의 감은 수를 증가시키면 코일에 의한 자기장이 증가하므로 자기력이 커져 진동판의 진동 폭이 증가하고 더 큰 소리가 난다.

12

ⓐ : 하드디스크에 정보를 기록할 때는 전류 주위에 자기장이 형성되는 앙페르 법칙을 이용한다.

ⓛ : 정보가 기록된 부분은 자기화되어 있으므로 A이다.

ⓧ : A 구간은 정보가 기록된 부분이고, B 구간은 정보가 기록되지 않은 구간이므로 플래터의 회전 방향은 a이다.

서답형 문제

본문 070쪽

01 수평면에 수직으로 들어가는 방향, 해설 참조
02 해설 참조
03 해설 참조
04 2 : 3
05 해설 참조

01

모범답안 나침반 자침의 N극이 북서쪽으로 회전하였으므로 전류에 의한 자기장의 방향은 서쪽이 되어야 한다. 따라서 도선에 흐르는 전류의 방향은 수평면에 수직으로 들어가는 방향이다. θ를 감소시키기 위해서는 전류의 세기를 감소시키거나, 나침반을 북쪽에서 남쪽 방향으로 도선에서 멀어지게 한다.

채점 기준	배점
전류의 방향과 θ를 감소시키는 방법을 모두 옳게 서술한 경우	100 %
전류의 방향과 θ를 감소시키는 방법 중 한 가지만 옳게 서술한 경우	50 %

02

모범답안 $x=-d$에서 자기장의 방향이 $+y$ 방향이고, $x=d$에서 자기장의 세기가 0이 되기 위해서는 P와 Q에 흐르는 전류에 의한 자기장의

방향이 반대가 되어야 하므로 P와 Q에 흐르는 전류의 방향은 xy 평면에 수직으로 들어가는 방향으로 서로 같다. 자기장의 세기는 도선으로부터의 거리에 반비례하므로 전류의 세기는 Q에서가 P에서의 2배이다.

$x=-d$에서 P에 흐르는 전류에 의한 자기장의 세기를 B라고 하면 Q에 의한 자기장의 세기는 $\frac{1}{2}B$이다. 따라서 $x=-d$에서 P, Q에 의한 자기장의 세기는 $\frac{3}{2}B=B_0$이다. $x=2d$에서 P에 의한 자기장은 $-y$ 방향으로 $\frac{1}{2}B$이고, Q에 의한 자기장은 $+y$ 방향으로 $2B$이다. 따라서 $x=2d$에서 P와 Q에 의한 자기장의 세기는 $\frac{3}{2}B=B_0$이다.

채점 기준	배점
전류의 방향과 세기 및 자기장의 세기를 모두 옳게 서술한 경우	100 %
전류의 방향과 세기, 자기장의 세기 중 한 가지만 옳게 서술한 경우	50 %

03

모범답안 원형 도선 중심에서 자기장의 세기는 전류의 세기에 비례하고, 원형 도선의 반지름에 반비례한다. 도선을 두 바퀴 감으면 반지름이 $\frac{1}{2}$배가 되고, 2개의 원형 도선이 겹치므로 중심에서 자기장의 세기는 $4B_0$이고, 종이면에 수직으로 들어가는 방향이다.

채점 기준	배점
원형 도선 중심에서 자기장의 세기와 방향을 모두 옳게 서술한 경우	100 %
원형 도선 중심에서 자기장의 세기와 방향 중 한 가지만 옳게 서술한 경우	50 %

04

솔레노이드 내부에서 자기장의 세기는 단위 길이당 코일의 감은 수와 전류의 세기에 비례한다. 단위 길이당 코일의 감은 수는 코일의 총 감은 수를 솔레노이드의 길이로 나눈 값으로, P, Q에서 감은 수의 비는 2 : 1이다. P, Q에서 전류의 세기의 비는 1 : 3이다. 따라서 P, Q에서 자기장의 세기의 비 $B_P : B_Q=2 : 3$이다.

05

모범답안 자기장의 세기가 증가하거나, 도선의 감은 수가 증가할수록 자기력이 커져 더 큰 소리를 들을 수 있다. 이와 같은 원리가 작용된 사례는 다음과 같다.

구분	예
가정에서	현관문 전자 잠금 장치, 초인종 등
학교에서	스피커, 비상벨, 엘리베이터 등
이동 수단에서	전동 휠, 자기 부상 열차 등
공사 현장에서	전자석 기중기, 모터 등

채점 기준	배점
큰 소리를 듣는 방법과 사례를 모두 옳게 서술한 경우	100 %
큰 소리를 듣는 방법과 사례 중 한 가지만 옳게 서술한 경우	50 %

01

ㄱ : 물체의 자성은 전자의 궤도 운동과 스핀에 의해 나타난다.
ㄴ : 반자성은 한 원자 내 전자들이 모두 짝을 이루어 전자의 궤도 운동과 스핀에 의한 자기장이 완전히 상쇄될 때 나타나므로 전자의 회전 방향이 반대인 전자들이 짝을 이루면 자성이 약해진다.
ㄷ : 강자성체는 외부 자기장에 의한 자기화 정도가 높다.

02

ㄱ : 전자는 음(−)전하를 띠므로 전류의 방향은 전자의 운동 방향과 반대이다. 전자가 시계 반대 방향으로 회전하므로 전류는 시계 방향으로 흐른다.
ㄴ : 전류가 시계 방향으로 흐를 때 앙페르 법칙을 적용하면 원 궤도의 중심에서 자기장의 방향은 $-y$ 방향이다.
ㄷ : 전자의 자기적 성질을 나타내는 물리량을 스핀이라고 한다.

03

ㄱ : (나)에서 자석을 물체에 가까이 하면 자석에 가까운 쪽이 자석과 반대 극으로 자기화되므로 자석과 물체 사이에는 끌어당기는 자기력이 작용한다.
ㄴ : (다)에서 자석을 제거하였을 때 자기화된 상태가 사라지므로 이 물체는 상자성체이다.
ㄷ : 이 물체는 외부 자기장이 없을 때 자성을 띠지 않으므로 자석으로 만들 수 없다.

04

ㄱ : (가)에서 A는 자석 쪽으로 끌려오는데, (나)에서는 A에 클립이 달라붙지 않으므로 A는 상자성체이다.
ㄴ : (가)에서 B는 자석에서 멀어지므로 반자성체이다.
ㄷ : B는 반자성체이다. (나)에서 자석을 치우면 B는 자기화된 상태가 사라지므로 B에 클립을 가까이 가져가면 달라붙지도 밀려나지도 않는다.

05

ㄱ : 클립이 자석에 의해 자기화되었으므로 자석에 달라붙는다.
ㄴ : a는 N극과 붙어 있으므로 S극이다.
ㄷ : 물체 내부의 자기장의 방향이 외부 자기장과 반대이므로 물체는 반자성체이다.

06

ㄱ : A를 가까이 하면 자침이 끌려오므로 A는 강자성체이다.
ㄴ : B는 반자성체로, (다)에서 자침의 N극은 B에서 멀어진다.
ㄷ : 나침반의 자침은 외부 자기장을 제거해도 자석의 성질을 가지고 있으므로 강자성체이다.

07

ㄱ : 자석의 N극을 코일에 가까이 할 때와 멀리 할 때 코일 내부의 자기 선속의 변화가 반대이므로 유도 전류의 방향도 반대가 된다.
ㄴ : 자석이 코일 속으로 들어갈 때와 나올 때의 속력이 증가하면 시간에 따른 자기 선속의 변화율이 증가하므로 유도 전류의 세기가 증가한다.
ㄷ : 강한 자석으로 바꾸면 자기장이 증가하므로 시간에 따른 자기 선속의 변화가 증가하고, 검류계에 흐르는 전류의 세기도 증가한다.

08

ㄱ : 막대자석의 N극을 코일에 접근시키면 코일에는 막대자석의 운동을 방해하는 방향으로 유도 전류가 흐른다. 따라서 막대자석과 코일 사이에 척력이 작용하므로 저울의 눈금은 5 N보다 크다.
ㄴ : 막대자석의 S극을 코일에서 멀리 하면 막대자석과 코일 사이에 인력이 작용하므로 저울의 눈금은 5 N보다 작다.
ㄷ : 검류계의 눈금이 0을 가리키면 코일에는 유도 전류가 흐르지 않는다. 코일과 막대자석 사이에는 자기력이 작용하지 않으므로 저울의 눈금은 5 N이다.

09

A를 통과하는 자기 선속은 일정하므로 A에는 유도 전류가 흐르지 않는다. B가 직선 도선에 가까워지면 종이면에 수직으로 들어가는 방향의 자기 선속이 증가하고, 유도 전류는 자기장이 종이면에서 나오는 방향으로 유도되므로 B에 흐르는 유도 전류의 방향은 시계 반대 방향이다.

10

ㄱ : A는 자석에 의한 자기력선이다. A가 자석 p에서 나오는 방향이므로 p는 N극이다.
ㄴ : B는 유도 전류에 의한 자기장이므로 유도 전류의 방향은 a → ⓒ → b이다.
ㄷ : p는 N극이고, 코일의 오른쪽에는 N극이 생긴다. 코일에는 자석의 운동을 방해하는 자극이 생기므로 자석의 운동 방향은 코일에 가까워지는 방향이다.

11

자석이 코일을 통과할 때 전자기 유도에 의해 자석의 역학적 에너지의 일부가 코일에서 전기 에너지로 전환된다. 따라서 자석이 a → b → c를 지나면서 역학적 에너지는 감소한다.

12

㉠ : 0~4초일 때 자기장의 세기가 일정하므로 원형 도선을 통과하는 자기 선속이 일정하여 도선에는 유도 전류가 흐르지 않는다.

㉡ : 4~6초일 때와 6~8초일 때 원형 도선 내부를 통과하는 자기 선속의 변화 방향이 서로 같으므로 5초일 때와 7초일 때 도선에 흐르는 유도 전류의 방향은 같다.

㉢ : 유도 전류의 세기는 자기 선속의 시간적 변화율에 비례하므로 도선에 흐르는 유도 전류의 세기는 6초일 때가 10초일 때의 2배이다.

13

㉠ : 도체 막대가 움직이면 도체 막대와 ㄷ자형 도선이 만드는 사각형의 내부에 자기 선속의 변화가 생기므로 도체 막대에 유도 전류가 흐른다.

㉡ : 도체 막대가 v의 속도로 왼쪽으로 운동하면 위 방향으로 자기 선속이 감소한다. 따라서 유도 전류에 의한 자기장의 방향이 위 방향이 되어야 하므로 도체 막대에 흐르는 전류의 방향은 P → Q이다.

㉢ : 도체 막대의 속력이 증가하면 자기 선속의 변화가 증가하므로 도체 막대에 흐르는 전류의 세기는 증가한다.

14

㉠ : 유도 전류가 시계 방향으로 흐르기 위해서는 종이면에 수직으로 들어가는 방향의 자기 선속이 감소해야 하므로 막대의 운동 방향은 $-x$ 방향이다.

㉡ : 금속 막대가 $-x$ 방향으로 운동하므로 도선을 통과하는 자기 선속은 감소한다.

㉢ : 자기 선속의 감소율이 감소하므로 도선에 유도되는 전류의 세기는 감소한다.

15

㉠ : 1초일 때 사각형 도선의 내부를 통과하는 자기 선속이 감소하므로 유도 전류는 이를 방해하는 방향으로 유도된다. 따라서 종이면에 수직으로 들어가는 방향의 자기장이 만들어지도록 유도 전류가 흐르므로 저항에 흐르는 전류의 방향은 a → R → b이다.

㉡ : 3초일 때 사각형 도선의 넓이에 변화가 없으므로 저항에 유도 전류가 흐르지 않는다.

㉢ : 저항에 흐르는 전류의 세기는 자기 선속의 시간적 변화율에 비례한다. 자기 선속의 시간적 변화율은 그래프의 기울기와 같으므로 유도 전류의 세기는 1초일 때가 5초일 때보다 크다.

16

발광 킥보드는 전자기 유도에 의해 바퀴에 불이 들어온다.

㉠ : 교통 카드 판독기에는 교류가 흐르는 코일이 들어 있어 주위의 자기장이 계속 변하고, 이곳에 코일이 들어 있는 교통 카드를 접근시키면 유도 전류가 흐른다.

㉡ : 금속 탐지기에는 교류가 흐르는 코일이 있어 시간에 따라 변하는 자기장이 발생하고, 이 자기장 속으로 금속 물질이 들어오면 금속에 미세한 유도 전류가 흐른다. 이 전류에 의한 자기장이 내부 수신 코일에 전류

를 흐르게 하고, 이 전류가 경보음을 울리게 하여 금속을 탐지한다.

㉢ : 건전지로 작동하는 장난감 모터는 자기력을 이용한 것이다.

서술형 문제

본문 077쪽

01 전자의 궤도 운동, 전자의 스핀
02 해설 참조
03 해설 참조
04 ㄱ, ㄴ, ㅁ
05 해설 참조
06 구리관, 해설 참조

01

전자가 원자핵 주위를 도는 궤도 운동을 하면 전류가 반대 방향으로 흐르는 것과 같은 효과가 나타나 자기장이 생긴다. 전자가 자신의 축을 기준으로 회전 운동을 하면 반대 방향으로 전류가 흐르는 효과가 나타나 자기장이 생긴다.

02

모범답안 ㉠ 물질 내부의 원자 자석들이 외부 자기장의 방향으로 강하게 자기화된다.

㉡ 자기화된 강자성체는 외부 자기장을 제거해도 자기화된 상태가 오래 유지된다.

㉢ 물질 내부의 원자 자석들이 외부 자기장의 반대 방향으로 자기화된다.

채점기준	배점
㉠~㉢을 모두 옳게 서술한 경우	100 %
㉠~㉢ 중 두 가지만 옳게 서술한 경우	60 %
㉠~㉢ 중 한 가지만 옳게 서술한 경우	30 %

03

모범답안 (가)와 (나)에 유도되는 전류의 방향은 b → ⓖ → a이고, 자석에 작용하는 자기력의 방향은 오른쪽으로 같다.

채점기준	배점
유도되는 전류의 방향과 자기력의 방향을 모두 옳게 서술한 경우	100 %
유도되는 전류의 방향과 자기력의 방향 중 한 가지만 옳게 서술한 경우	50 %

04

유도 기전력의 크기를 증가시키는 방법은 단위 길이당 코일의 감은 수를 증가시키거나, 코일을 통과하는 자기 선속의 변화율을 크게 하면 된다. 자기 선속의 변화율을 크게 하는 방법은 자석이 움직이는 속력을 빠르게 하거나, 자기력이 더 큰 자석으로 바꾸는 방법이 있다. 자석의 극을 바꾸거나 코일의 도선을 굵은 것으로 바꾸는 것은 유도 기전력의 크기에 변

화를 주지 못한다.

05

모범답안 • 직선 도선에 흐르는 전류의 세기를 증가시키면 원형 도선에 xy 평면에서 수직으로 나오는 자기장이 증가하므로 원형 도선에 시계 방향의 유도 전류가 흐른다.

• 원형 도선을 $-y$ 방향으로 이동시키면 원형 도선에 xy 평면에서 수직으로 나오는 자기장이 증가하므로 원형 도선에 시계 방향의 유도 전류가 흐른다.

채점기준	배점
유도 전류가 흐르는 경우를 두 가지 모두 옳게 서술한 경우	100 %
유도 전류가 흐르는 경우를 한 가지만 서술한 경우	50 %

06

모범답안 구리관에는 자석이 운동할 때 유도 전류가 흐르므로 자석에는 운동을 방해하는 힘이 작용한다. 따라서 절연체인 플라스틱관에서보다 도체인 구리관에서 자석의 낙하 시간이 더 길므로 A를 먼저 떨어뜨려야 A, B가 동시에 바닥에 도달한다.

채점기준	배점
먼저 떨어뜨린 자석을 옳게 쓰고, 그 까닭을 옳게 서술한 경우	100 %
먼저 떨어뜨린 자석만 옳게 쓴 경우	50 %

대단원 종합 문제 　Ⅱ. 물질과 전자기장

01 ⑤	02 ⑤	03 ④	04 ⑤	05 ①
06 ④	07 ①	08 ③	09 ③	10 ①
11 ⑤	12 ②	13 ②	14 ①	15 ⑤
16 ③	17 ④	18 ④	19 ⑤	20 ④

고난도 문제 ┠

21 ②	22 ④	23 ④	24 ③	25 ③
26 ⑤	27 ⑤	28 ②		

01

ㄱ : p에 양(+)전하인 C를 놓았을 때 C가 움직이지 않았으므로 A가 C에 작용하는 전기력의 방향과 B가 C에 작용하는 전기력의 방향은 반대이다. 따라서 B는 음(−)전하이다.

ㄴ : p에서 C에 작용하는 전기력이 0이 되기 위해서는 p로부터 거리가 먼 B의 전하량의 크기가 A의 전하량의 크기보다 커야 한다.

ㄷ : C를 O에 놓으면 A가 C에 작용하는 전기력보다 B가 C에 작용하는 전기력의 크기가 더 크므로 C는 $+x$ 방향으로 전기력을 받는다.

02

ㄱ : 원자핵은 양(+)전하를 띠고, 전자는 음(−)전하를 띠므로 서로 끌어당기는 전기력이 작용한다.

ㄴ : 전자는 원자핵에 가까울수록 역학적 에너지가 작아져 안정하다.

ㄷ : 전자는 원자핵에서 멀어질수록 전기력이 작아지므로 원자핵으로부터 분리하기 쉽다.

03

전자가 발견된 후 전체적으로 양(+)전하를 띤 물질 속에 음(−)전하를 띤 전자가 수박씨처럼 박혀 있다는 톰슨의 원자 모형이 제시되었다. 이후 알파(α) 입자 산란 실험으로 양(+)전하를 띤 원자핵 주위를 음(−)전하를 띤 전자가 돌고 있다는 러더퍼드의 원자 모형이 제시되었고, 다시 수소 원자의 선 스펙트럼으로 보어의 원자 모형이 제시되었다.

04

ㄱ : (가)는 연속 스펙트럼에 검은색 흡수선이 나타나므로 흡수 스펙트럼이고, (나)는 검은 배경에 밝은 색의 방출선이 나타나므로 방출 스펙트럼이며, (다)는 색의 띠가 연속으로 나타나는 연속 스펙트럼이다.

ㄴ : 고온의 기체에서 방출되는 빛을 프리즘에 통과시키면 (나)와 같이 특정한 파장 영역에서만 밝은 색의 방출선이 나타난다.

ㄷ : 기체의 종류가 같으면 스펙트럼에서 흡수선과 방출선이 나타나는 위치가 같다.

05

ㄱ : 선 스펙트럼은 원자의 에너지 준위가 불연속적임을 나타내는 현상이다.

ㄴ : 광자의 에너지는 진동수에 비례한다. 파장이 짧은 빛의 진동수가 크므로 a가 d보다 파장이 짧고 진동수가 크다. 따라서 광자 1개의 에너

지는 a가 d보다 크다.

ㄷ : 수소 기체의 온도가 내려가도 수소의 에너지 준위의 배열은 변하지 않으므로 a, b, c, d의 위치는 변하지 않는다.

06

ㄱ : 전자가 특정 궤도에 존재하는 모형은 보어의 원자 모형이다.

ㄴ : 전자가 $n=1$인 궤도에 있을 때 전자의 에너지가 가장 작으므로 n이 작아질수록 전자의 에너지는 작아진다.

ㄷ : 전자가 낮은 궤도에서 높은 궤도로 전이할 때 원자는 빛을 흡수한다.

07

ㄱ : 에너지는 파장에 반비례한다. $\lambda_1 > \lambda_2 > \lambda_3$이므로 파장이 λ_3인 빛은 전자가 에너지가 E_1인 상태에서 에너지가 E_3인 상태로 전이할 때 전자가 흡수한 빛의 파장이다.

ㄴ : 발머 계열은 전자가 들뜬상태에서 $n=2$인 궤도로 전이할 때 나타나는 스펙트럼 계열이다. 발머 계열로 전이할 때 방출하는 빛의 에너지는 $E_3 - E_2$이고, 빛의 파장은 λ_1이다.

ㄷ : 파장이 λ인 광자 1개의 에너지는 $\dfrac{hc}{\lambda}$이므로 파장이 λ_1, λ_2, λ_3인 빛의 광자 1개의 에너지는 각각 $\dfrac{hc}{\lambda_1}=E_3 - E_2$, $\dfrac{hc}{\lambda_2}=E_2 - E_1$, $\dfrac{hc}{\lambda_3}=E_3 - E_1$이다. 따라서 $\dfrac{1}{\lambda_1}+\dfrac{1}{\lambda_2}=\dfrac{1}{\lambda_3}$이다.

08

ㄱ : 전자는 특정 에너지 값만 가진다.

ㄴ : 원자마다 선 스펙트럼이 다르다.

ㄷ : 방출 선 스펙트럼은 전자의 에너지가 높은 상태에서 낮은 상태로 될 때 나타나는 스펙트럼이다. 발머 계열은 전자가 들뜬상태에서 $n=2$인 궤도로 전이할 때 나타나며, 이때 가시광선을 방출한다.

09

ㄱ : 원자가 띠와 전도띠 사이의 띠 간격이 매우 넓어서 상온에서 전도띠로 이동하는 전자가 없는 것은 절연체이다.

ㄴ : B는 도체이고, C는 반도체이므로 전기 전도성은 B가 C보다 좋다.

ㄷ : 상온에서 전자의 일부가 전도띠로 이동할 수 있을 정도로 띠 간격이 좁으므로 상온에서 C의 전도띠에는 전자가 존재한다.

10

ㄱ : 기체 원자의 에너지 준위는 전자의 에너지 궤도가 양자화되어 있으므로 (나)이다.

ㄴ : (가)에서 원자의 에너지 준위가 미세하게 겹치면서 에너지띠가 만들어지지만 허용된 띠에 있는 전자의 에너지는 모두 같지 않다.

ㄷ : A는 띠 간격으로, 전자가 존재할 수 없는 구간이다.

11

ㄱ : A를 첨가하여 양공이 생겼으므로 A는 원자가 전자가 3개이다.

ㄴ : ⊙은 원자 주변에 전자가 비어 있는 양공이다.

ㄷ : 양공이 주로 전하를 운반하는 반도체는 p형 반도체이다.

12

ㄱ : Y에서 빛이 방출되므로 Y에는 순방향 전압이 걸려 있다. 따라서 A는 p형 반도체이다.

ㄴ : 띠 간격이 넓을수록 파장이 짧은 빛을 방출한다. 따라서 파란색 빛이 빨간색 빛보다 파장이 짧으므로 띠 간격은 X가 Y보다 좁다.

ㄷ : 스위치를 열었을 때 전구의 밝기 변화가 없으므로 다이오드에는 역방향 전압이 걸려 있다.

13

ㄱ : p형 반도체에 전원의 (+)극을 연결하고, n형 반도체에 전원의 (−)극을 연결하면 n형 반도체의 전자와 p형 반도체의 양공이 접합면에서 결합한다.

ㄴ : 빛의 파장은 광자 1개의 에너지에 반비례하므로 띠 간격이 넓어질수록 방출하는 빛의 파장은 짧아진다.

ㄷ : LED에 순방향 전압이 걸렸으므로 전류의 방향은 b이다.

14

ㄱ : 1사분면에서 A에 의한 자기장의 방향이 종이면에서 수직으로 나오는 방향이므로 B에 의한 자기장의 방향은 종이면에 수직으로 들어가는 방향이 되어야 한다. 따라서 B에 흐르는 전류의 방향은 $+y$ 방향이다.

ㄴ : 1사분면에서 자기장의 세기가 0인 지점의 거리 비 $r_A : r_B = 2 : 3$이고, B=일정일 때 전류의 세기는 도선으로부터의 거리에 비례하므로 $I_A : I_B = 2 : 3$이다.

ㄷ : P에서 A에 의한 자기장을 $+B$라고 하면, P에서 자기장은 $+B - \dfrac{3}{2}B = -\dfrac{1}{2}B$이고, Q에서 자기장은 $-B - \dfrac{3}{2}B = -\dfrac{5}{2}B$이다. 따라서 자기장의 세기는 P에서가 Q에서의 $\dfrac{1}{5}$배이다.

15

전류가 흐르는 도선에 의한 자기장의 세기는 전류의 세기에 비례하고, 도선으로부터의 거리에 반비례한다. 전류 I가 흐르는 도선이 P에 만드는 자기장을 $+B$라고 하면 $B_P = +B - \dfrac{2}{3}B = +\dfrac{1}{3}B$이고, $B_Q = -B - 2B = -3B$이며, $B_R = +2B - \dfrac{1}{3}B = +\dfrac{5}{3}B$이다. 따라서 자기장의 세기는 $B_Q > B_R > B_P$이다.

16

ㄱ : 원형 코일을 두 번 감으면 반지름은 $2\pi r = 2\pi r' \times 2$에서 $r' = \dfrac{1}{2}r$이다.

ㄴ : (가)의 원형 도선의 중심에서 자기장의 세기는 $B_합 = B_원 - B_직 = B_0$이고, (나)의 원형 도선의 중심에서 자기장의 세기는 $B_합 = 4B_원 - 2B_직 > 4B_0$이다.

ㄷ : 앙페르 법칙에 의해 자기장의 방향은 지면에 수직으로 들어가는 방향이다.

17

ㄱ : X는 임계 온도인 T 이하에서 전기 저항이 0이 되는 초전도체이다.

ㄴ : 임계 온도 이하에서는 초전도체 주위에 외부 자기장을 가했을 때 자

기장을 밀어내는 반자성이 나타난다.

ⓒ: 초전도체는 반자성을 이용하여 자기 부상 열차 등에 활용할 수 있다.

18

ⓐ: 정보를 재생할 때는 디스크(플래터)의 회전으로 헤드의 코일에 전류가 유도되는 원리를 이용한다.

ⓧ: 정보 저장 물질은 강자성체이다.

ⓒ: 하드디스크에 연결된 전원이 차단되어도 저장된 정보는 사라지지 않는다.

19

ⓐ: P에서 사각형 도선을 통과하는 자기 선속이 증가하므로 자기 선속의 변화를 방해하는 유도 전류는 시계 반대 방향으로 유도된다.

ⓛ: 자기 선속의 변화가 없는 Q에서는 유도 기전력이 발생하지 않아 유도 전류가 흐르지 않는다.

ⓒ: 유도 기전력의 크기는 자기 선속의 변화량에 비례하므로 유도 전류의 세기는 P에서가 R에서의 3배이다.

20

ⓐ: 전송 코일에 의한 자기장이 금속에 유도 전류를 만든다.

ⓛ: 전송 코일에 의한 자기장이 수신 코일에 유도 전류를 만들지 않게 하기 위해 서로 수직으로 놓는다.

ⓧ: 동전 대신에 원형 코일을 놓아도 원형 코일에 유도 전류가 흐르고, 그 전류에 의한 자기장이 수신 코일의 자기 선속을 변화시켜 수신 코일에 유도 전류가 흐르게 된다.

21

ⓧ: B에서 +x 방향으로 전기력이 작용하므로 A는 음(−)전하이다.

ⓛ: A의 전하량이 C와 같으면 B에 작용하는 전기력의 합력은 0이다. 따라서 전하량의 크기는 A가 C보다 크다.

ⓧ: A, B, C를 한 물체로 생각하면 작용 반작용 법칙에 의해 A, B, C 사이에 작용하는 힘의 합이 0이어야 하므로 A에는 −x 방향으로 $2F$의 힘이 작용한다.

22

ⓧ: (가)는 보어의 원자 모형이다.

ⓛ: (나)는 톰슨의 원자 모형으로, 원자핵이 표현되어 있지 않다.

ⓒ: 원자 모형을 시대 순으로 나열하면 (나) 톰슨의 원자 모형 → (다) 러더퍼드의 원자 모형 − (가) 보어의 원자 모형 순이다.

23

ⓧ: 전자의 에너지 준위가 불연속적이기 때문에 불연속적인 선 스펙트럼이 나타난다.

ⓛ: 모든 원소들은 고유한 전자 궤도를 가지고 있어 흡수 스펙트럼이 원소마다 다르게 나타난다.

ⓒ: P의 흡수 스펙트럼 선에 수소의 흡수 스펙트럼 선이 포함되어 있으므로 P에는 수소가 존재한다.

24

ⓐ: 수소 원자의 전자가 갖는 에너지는 양자화되어 있어 불연속적이다.

ⓛ: 전자가 갖는 에너지 준위는 바닥상태에서 가장 낮고, n이 클수록 크다.

ⓧ: 전이 과정에서 에너지 변화는 B>C>A이다. 따라서 방출되는 광자 1개의 에너지도 B>C>A이다.

25

(가)는 반도체, (나)는 절연체, (다)는 도체이다.

ⓐ: 도핑을 통해 다양한 전기 소자를 만들 수 있는 것은 반도체이다.

ⓧ: 절연체에 열에너지를 공급하더라도 띠 간격은 변하지 않는다.

ⓒ: 도체는 띠 간격이 없어서 원자가 띠의 전자가 전도띠로 쉽게 이동할 수 있으므로 전도띠에 자유 전자가 많아 전류가 잘 흐른다.

26

ⓐ: a의 원자가 전자는 5개이고, b의 원자가 전자는 3개이므로 원자가 전자는 a가 b보다 2개 많다.

ⓛ: X는 전원 장치의 (+)극에 연결되어 있으므로 p형 반도체이다. (가)에서 B가 p형 반도체이다.

ⓒ: 발광 다이오드에 순방향 전압을 걸어 주면 p형 반도체에 있는 양공과 n형 반도체에 있는 전자가 접합면에서 결합한다.

27

ⓐ: 앙페르 법칙을 적용하면 A의 오른쪽은 S극, B의 왼쪽은 N극이므로 A와 B 사이에는 전기적 인력이 작용한다.

ⓛ: 자기장의 방향은 N극에서 S극이므로 a에서 자기장의 방향은 왼쪽이다.

ⓒ: A의 중심보다 B의 내부가 자기력선의 밀도가 크다. 따라서 중심에서 자기장의 세기는 A에서가 B에서보다 작다.

28

ⓧ: 스위치를 닫으면 전원 장치의 (+)극으로부터 A쪽으로 전류가 흐르므로 철심에는 시계 방향의 자기장이 형성된다.

ⓛ: 스위치를 닫는 순간 B쪽에는 시계 방향의 자기장이 통과하므로 B쪽 도선에 유도 전류가 흘러 나침반 위의 도선에는 오른쪽 방향으로 전류가 흐른다. 따라서 나침반 자침의 N극은 시계 반대 방향으로 회전한다.

ⓧ: 스위치를 계속 닫고 있으면 자기 선속의 변화가 없으므로 B에 유도 전류가 더 이상 흐르지 않아 나침반의 자침은 원래 위치로 되돌아온다.

Ⅲ. 파동과 정보 통신

11 파동의 성질

01

어느 한곳에서 일어난 진동이 주위로 퍼져 나가는 현상을 파동이라고 한다.
Ⓐ : 파동을 전달하는 물질(매질)은 제자리에서 진동만 하고, 전달되는 것은 에너지이다. 파동을 이용하면 물질의 이동 없이도 에너지와 정보를 전달할 수 있다.
Ⓑ : 파동의 속력이 달라지는 매질의 경계에서 파동의 진행 방향이 바뀌는 굴절 현상이 일어난다.
Ⓒ : 파동이 진행하는 동안 파동의 진동수, 주기는 변하지 않는다. 매질이 달라지면 파동이 진행하는 속력과 파장이 달라진다.

02

(가)는 파동의 진행 방향과 매질의 진동 방향이 서로 수직인 횡파이고, (나)는 파동의 진행 방향과 매질의 진동 방향이 나란한 종파이다.
㉠ : 파동에서 매질은 제자리에서 진동만 하고 파동의 진행 방향으로 이동하지 않는다. 따라서 용수철에 고정된 리본은 제자리에서 진동만 한다.
ⓛ : 소리는 매질의 진동 방향과 나란한 방향으로 진행하는 종파이므로 (나)의 용수철 파동처럼 진행한다.
ⓒ : 파동의 주기와 진동수는 서로 반비례하므로 용수철을 흔드는 주기가 짧을수록 진동수가 크다.

03

실선이 나타난 후 점선이 나타나는 시간은 파동의 마루가 골이 되는 데 걸린 시간이므로 1초는 $\frac{1}{2}$ 주기이다. 따라서 이 파동의 주기는 2초이고, 진동수는 0.5 Hz이다. 파동은 1주기 동안 0.4 m를 이동하였으므로 파동의 속력은 $\frac{0.4\ \text{m}}{2\ \text{s}} = 0.2\ \text{m/s}$이다.

04

공기에서와 물에서 빛의 속력이 다르기 때문에 물에서 공기로 나오는 빛이 굴절하여 연필이 수면에서 꺾여 보이고, 볼록한 물 컵에 의해 빛이 굴절하여 물속의 연필이 더 굵어 보인다.

05

동일한 줄을 따라 진행하는 파동의 속력은 같다.
㉠ : 1주기 동안 파동이 진행한 거리가 파장이므로 파장은 A가 B보다 크다.
ⓛ : 동일한 줄을 따라 진행하는 파동이므로 파동의 진행 속력은 A와 B가 서로 같다.
ⓒ : A, B의 진행 속력은 서로 같고, 파장은 A가 B보다 크므로 파동의 진동수는 B가 A보다 크다.

06

㉠ : 굴절각은 매질의 경계면에 수직인 법선과 굴절된 빛의 진행 방향이 이루는 각이다. 매질 Ⅱ로 진행하는 단색광의 굴절각은 B가 A보다 크다.
ⓛ : 빛이 굴절하더라도 빛의 진동수는 변하지 않는다. 입사각이 굴절각보다 크므로 빛의 속력은 Ⅰ에서가 Ⅱ에서보다 크다. 따라서 A의 파장은 Ⅰ에서가 Ⅱ에서보다 크다.
ⓒ : 입사각은 같고, 굴절각은 A가 B보다 작으므로 매질 Ⅰ에 대한 Ⅱ의 굴절률은 A가 B보다 크다.

07

㉠ : (가)에서 파동의 진폭은 A_0이므로 P의 진폭은 A_0이다.
ⓛ : (가)에서 파동은 오른쪽 방향으로 진행하므로 (가)의 순간 직후에 P의 변위는 음(−)이 되고, Q의 변위는 양(+)이 된다. 따라서 (나)는 Q의 변위를 시간에 따라 나타낸 것이다.
ⓒ : (가)의 순간 P는 아래 방향으로 운동하고, Q는 위로 운동하므로 P, Q의 운동 방향은 서로 반대이다.

08

(가)에서 P에서 Q까지의 거리는 반 파장에 해당한다. P와 Q 사이의 거리는 $\frac{2}{3}L_0$이므로 파동의 파장은 $\frac{4}{3}L_0$이다. (나)에서 Q의 진동 주기는 t_0이다. 따라서 파동의 진행 속력은 $v = \frac{\lambda}{T} = \frac{4L_0}{3t_0}$이다.

09

소리의 속력은 공기에서보다 물에서 크고, 빛의 속력은 물에서보다 공기에서 크다.
㉠ : A는 굴절각이 입사각보다 작으므로 A의 속력은 공기에서가 물에서보다 크다. 따라서 A는 빛이다.
ⓛ : 파동이 다른 매질로 진행하더라도 진동수는 변하지 않는다. 따라서 A의 진동수는 공기에서와 물에서 같다.
ⓒ : B는 굴절각이 입사각보다 크므로 B의 속력은 물에서가 공기에서보다 크다. 따라서 B의 파장은 물에서가 공기에서보다 크다.

10

물결파의 속력은 물의 깊이에 따라 달라진다. 물의 깊이가 깊을수록 물결파의 진행 속력은 빠르다. 유리판을 깔아 물의 깊이를 얕게 하면 물결파의 속력이 느려진다. 따라서 그림과 같이 깊은 곳과 얕은 곳의 경계에서 물결파의 입사각이 굴절각보다 크게 진행하므로 물결파의 진행 방향은 ②이다.

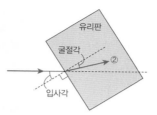

11

㉠ : 빛이 프리즘에서 공기로 진행할 때 굴절각이 입사각보다 크므로 빛의 속력은 공기에서가 프리즘에서보다 크다. 따라서 빨간색 빛의 파장은 공기에서가 프리즘에서보다 크다.

㉡ : 공기에서나 프리즘에서 빛의 진동수는 빨간색 빛이 파란색 빛보다 작다.

㉢ : 프리즘에서 공기로 진행할 때 입사각은 같지만, 굴절각은 파란색 빛이 빨간색 빛보다 크므로 프리즘에서 빨간색 빛의 속력은 파란색 빛의 속력보다 크다.

12

㉠ : (나)에서 압력의 변화 주기는 $2t_0$이므로 스피커에서 발생하는 소리의 진동수는 $\dfrac{1}{2t_0}$이다.

✗ : (가)에서 밀한 곳에서 다음 밀한 곳까지의 거리가 한 파장이므로 소리의 파장은 L이다. 따라서 소리의 속력은 $v = \dfrac{\lambda}{T} = \dfrac{L}{2t_0}$이다.

㉢ : 공기에서 소리의 진행 속력은 일정하므로 스피커에서 발생하는 소리의 진동수가 클수록 공기 입자가 가장 밀집된 인접한 지점 사이의 거리(파장)는 작다.

13

소리의 속력은 공기의 온도가 높을수록 빠르고, 온도가 낮을수록 느리다.

㉠ : 공기의 온도는 P에서가 Q에서보다 높으므로 소리의 속력은 P에서가 Q에서보다 크다. 따라서 소리의 파장은 P에서가 Q에서보다 크다.

✗ : 소리가 전달되는 동안 매질의 상태가 달라져도 소리의 진동수는 변하지 않는다. 소리의 진동수는 P, Q에서 모두 f_0이다.

✗ : 소리의 속력은 P에서 Q로 갈수록 점점 느려지므로 P에서 Q를 향하는 소리의 진행 방향은 위로 꺾이게 된다. 따라서 소리는 Q의 위를 지난다.

14

✗ : P와 Q는 모두 수면 위의 점이므로 P와 Q의 진동 주기와 진동수는 같다. Q의 진동 주기는 0.4초이므로 P의 진동 주기도 0.4초이다.

㉡ : 물결파의 속력은 10 cm/s이고, 주기는 0.4초이므로 물결파의 파장은 $\lambda = vT = 10 \text{ cm/s} \times 0.4 \text{ s} = 4 \text{ cm}$이다.

✗ : P와 Q 사이의 거리 6 cm는 $\dfrac{3}{2}$파장이므로 Q가 마루인 순간 P는 골이 된다. 따라서 Q의 변위가 $+2$ cm인 마루인 순간 P의 변위는 -2 cm인 골이다.

서답형 문제

01 A: 진폭, B: 파장
02 (1) 종파 (2) 해설 참조
03 (1) 해설 참조 (2) 해설 참조
04 해설 참조
05 50 cm/s
06 (1) 해설 참조 (2) 해설 참조

01

진동 중심에서 파동의 마루 또는 골까지의 거리는 진폭이고, 마루에서 인접한 마루까지의 거리는 파장이다.

02

모범답안 (2) A, B가 동일한 공기에서 진행하므로 소리의 속력은 같다. 공기 입자가 가장 밀집된 인접한 지점 사이의 거리는 파장이므로 소리의 파장은 A가 B보다 작다. 소리의 속력은 같고, 소리의 파장은 A가 B보다 작으므로 소리의 진동수는 A가 B보다 크다.

채점 기준	배점
소리의 파장과 진동수를 모두 옳게 비교하여 서술한 경우	100 %
소리의 파장만 옳게 비교하여 서술한 경우	30 %

03

인접한 파면 사이의 거리는 파장이고, 입사 파면과 굴절 파면이 경계면과 이루는 각은 각각 입사각과 굴절각이다.

모범답안 (1) 파면과 파동의 진행 방향은 서로 수직이다. A에서 B로 진행하는 파동의 진행 방향은 그림과 같다.

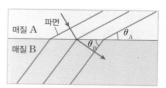

(2) 파동이 다른 매질로 진행하더라도 파동의 진동수는 변하지 않으므로 A와 B에서 파동의 진동수는 서로 같다. 인접한 파면 사이의 거리는 파장이므로 파동의 파장은 A에서가 B에서보다 작다. 파동의 속력은 $v = f\lambda$이며, 진동수는 같고 파장은 A에서가 B에서보다 작으므로 파동의 속력은 A에서가 B에서보다 작다.

채점 기준	배점
(1)을 옳게 나타내고, (2)를 옳게 비교하여 서술한 경우	100 %
(2)만 옳게 비교하여 서술한 경우	70 %
(1)만 옳게 나타낸 경우	30 %

04

모범답안 설탕물에서 아래로 갈수록 설탕물의 농도가 증가하여 빛의 속력이 느려지기 때문이다.

채점 기준	배점
빛의 속력이 아래로 갈수록 느려지기 때문이라고 서술한 경우	100 %
빛의 속력이 다르기 때문이라고 서술한 경우	30 %

05

인접한 마루 사이의 거리는 파장이다. 물결파의 파장은 10 cm이고, 코르크의 진동 주기는 0.2초이므로 물결파의 전파 속력은 $\dfrac{10\ cm}{0.2\ s} = 50\ cm/s$ 이다.

06

모범답안 (1) 빛이 물에서 공기로 진행할 때 굴절각이 입사각보다 크기 때문에 물속에 있는 고기는 실제 위치보다 떠 보이게 된다. 따라서 창을 던져 물고기를 잡으려면 물고기가 보이는 위치보다 아래쪽으로 조준하여 던져야 한다.

(2) 레이저 빛이 공기에서 물로 진행하면서 굴절하게 되므로 물고기가 보이는 위치로 조준하여 레이저를 쏘아야 한다.

채점 기준	배점
(1)과 (2)를 모두 옳게 서술한 경우	100 %
(1)과 (2) 중 한 가지만 옳게 서술한 경우	50 %

12 전반사와 광통신

본문 091~092쪽

1 (1) ○ (2) × (3) ○ (4) × (5) ○ **2** $\dfrac{2}{3}c$

3 < **4** 작다 **5** 임계각

6 전반사 **7** 큰, 작은, 임계각, 클 **8** 30

9 작다 **10** 광통신

11 (1) ○ (2) ○ (3) × (4) ○

출제 예상 문제

본문 093~095쪽

01 ⑤	**02** ④	**03** ④	**04** ②	**05** ②
06 ⑤	**07** ②	**08** ①	**09** ①	**10** ④
11 ①	**12** ④	**13** ③		

01

Ⓐ : 전반사는 입사각이 임계각보다 클 때 일어난다.

Ⓑ : 빛이 굴절률이 큰 매질에서 굴절률이 작은 매질로 진행할 때 굴절각은 입사각보다 크다. 전반사는 빛이 굴절률이 큰 매질에서 굴절률이 작은 매질로 진행할 때 일어날 수 있다.

Ⓒ : 광통신에서는 빛 신호를 손실 없이 전송하기 위해 광섬유를 이용한다. 광섬유에서는 빛이 전반사하여 진행하기 때문에 손실 없이 멀리까지 정보를 전달할 수 있다.

02

ⓧ : 파동이 반사할 때 입사각과 반사각은 같다.

ⓧ : 입사각이 증가하면 굴절각도 증가하고, 입사각이 감소하면 굴절각도 감소한다.

ⓧ : 빛이 입사할 때 일부는 반사하고 일부는 굴절하므로 반사 광선 B의 세기는 입사 광선 A의 세기보다 약하다.

④ : Ⅰ에서 Ⅱ로 진행하는 단색광의 입사각이 굴절각보다 작으므로 단색광의 속력은 Ⅰ에서가 Ⅱ에서보다 느리고, 파장도 Ⅰ에서가 Ⅱ에서보다 짧다. 따라서 반사 광선 B의 파장은 굴절 광선 C의 파장보다 짧다.

ⓧ : 입사각이 굴절각보다 작으므로 단색광의 속력은 Ⅰ에서가 Ⅱ에서보다 느리다.

03

전반사가 일어나기 위해서는 빛이 속력이 느린 매질(굴절률이 큰 매질)에서 속력이 빠른 매질(굴절률이 작은 매질)로 진행하면서 입사각이 임계각보다 커야 한다. 즉, 전반사가 일어나기 위한 입사각의 범위는 임계각(θ_c)이 작을수록 크다. 즉, $\sin\theta_c = \dfrac{n_{작은}}{n_{큰}}$이다. 굴절률($n$)과 빛의 속력($v$)은 반비례하므로 $\sin\theta_c$의 값이 가장 작은 경우는 단색광이 다이아몬드에서 물로 진행할 때이다.

04

A에서 B로 진행하는 빛의 입사각이 θ일 때 전반사가 일어났으므로 A의 굴절률이 B의 굴절률보다 크고, A와 B 사이에서 임계각은 θ보다 작다. B에서 반사된 빛은 A와 C의 경계면에서 일부는 굴절하므로 A와 C 사이에서 임계각은 2θ보다 크다. 임계각이 작을수록 두 매질에서의 굴절률의 차이가 크므로 굴절률은 $n_A > n_C > n_B$이다.

05

✗ : (가)에서 단색광이 A에서 B로 진행할 때 굴절각이 입사각보다 작으므로 굴절률은 B가 A보다 크다.

ㄴ : (나)에서 단색광이 A에서 C로 입사각 θ로 진행할 때 C로 굴절한 빛이 있으므로 임계각은 θ보다 크다.

✗ : B의 굴절률은 A의 굴절률보다 크고, C의 굴절률은 A의 굴절률보다 작으므로 B의 굴절률은 C의 굴절률보다 크다. 즉, 굴절률은 B>A>C이다. 광섬유의 코어를 C로 만든다면 클래딩은 C보다 굴절률이 작은 물질이어야 전반사가 일어날 수 있다. 따라서 C가 코어일 때 B가 클래딩이면 전반사가 일어날 수 없다.

06

ㄱ : 공기에 대한 유리의 굴절률이 1.5이므로 단색광의 속력은 공기에서가 유리에서의 1.5배이다. 단색광의 속력과 파장은 비례하므로 단색광의 파장은 공기에서가 유리에서의 1.5배이다.

ㄴ : 공기에 대한 유리의 굴절률이 1.5이므로 유리에서 공기로 진행할 때 $\sin\theta_c = \frac{2}{3}$ (θ_c: 임계각)이다. 따라서 임계각은 45°보다 작다. 단색광

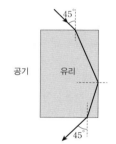

이 공기에서 유리로 진행할 때 입사각이 45°이므로 굴절각은 45°보다 작다. 그러므로 유리 내부에서 유리의 옆면에 입사하는 각은 45°보다 크다. 따라서 임계각보다 큰 각으로 입사하므로 옆면에서 전반사하게 된다.

ㄷ : 유리의 윗면과 아랫면은 평행하고, 윗면에 45°로 입사하므로 아랫면에서 공기로 나오는 굴절각도 45°이다.

07

(나)에서 입사각이 커질수록 반사 광선의 세기가 증가하며, 입사각이 특정한 값 이상이면 더 이상 반사 광선의 세기가 증가하지 않는다. 이것은 빛이 전반사하는 것을 의미한다.

✗ : 단색광이 A에서 B로 진행할 때 전반사가 일어날 수 있으므로 A의 굴절률은 B의 굴절률보다 크다. 따라서 입사각이 θ_1일 때 굴절각은 θ_1보다 크다.

ㄴ : 굴절률은 A가 B보다 크므로 단색광의 속력은 B에서가 A에서보다 크다.

✗ : 입사각이 θ_2보다 작을 때 반사 광선의 세기가 최대가 되어 전반사가 일어나므로 A와 B 사이의 임계각은 θ_2보다 작다.

08

ㄱ : 파장이 λ_1일 때 굴절률은 Ⅱ에서가 Ⅰ에서보다 크므로 파장이 λ_1인 빛이 Ⅰ에서 Ⅱ로 진행할 때 입사각은 굴절각보다 크다.

✗ : 두 매질에서 굴절률의 비 $\left(\frac{n_{작은}}{n_{큰}}\right)$가 작을수록 임계각이 작다. 따라서 두 매질 사이에서 임계각은 파장이 λ_1인 빛일 때가 파장이 λ_2인 빛일 때보다 크다.

✗ : (나)에서 광섬유의 코어는 Ⅰ이므로 굴절률이 Ⅰ에서가 Ⅱ에서보다 더 큰 경우는 빛의 파장이 λ_2일 때이다.

09

광섬유의 코어의 굴절률은 클래딩의 굴절률보다 크고, 전반사가 일어나기 위해서는 입사각이 임계각보다 커야 한다.

ㄱ : 광섬유의 안쪽 원기둥을 코어, 코어를 감싸고 있는 원기둥을 클래딩이라고 한다. A는 코어, B는 클래딩이다.

✗ : A와 B의 경계에서 입사각이 θ일 때 전반사가 일어나므로 임계각은 θ보다 작다.

✗ : A와 B 사이에서 임계각을 θ_c라고 하면 A에 대한 B의 굴절률은 $n_{AB} = \sin\theta_c$이다. 따라서 $\theta > \theta_c$이므로 A에 대한 B의 굴절률은 $\sin\theta$보다 작다.

10

ㄱ : 빛이 공기에서 프리즘으로 진행할 때 입사각이 45°이므로 굴절각은 45°보다 작다. 따라서 프리즘의 아랫면에서 빛의 입사각은 45°보다 크다. 프리즘의 굴절률이 $\sqrt{2}$보다 크므로 프리즘에서 공기로 진행할 때의 임계각은 45°보다 작다. 따라서 프리즘의 아랫면에서 A, B는 모두 전반사한다.

✗ : 빛이 공기에서 프리즘으로 진행할 때 입사각은 같지만 굴절각은 B가 A보다 크다. 따라서 프리즘에서 굴절률은 A가 B보다 크므로 프리즘에서 빛의 속력은 A가 B보다 작다.

ㄷ : 빛이 공기에서 프리즘으로 진행할 때 굴절각을 θ라고 하면 프리즘에서 공기로 진행할 때의 입사각은 θ이다. 따라서 공기에서 프리즘으로 들어가는 방향과 프리즘에서 공기로 나오는 방향이 같으므로 A, B는 서로 나란하게 진행한다.

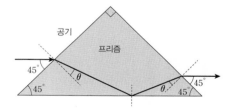

11

ㄱ : 입사각이 같을 때 굴절각은 빛이 유리에서 공기로 진행할 때가 물에서 공기로 진행할 때보다 더 크므로 굴절률은 유리가 물보다 크다. 따라서 빛의 속력은 유리에서가 물에서보다 작다.

✗ : 전반사가 일어나기 위해서는 입사각이 임계각보다 커야 한다. 즉, 전반사가 일어나는 입사각의 최솟값은 임계각이다. 굴절률은 유리가 물보다 크므로 임계각은 유리에서가 물에서보다 작다. 따라서 전반사가 일어나는 입사각의 최솟값은 (가)에서가 (나)에서보다 작다.

✗ : 굴절률은 유리가 물보다 크므로 빛이 물에서 유리로 진행할 때는 전반사가 일어날 수 없다.

12

ㄱ : 빛은 프리즘 내부에서 전반사하면서 진행하므로 프리즘의 굴절률은 공기의 굴절률보다 크다. 따라서 빛의 파장은 프리즘에서가 공기에서보다 작다.

ㄴ : 프리즘에서 공기로 45°로 입사하였을 때 전반사하므로 임계각은 45°보다 작다.

ㄷ : 프리즘에서 공기로 진행할 때 임계각은 45°보다 작으므로 프리즘의 굴절률은 $n > \dfrac{1}{\sin 45°}$이다. 따라서 프리즘의 굴절률은 $\sqrt{2}$보다 크다.

13

ㄱ : 발신기에서는 음성 및 영상 정보의 전기 신호를 빛 신호로 전환한다.

ㄴ : 빛은 광섬유의 코어를 따라 전반사하여 진행하므로 코어의 굴절률은 클래딩의 굴절률보다 크다.

ㄷ : 광섬유 내에서 빛이 전반사하여 진행하더라도 빛의 진동수는 변하지 않으므로 발신기에서 전송하는 신호의 진동수와 수신기에서 수신하는 신호의 진동수는 같다.

서답형 문제
본문 096쪽

01 진동수: f_0, 속력: $\dfrac{1}{2}v_0$

02 (1) 해설 참조 (2) 해설 참조

03 (1) 전반사 (2) A

04 해설 참조

05 해설 참조

06 해설 참조

01

빛이 다른 매질로 진행하더라도 빛의 진동수는 변하지 않으므로 공기에서와 A에서 빛의 진동수는 f_0으로 같다. 굴절률과 빛의 속력은 반비례 관계이므로 A에서 빛의 속력은 공기에서 빛의 속력의 $\dfrac{1}{2}$배이다.

02

모범답안 (1) 단색광이 A에서 B로 진행할 때 입사각이 굴절각보다 크므로 굴절률은 B가 A보다 더 크다.

(2) 전반사가 일어나기 위해서는 단색광을 B에서 A로 진행시켜야 하며, 입사각은 임계각보다 커야 한다.

채점 기준	배점
(1)과 (2)를 모두 옳게 서술한 경우	100 %
(1)과 (2) 중 한 가지만 옳게 서술한 경우	50 %

03

(1) 광섬유에서는 빛이 코어와 클래딩의 경계에서 전반사하면서 진행한다.

(2) 전반사는 굴절률이 큰 물질에서 굴절률이 작은 물질로 진행할 때 일어날 수 있으므로 클래딩은 B보다 굴절률이 작은 A가 적합하다.

04

모범답안 거울에서 빛이 반사할 때는 반사 과정에서 빛의 일부가 손실되지만, 프리즘에서는 빛이 전반사하므로 빛을 손실 없이 모두 반사시킬 수 있기 때문이다.

채점 기준	배점
거울에서는 빛의 손실이 있고, 프리즘에서는 전반사가 일어나므로 빛의 손실이 없기 때문이라고 서술한 경우	100 %
전반사의 언급 없이 거울과 프리즘에서 반사에 의한 빛의 손실의 차이가 있다고 서술한 경우	50 %
거울의 반사에서 빛의 손실이 있다고만 서술한 경우	30 %

05

공기 중에서 프리즘으로 진행할 때 입사각이 0°이다. 프리즘에서 공기로 진행할 때의 임계각은 45°보다 작으므로 프리즘으로 들어간 빛은 한 번 전반사한다. 전반사한 빛은 공기로 나올 때 입사각이 0°이므로 굴절각도 0°이다.

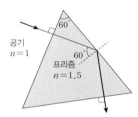

06

모범답안 그림과 같이 광원에서 나온 빛이 액체에서 공기로 진행하여 90°로 굴절하였을 때 입사각을 θ라고 하면 $n_{액체}\sin\theta = n_{공기}\sin 90°$이다.

따라서 공기에 대한 액체의 굴절률은 $\dfrac{n_{액체}}{n_{공기}} = \dfrac{1}{\sin\theta} = \dfrac{5}{3}$이다.

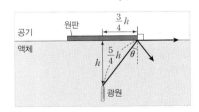

채점 기준	배점
풀이 과정을 써서 액체의 굴절률을 옳게 구한 경우	100 %
액체의 굴절률만 옳게 쓴 경우	50 %

13 전자기파와 파동의 간섭

01

A는 X선, B는 적외선, C는 전파이다.

ⓧ : 진공에서 전자기파의 속력은 파장에 관계없이 모두 같다.

ⓒ : 파장이 짧을수록 진동수가 크다. 파장은 B가 C보다 짧으므로 진동수는 B가 C보다 크다.

ⓧ : 전파는 전자의 가속 운동에 의해 발생한다. 원자핵이 붕괴하는 과정에서 발생하는 것은 감마(γ)선이다.

02

위조지폐 검사에 이용되는 전자기파는 자외선이다.

⊙ : 자외선의 파장은 적외선의 파장보다 짧다.

ⓧ : 기상 레이더에 이용되는 전자기파는 마이크로파이다.

ⓧ : 전자기파 중에서 투과력이 가장 강한 것은 감마(γ)선이다.

03

Ⓐ : 전자기파는 전기장의 진동 방향과 자기장의 진동 방향에 수직인 방향으로 진행하는 횡파이다.

ⓑ : 진공에서 전자기파의 속력은 파장에 관계없이 모두 같다.

Ⓒ : 전자기파의 속력은 공기에서보다 물에서가 더 느리므로 전자기파가 공기에서 물로 진행하면 파장이 짧아진다.

04

열화상 카메라에서 이용하는 전자기파는 적외선, 전자레인지에서 이용하는 전자기파는 마이크로파, 식기 소독기에서 이용하는 전자기파는 자외선이다.

ⓧ : 적외선의 파장은 마이크로파의 파장보다 짧다.

ⓒ : 마이크로파는 무선 통신에도 이용된다.

ⓧ : 자외선의 진동수는 X선의 진동수보다 작다.

05

전자기파는 전기장과 자기장이 서로를 유도하면서 진행하는 파동으로, 전기장과 자기장의 진동 방향은 모두 전자기파의 진행 방향에 수직이다.

⊙ : 전자기파는 전기장과 자기장의 진동 방향에 대해 수직인 방향으로 진행하므로 횡파이다.

ⓒ : A가 전기장이므로 B는 자기장이다.

ⓧ : 전자기파의 속력이 일정할 때 파장은 진동수에 반비례한다. 전자기파의 주기가 클수록 진동수는 작으므로 파장인 L이 크다.

06

A는 라디오파, B는 적외선, C는 X선이다.

ⓧ : (나)는 적외선을 이용하는 열화상 카메라로 찍은 사진이다. 따라서 (나)에서 이용하는 전자기파는 B에 속한다.

ⓒ : 진동수가 작을수록 파장이 길다. 진동수는 B가 C보다 작으므로 파장은 B가 C보다 길다.

ⓒ : (다)는 X선을 이용하여 찍은 사진이다. X선을 이용하여 가방 내부를 관찰할 수 있는 것은 X선이 물질마다 투과율이 다르고, 투과력이 강하기 때문이다.

07

무선 공유기와 휴대 전화 사이에서 이루어지는 무선 통신은 전자기파를 이용한다.

⊙ : 무선 공유기에서 휴대 전화로 보내는 파동은 전자기파이다.

ⓧ : 무선 공유기와 휴대 전화 간의 통신에는 마이크로파가 이용된다. 휴대 전화의 화면에서 방출되는 파동은 가시광선이다. 마이크로파의 파장은 가시광선의 파장보다 길다.

ⓒ : 전자기파는 매질이 없어도 전파된다.

08

합성파의 변위는 두 파동의 변위의 합과 같다. A의 최대 변위는 5 cm이고, B의 최대 변위는 3 cm이므로 중첩된 파동의 변위의 최댓값은 8 cm이다.

09

파동이 중첩된 후에는 각 파동은 원래 진행하던 방향으로 진행하고 파동의 모양도 변하지 않는다. 이를 파동의 독립성이라고 한다. 따라서 중첩된 후에 A의 진행 방향은 오른쪽이고, 최대 변위는 5 cm이다. B의 진행 방향은 왼쪽이고, 최대 변위는 3 cm이다. 따라서 가장 적절한 것은 ①이다.

10

⊙ : A의 파장은 $2d_0$이고, 속력은 $\dfrac{d_0}{t_0}$이다. 주기는 $T = \dfrac{\lambda}{v}$이므로 A의 주기는 $2t_0$이다.

ⓒ : P에서 A, B의 위상이 서로 반대이므로 상쇄 간섭이 일어난다.

ⓒ : $3t_0$ 동안 A, B가 각각 이동한 거리는 $3d_0$이므로 Q에서의 A와 B는 모두 마루가 된다. 따라서 Q에서 보강 간섭이 일어나 Q의 변위는 $2A_0$이 된다.

11

$\frac{1}{2}$주기 동안 파동이 이동한 거리는 반 파장이고, 마루에서 인접한 골까지의 거리는 반 파장이므로 $\frac{1}{2}$주기 후에는 마루는 골이 되고, 골은 마루가 된다. 따라서 p에서는 마루와 골이 중첩되므로 상쇄 간섭이 일어나고, q에서는 골과 골이 중첩되므로 보강 간섭이 일어나며, r에서는 마루와 마루가 중첩되므로 보강 간섭이 일어난다.

12

두 파원에서 경로차가 반 파장의 짝수 배인 지점에서는 보강 간섭이 일어나고, 경로차가 반 파장의 홀수 배인 지점에서는 상쇄 간섭이 일어난다. 소리의 진동수는 340 Hz이고, 소리의 속력이 340 m/s이므로 소리의 파장은 1 m이다. 그림과 같이 S_1로부터 x만큼 떨어진 지점에서 상쇄 간섭이 일어나기 위해서는 $|x-(3-x)|=0.5(2m+1)[m$은 정수]을 만족하면 된다. 즉, $x=\frac{1}{4}, \frac{3}{4}, \frac{5}{4}, \frac{7}{4}, \frac{9}{4}, \frac{11}{4}$인 지점에서 상쇄 간섭이 일어나므로 상쇄 간섭이 일어나는 곳은 6곳이다.

13

㉠ : 스피커 앞에서 이동하면 소리가 보강 간섭 하는 지점에서는 소리가 크게 들리고, 상쇄 간섭 하는 지점에서는 소리가 매우 작게 들린다.

✗ : A, B로부터 떨어진 거리가 같은 지점은 경로차가 0이므로 보강 간섭이 일어나 소리가 크게 들린다.

㉢ : 소리의 진동수가 클수록 소리의 파장은 짧으므로 보강 간섭 하는 인접한 지점 사이의 거리는 작아진다.

14

마루와 마루, 골과 골이 중첩되면 보강 간섭, 골과 마루가 중첩되면 상쇄 간섭이 일어난다.

㉠ : P에서 두 물결파의 마루와 마루가 중첩되므로 보강 간섭이 일어난다. 물결파의 진폭이 2 cm이므로 보강 간섭이 일어나는 P의 진폭은 4 cm이다.

㉡ : 마루에서 마루까지의 거리가 한 파장이므로 실선에서 실선까지의 거리는 5 cm, 실선에서 점선까지의 거리는 2.5 cm이다. 따라서 $\overline{S_1Q}=7.5$ cm이고, $\overline{S_2Q}=5$ cm이므로 $\overline{S_1Q}-\overline{S_2Q}=2.5$ cm이다.

㉢ : Q에서는 마루와 골이 중첩되어 상쇄 간섭이 일어난다. S_1, S_2에서 서로 반대 위상으로 물결파가 발생하면 Q에서는 보강 간섭이 일어난다.

15

무반사 코팅 렌즈와 지폐의 숫자가 보는 각도에 따라 다른 색으로 보이는 것은 빛의 간섭에 의한 현상이다.

㉠ : 무반사 코팅을 한 렌즈에서는 코팅 막의 양면에서 반사한 빛이 상쇄 간섭이 일어나도록 하여 반사되는 빛이 없도록 한다.

㉡ : 무반사 코팅을 하지 않은 경우에는 입사하는 빛의 일부가 반사되지만, 무반사 코팅을 한 경우에는 입사하는 빛이 반사되지 않고 렌즈를 투과하게 되므로 렌즈를 통과하는 빛의 양은 b에서가 a에서보다 많다.

㉢ : 지폐를 보는 각도에 따라 보강 간섭이 일어나는 빛의 파장이 다르기 때문에 보는 숫자가 다른 색으로 보이는 것이다.

16

㉠ : 공작의 깃털이 여러 가지 색으로 보이는 것은 얇은 막에 의한 빛의 간섭에 의한 것이다.

㉡ : 모르포 나비의 날개가 파란색으로 보이는 것은 나비 날개 표면 구조 때문에 나타나는 빛의 간섭에 의한 것이다. 즉, 파란색 빛이 보강 간섭을 하여 파란색으로 보이는 것이다.

✗ : 비눗방울에 나타나는 무지갯빛은 빛의 간섭에 의한 것이다. (다)와 같이 물방울에 의해 생기는 무지개는 빛의 파장에 따른 굴절률의 차이 때문에 나타난다.

17

두 스피커에서 동일한 위상으로 소리가 발생할 때 경로차가 반 파장의 짝수 배이면 보강 간섭이 일어나고, 경로차가 반 파장의 홀수 배이면 상쇄 간섭이 일어난다. P는 A, B로부터 떨어진 거리가 각각 d, $\frac{3}{2}d$이므로 경로차는 $\frac{1}{2}d$이다.

㉠ : A, B에서 동일한 위상으로 파장이 $\frac{1}{2}d$인 소리가 발생하면 P에서의 경로차는 $\frac{1}{2}d=\frac{1}{4}d(2)$, 즉 반 파장의 짝수 배이므로 보강 간섭이 일어난다.

✗ : A, B에서 동일한 위상으로 파장이 d인 소리가 발생하면 P에서의 경로차는 $\frac{1}{2}d=\frac{1}{2}d(1)$, 즉 반 파장의 홀수 배이므로 상쇄 간섭이 일어난다.

㉢ : A, B에서 동일한 위상으로 파장이 d인 소리가 발생하면 P에서 상쇄 간섭이 일어나므로 A, B에서 반대 위상으로 파장이 d인 소리가 발생하면 P에서 보강 간섭이 일어난다.

서답형 문제   본문 103쪽

01 (1) (다)−(나)−(가)−(라) (2) 감마(γ)선, 해설 참조
02 (1) X선 (2) 컴퓨터 단층 촬영(CT)
03 해설 참조
04 (1) 간섭 (2) 해설 참조
05 해설 참조

01

[모범답안] (2) 감마(γ)선, 감마(γ)선은 다른 전자기파보다 에너지가 강하고 투과력이 크기 때문에 신체 내부에 생긴 암을 제거하는 용도로 사용한다.

채점 기준	배점
(1)을 옳게 쓰고, (2)를 옳게 서술한 경우	100 %
(1)을 옳게 쓰고, (2)에서 감마(γ)선을 옳게 찾은 경우	60 %
(1)만 옳게 쓴 경우	30 %

02

고속의 전자가 무거운 원자와 충돌하여 발생하는 전자기파는 X선이다. X선은 파장이 짧고, 진동수와 에너지가 크며, 투과력이 강해 인체 내부를 검사하는 데 이용할 수 있다.

03

파동의 속력은 2 cm/s이므로 두 파동을 각각의 진행 방향으로 6 cm씩 이동시켰을 때 합성파의 모습은 그림과 같다.

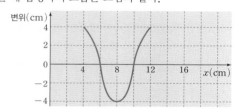

04

[모범답안] (2)

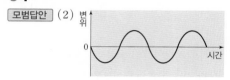

스피커에서는 소음 A와 위상이 반대인 소리 B를 발생시킨다. A와 B는 위상이 반대이므로 상쇄 간섭이 일어나 귀로 전달되는 소리의 진폭은 거의 0이 되어 소음이 제거된다.

채점 기준	배점
(1)을 옳게 쓰고, (2)를 옳게 나타내고 서술한 경우	100 %
(1)을 옳게 쓰고, (2)에서 B의 파형을 옳게 그린 경우	60 %
(1)만 옳게 쓴 경우	30 %

05

[모범답안] 연결 방법 Ⅰ일 때는 A, B에서 동일한 위상으로 소리가 발생하여 소음 측정기를 놓은 위치에서 보강 간섭이 일어나 소리가 크게 들리고, 연결 방법 Ⅱ일 때는 A, B에서 반대 위상으로 소리가 발생하여 소음 측정기를 놓은 위치에서 상쇄 간섭이 일어나 소리가 들리지 않는다.

채점 기준	배점
연결 방법 Ⅰ과 Ⅱ에서 각각 보강 간섭과 상쇄 간섭으로 소리의 크기를 옳게 서술한 경우	100 %
연결 방법 Ⅰ과 Ⅱ에서 소리의 크기를 옳게 서술한 경우	60 %
연결 방법 Ⅰ 또는 Ⅱ에서 소리의 크기를 옳게 서술한 경우	30 %

14 빛과 물질의 이중성

핵심 개념 체크
본문 104~105쪽

1 광전 효과	**2** 문턱 진동수, 일함수
3 hf_0	**4** (1) × (2) ○ (3) ×
5 띠 간격	**6** 전하 결합 소자(CCD)
7 전기, 빛의 세기	**8** 물질파(드브로이파)
9 $\frac{1}{6}\lambda_0$	**10** 파동성　　**11** 짧다

출제 예상 문제
본문 106~109쪽

01 ⑤	02 ②	03 ①	04 ④	05 ④
06 ⑤	07 ②	08 ②	09 ⑤	10 ③
11 ⑤	12 ③	13 ②	14 ①	15 ④
16 ⑤	17 ③			

01

Ⓐ : 광전 효과에서 금속에 비추는 빛의 진동수가 금속의 문턱 진동수보다 클 때 광전자가 방출된다.

Ⓑ : 비추는 빛의 세기가 셀수록 방출되는 광전자의 수가 많아진다.

Ⓒ : 광전 효과는 빛을 에너지를 가진 입자들의 흐름이라는 광양자설을 이용해서 설명할 수 있는 현상으로, 빛의 입자성을 증명하는 현상 중의 하나이다.

02

금속에 비추는 빛의 진동수가 금속의 문턱 진동수보다 클 때 광전자가 방출된다.

ㄱ : 진동수가 f_0인 빛을 비출 때 A에서 광전자가 방출되지 않으므로 A의 문턱 진동수는 f_0보다 크다.

ⓛ : 진동수가 f_0인 빛을 비출 때 A에서는 광전자가 방출되지 않지만 B에서는 광전자가 방출되므로 일함수는 A가 B보다 크다.

ㄷ : 빛의 세기는 광전자의 최대 운동 에너지에 영향을 주지 않는다.

03

빛의 파장이 짧을수록 진동수는 크다. 금속판에서 광전자가 방출되면 검전기는 양(+)전하를 띠게 되어 금속박이 벌어진다.

ㄱ : 검전기의 금속판에 파장이 λ인 빛을 비출 때 광전자가 방출되었으므로 파장이 0.5λ인 빛을 비추면 광전자가 방출되고, 금속박은 벌어진다.

ㄴ : 금속판에서 광전자가 방출되므로 검전기는 양(+)전하로 대전된다.

ㄷ : 빛의 파장이 특정한 값보다 크면 빛의 세기가 증가하더라도 광전자가 방출되지 않는다. 따라서 Ⅲ에서는 빛의 세기에 관계없이 광전자가 방출되지 않으므로 금속박은 아무런 변화가 없다.

04

태양광 발전은 태양 전지를 이용하여 빛에너지를 전기 에너지로 전환한다. 태양 전지의 p-n 접합부에 빛을 비추면 전자-양공 쌍이 생성되어 전류가 흐르게 된다. 따라서 태양 전지에서 빛에너지를 전기 에너지로 전환하는 것은 광전 효과를 이용하는 것이다.

05

빛의 삼원색은 빨강, 초록, 파랑이다. 빨간색 필터는 빨간 빛만 통과시키고, 초록색 필터는 초록 빛만 통과시킨다. 빛의 진동수는 빨강<초록<파랑 순이다.

ㄱ : B는 빨간색 필터와 초록색 필터가 겹친 영역에 있으므로 B에 도달하는 빛이 없다. 따라서 B에서는 광전자가 방출되지 않는다.

ㄴ : 초록색 빛이 비추어지는 C에서 광전자가 방출되므로 금속판의 문턱 진동수는 초록색 빛의 진동수보다 작다.

ㄷ : 빨간색 필터를 치우면 A에는 빨간색 빛뿐만 아니라 초록색 빛, 파란색 빛까지 비추어지므로 광전자가 방출된다. C에는 초록색 빛이 비추어지지만 A에는 파란색 빛까지 비추어지기 때문에 광전자의 최대 운동 에너지는 A에서가 C에서보다 크다.

06

광 다이오드에 빛을 비추면 전자-양공 쌍이 생성된다. 이때 전자는 p형 → n형 반도체 방향으로 이동하고, 양공은 n형 → p형 반도체 방향으로 이동하게 된다. 전류는 광 다이오드의 p형 반도체에서 나와서 저항을 지나 n형 반도체로 들어가는 방향으로 흐르게 된다.

ㄱ : 전류는 X에서 나와서 저항을 지나 Y로 들어가는 방향으로 흐르고 있으므로 X는 p형 반도체이고, Y는 n형 반도체이다.

ㄴ : 광 다이오드 내부에서 양공은 n형 → p형 반도체 방향으로 이동하게 된다. 따라서 양공은 Y → X 방향으로 이동한다.

ㄷ : 단색광의 세기가 셀수록 비추는 광자의 수가 많으므로 더 센 전류가 흐르게 된다.

07

전자는 음(-)전하를 띠므로 +5 V의 전압을 걸어 준 전극 아래로 모이게 된다. A → B → C에서 전자가 왼쪽에서 오른쪽으로 이동하기 위해서는 B에서 a, b, c에 걸어 주는 전압은 각각 +5 V, +5 V, 0 V이다.

08

광 다이오드의 띠 간격보다 큰 에너지를 갖는 빛을 비추었을 때 전류가 흐른다.

ㄱ : 광자 1개의 에너지는 진동수에 비례하고, 파장에 반비례한다. 광자 1개의 에너지는 a가 b보다 크므로 빛의 진동수는 a가 b보다 크고, 파장은 a가 b보다 짧다.

ㄴ : 광자 1개의 에너지가 0.85 eV인 b를 비추었을 때 전류가 흐르지 않았으므로 광 다이오드의 띠 간격은 0.85 eV보다 크다.

ㄷ : a와 b를 동시에 비추더라도 b에 의해서는 전류가 흐르지 않으므로 전류의 세기는 a를 비출 때와 같다.

09

금속의 문턱 진동수보다 큰 진동수의 빛을 비추었을 때 광전자가 방출되며, 빛의 진동수가 클수록 방출되는 광전자의 최대 운동 에너지는 크다.

ㄱ : A에 진동수가 f_0인 빛을 비출 때 광전자가 방출되므로 A의 문턱 진동수는 f_0보다 작다.

ㄴ : A, B에 진동수가 f_0인 빛을 비추었을 때 방출되는 광전자의 최대 운동 에너지는 A에서가 B에서보다 크므로 금속의 일함수는 A가 B보다 작다.

ㄷ : A에 비추는 빛의 진동수를 f_0에서 $2f_0$으로 하였을 때 광전자의 최대 운동 에너지는 $2E_0$만큼 증가하였으므로 B에서도 $2E_0$만큼 증가한다. 따라서 ㉠은 $2.5E_0$이다.

10

전자의 운동 에너지가 E_k일 때 $E_k=\frac{1}{2}mv^2$이고, 전자의 물질파 파장은 $\lambda=\frac{h}{mv}$이다. 따라서 $E_k=\frac{(mv)^2}{2m}=\frac{h^2}{2m\lambda^2}$이므로 $\lambda=\frac{h}{\sqrt{2mE_k}}$이다. 빛의 진동수가 f_0일 때 A, B에서 방출되는 광전자의 최대 운동 에너지는 2 : 1이므로 전자의 물질파 파장의 최솟값은 B에서가 A에서의 $\sqrt{2}$배이다.

11

ㄱ : 전하 결합 소자(CCD)에서 광 다이오드는 특정한 진동수보다 큰 진동수를 갖는 빛을 비추었을 때 전자-양공 쌍이 생성되어 전류가 흐르게 된다. 이러한 현상은 광전 효과에 의한 것이므로 전하 결합 소자는 빛의 입자성을 이용한 것이다.

ㄴ : 광 다이오드는 광전 효과를 이용하여 빛에너지를 전기 에너지로 전환한다.

ㄷ : 광 다이오드에서 발생하는 전자의 수는 빛의 세기가 셀수록 많다.

12

ㄱ : A를 비추었을 때 P에서는 광전자가 방출되어 금속박이 오므라들고, Q에서는 광전자가 방출되지 않으므로 금속의 일함수는 Q가 P보다 크다.

ㄴ : C를 Q에 비추었을 때 광전자가 방출되어 금속박이 오므라들므로 C를 Q보다 일함수가 작은 P에 비추면 광전자가 방출된다. 따라서 ㉠은 '오므라듦'이다.

ㄷ : B를 P, Q에 비추었을 때는 광전자가 방출되지 않으므로 B의 진동수가 가장 작다. C를 비추었을 때는 P, Q에서 광전자가 모두 방출되었으므로 C의 진동수가 가장 크다. 따라서 진동수는 C>A>B이므로 빛의 파장은 B>A>C 이다.

13

운동하는 물질 입자의 물질파 파장은 $\lambda=\frac{h}{p}=\frac{h}{mv}$이다. A, B의 운동량의 크기 비가 1 : 2이므로 A, B의 물질파 파장의 비는 2 : 1이다.

14

ㄱ : 금속에 비춘 빛의 진동수가 f_0일 때 A에서는 광전자가 방출되고, B

에서는 광전자가 방출되지 않으므로 문턱 진동수는 B가 A보다 크다.

✗ : 광전자의 최대 운동 에너지는 비추는 빛의 세기에 관계없다. 빛의 진동수가 같으면 빛의 세기가 세더라도 광전자의 최대 운동 에너지는 같다.

✗ : 진동수가 $2f_0$인 빛을 비추었을 때 방출되는 광전자의 최대 운동 에너지는 A에서가 B에서보다 크므로 광전자의 물질파 파장의 최솟값은 A에서가 B에서보다 작다.

15

X선을 입사시켰을 때와 전자선을 입사시켰을 때 얻은 회절 무늬가 같은 것으로부터 전자가 파동의 성질을 갖는다는 것을 증명한 톰슨의 실험이다.

✗ : (나)는 X선을 이용하여 얻은 회절 무늬이므로 X선은 파동의 성질을 나타낸다.

ㄴ : (다)는 전자선이 결정을 통과하면서 회절하여 나타난 무늬이다. 회절 현상은 파동성으로 설명할 수 있는 현상이다.

ㄷ : 전자의 속력에 따라 전자의 물질파 파장이 달라지므로 전자의 물질파가 회절하여 나타나는 무늬의 크기도 달라진다.

16

ㄱ : 전자를 시료에 주사하면서 시료에서 방출되는 전자를 검출하여 시료의 상을 얻으므로 주사 전자 현미경(SEM)이다.

ㄴ : 전자 현미경에서 전자의 속력을 조절하여 전자의 물질파 파장을 짧게 하면 매우 작은 물체까지도 세밀하게 관찰할 수 있다. 따라서 전자 현미경은 전자의 파동성을 이용한 것이다.

ㄷ : 가속된 전자의 속력이 빠르면 전자의 물질파 파장이 짧아 매우 작은 물체까지 세밀하게 관찰이 가능하다. 따라서 전자의 속력이 빠를수록 분해능이 좋다.

17

ㄱ : 전자총에서 전자를 가속시키는 전압이 클수록 전자의 운동 에너지가 크므로 전자의 속력은 $v_1 < v_2$이다.

✗ : 전자의 속력이 빠를수록 전자의 물질파 파장이 짧다. 따라서 전자의 속력은 Ⅱ에서가 Ⅰ에서보다 빠르므로 전자의 물질파 파장은 Ⅱ에서가 Ⅰ에서보다 짧다.

ㄷ : 전자 현미경의 분해능은 전자의 물질파 파장이 짧을수록 좋다. 따라서 분해능은 Ⅱ에서가 Ⅰ에서보다 좋다.

01 (가), (나), 해설 참조
02 6.6×10^{-28} kg·m/s
03 해설 참조
04 6.6×10^{-35} m
05 $\sqrt{6}$배
06 (가) 광학 현미경, (나) 전자 현미경, 해설 참조

01

모범답안 (가), (나), 빛을 파동으로 생각하면 빛의 세기가 매우 약하다면 전자가 충분한 에너지를 흡수할 때까지 시간이 걸리게 되므로 즉시 방출되지 않고 오랜 시간이 걸려야 한다. 빛의 세기가 셀수록 전자가 흡수하는 에너지가 크므로 방출된 전자의 최대 운동 에너지도 커야 한다.

채점 기준	배점
빛의 파동성으로 설명할 수 없는 실험 결과를 옳게 쓰고, 그 까닭을 옳게 서술한 경우	100 %
빛의 파동성으로 설명할 수 없는 실험 결과를 하나만 쓰고, 그 까닭을 옳게 서술한 경우	50 %
빛의 파동성으로 설명할 수 없는 실험 결과만 쓴 경우	30 %

02

빛의 파장은 $\lambda = \dfrac{c}{f}$이고, 드브로이 파장은 $\lambda = \dfrac{h}{p}$이므로 $p = \dfrac{hf}{c}$이다.

따라서 진동수가 f인 광자의 운동량의 크기는

$p = \dfrac{(6.6 \times 10^{-34} \text{ J·s}) \times (3 \times 10^{14} \text{ Hz})}{3 \times 10^8 \text{ m/s}} = 6.6 \times 10^{-28}$ kg·m/s이다.

03

모범답안 문턱 진동수보다 큰 진동수의 빛을 비추면 A, B에서 광전자가 방출되므로 A, B는 모두 양(+)전하를 띠게 되어 서로 밀어낸다.

채점 기준	배점
A, B에 일어나는 변화를 옳게 서술한 경우	100 %
광전자가 방출되어 A, B가 양(+)전하를 띠게 된다고 서술한 경우	70 %
광전자가 방출된다고만 서술한 경우	30 %

04

물질파 파장은 $\lambda = \dfrac{h}{mv}$이다. 따라서 이 공의 물질파 파장은

$\lambda = \dfrac{6.6 \times 10^{-34} \text{ J·s}}{0.25 \text{ kg} \times 40 \text{ m/s}} = 6.6 \times 10^{-35}$ m이다.

05

질량이 m, 운동량의 크기가 p인 입자의 운동 에너지는 $E = \dfrac{p^2}{2m}$이고,

드브로이 파장은 $\lambda = \dfrac{h}{p} = \dfrac{h}{\sqrt{2mE}}$이다. 따라서 A의 드브로이 파장은

$\dfrac{h}{\sqrt{4mE_0}}$이고, B의 드브로이 파장은 $\dfrac{h}{\sqrt{24mE_0}}$이므로 드브로이 파장은 A가 B의 $\sqrt{6}$배이다.

06

모범답안 (가)는 광학 현미경으로 관찰한 것이고, (나)는 전자 현미경으로 관찰한 것이다. 전자 현미경으로 관찰한 것이 더 선명한 것은 전자 현미경에서 사용하는 전자의 물질파 파장이 광학 현미경에서 사용하는 가시광선의 파장보다 훨씬 짧아 회절이 잘 일어나지 않기 때문이다.

채점 기준	배점
가시광선과 전자의 물질파 파장을 옳게 비교하여 서술한 경우	100 %
가시광선의 파장과 전자의 물질파 파장이 다르다고만 서술한 경우	50 %
(가), (나)를 관찰한 현미경만 옳게 쓴 경우	30 %

*사진 제공: (주)코셈

대단원 종합 문제   Ⅲ. 파동과 정보 통신

01 ④	02 ①	03 ④	04 ③	05 ④
06 ③	07 ⑤	08 ④	09 ⑤	10 ③
11 ③	12 ①	13 ①	14 ⑤	15 ⑤
16 ①	17 ④	18 ①	19 ④	20 ③
21 ③				

고난도 문제

22 ①	23 ⑤	24 ①	25 ①	26 ⑤
27 ④	28 ⑤	29 ④		

01

인접한 마루 사이의 거리는 파장이므로 매질 A에서 파동의 파장은 매질 B에서 파동의 파장의 2배이다. 매질이 달라져도 파동의 주기 또는 진동수는 변하지 않으며, 파동의 속력은 파장에 비례한다. 따라서 주기는 $T_P=T_Q$이고, 파동의 속력은 $v_A>v_B$이다.

02

스피커에서 발생한 소리가 풍선에 의해 굴절되어 마이크에 도달한다. 풍선이 있을 때가 없을 때보다 더 크게 들리는 것은 풍선이 소리를 굴절시켜서 모으기 때문이다.

㉠ : 풍선이 있어도 스피커에서 발생한 소리가 마이크로 전달될 때 공기를 통해 전달되므로 마이크에서 측정하는 소리의 파장과 스피커에서 발생하는 소리의 파장은 같다.

㉡ : 소리가 굴절하더라도 소리의 진동수는 변하지 않는다. 마이크에서 측정하는 소리의 진동수는 풍선이 있을 때와 없을 때가 서로 같다.

㉢ : 풍선에 의해 소리가 모아졌기 때문에 마이크로 측정한 소리의 크기가 풍선이 있을 때가 없을 때보다 큰 것이다. 풍선에 의해 소리가 굴절되어 모아졌으므로 소리의 속력은 풍선 속 기체에서가 공기에서보다 작다.

03

물결파의 속력은 물의 깊이가 깊을수록 빠르고, 얕을수록 느리다.

㉠ : 진동자의 진동 주기와 같은 주기로 물이 진동하게 된다. 물의 깊이에 관계없이 물결파의 주기는 p와 q에서 같다.

㉡ : 물결파의 속력은 물의 깊이가 깊을수록 빠르므로 p에서가 q에서보다 빠르다. 따라서 p와 q에서 주기는 같으나 속력이 p에서가 q에서보다 빠르므로 물결파의 파장은 p에서가 q에서보다 크다.

㉢ : 물결파의 속력은 물의 깊이가 깊은 p에서가 물의 깊이가 얕은 q에서보다 크다.

04

단색광 A, B가 유리에서 굴절되어 스크린에 도달하는 경로를 그리면 그림과 같다. 유리로 입사할 때 A, B는 평행하게 진행하므로 유리에서 공기로 나와 스크린으로 향하는 A, B는 서로 평행하다.

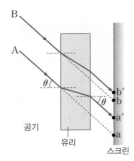

공기

유리

스크린

ㄱ : $\overline{aa'}$는 $\overline{bb'}$보다 크므로 $\overline{ab}$는 $\overline{a'b'}$보다 크다.

✗ : 공기에서 유리로 진행하는 A, B의 입사각은 같으나 유리로 굴절한 굴절각은 B가 A보다 크다. 따라서 유리에서 굴절률은 A가 B보다 크므로 유리에서 단색광의 속력은 A가 B보다 작다.

ㄷ : A가 공기에서 유리로 진행할 때 입사각을 θ라고 하면, 유리로 굴절한 각과 유리에서 공기로 진행할 때 입사각이 같고, 유리에서 공기로 굴절한 각은 θ이므로 공기에서 유리로 진행한 방향과 유리에서 공기로 진행한 방향은 나란하다. 따라서 A, B는 공기에서 유리로 진행할 때 나란하게 진행하므로 유리에서 공기로 진행할 때도 나란하게 진행한다.

05

전반사는 단색광이 굴절률이 큰 매질에서 굴절률이 작은 매질로 진행할 때 입사각이 임계각보다 크면 일어난다.

ㄱ : B에서 A로 진행할 때 굴절각이 입사각보다 크므로 단색광의 속력은 A에서가 B에서보다 크다.

✗ : B와 C의 경계면에서 전반사가 일어나고, B에서 C로 진행할 때 입사각이 θ_0이므로 B와 C 사이에서 임계각은 θ_0보다 작다.

ㄷ : B에서 A로 진행하는 빛의 일부가 반사를 하고 C로 진행할 때는 전반사가 일어났으므로 굴절률은 A가 C보다 크다. 따라서 광섬유의 코어는 굴절률이 큰 A, 클래딩은 굴절률이 작은 C로 만들어져 있다.

06

ㄱ : A에서 B로 진행할 때 굴절각이 입사각(θ)보다 크므로 굴절률은 A가 B보다 크다.

ㄴ : B에서 C로 진행할 때 굴절각이 입사각보다 크므로 굴절률은 B가 C보다 크다. 따라서 굴절률은 A가 가장 크고 C가 가장 작으므로 단색광의 속력은 C에서가 A에서보다 크다. 그러므로 단색광의 파장은 C에서가 A에서보다 크다.

✗ : θ를 증가시키면 A에서 B로 진행할 때 굴절각이 증가하므로 B에서 C로 진행할 때의 입사각은 작아지게 된다. 따라서 B에서 C로 진행할 때 입사각이 작아지면 굴절각도 작아지므로 전반사가 일어날 수가 없다.

07

ㄱ : 빛의 굴절률은 물에서가 공기에서보다 크므로 물줄기를 따라 진행하는 레이저 빛은 물줄기 속에서 전반사하면서 진행한다.

ㄴ : 광섬유 내에서 빛이 전반사하면서 진행하기 위해서는 코어의 굴절률이 클래딩의 굴절률보다 커야 한다. 따라서 광섬유의 코어는 (가)에서 물줄기에 해당한다.

ㄷ : 신체의 내부를 관찰하는 내시경은 빛의 전반사를 이용한다.

08

귀 온도계, TV 리모컨, 자동 수도꼭지에서 이용하는 공통된 전자기파는 적외선이다.

09

파장이 가장 긴 것은 라디오파이고, 진동수가 가장 큰 것은 X선이다.

ㄱ : 라디오파와 적외선은 가시광선보다 진동수가 작으며, 가시광선보다 진동수가 큰 것은 X선이다. 따라서 A는 X선으로, 병원에서 인체 내부를 검사하는 컴퓨터 단층 촬영(CT)에 이용된다.

ㄴ : 광통신에 이용되는 전자기파는 적외선이다. 따라서 B는 적외선이고, C는 라디오파이다. 파장은 라디오파가 적외선보다 크므로 진동수는 적외선인 B가 라디오파인 C보다 크다.

ㄷ : 라디오파는 원거리 무선 통신에 이용된다.

10

파동의 진행 속력은 $v = \dfrac{\lambda}{T}$이고, 마루에서 인접한 마루까지의 거리 또는 골에서 인접한 골까지의 거리가 파장이다. 전자기파는 전기장과 자기장이 진동하면서 진행하는 파동이므로 (가)에서 전자기파의 파장을 구할 수 있고, (나)에서는 전자기파의 주기를 구할 수 있다. (가)에서 전자기파의 파장은 $4x_0$이고, (나)에서 전자기파의 주기는 $2t_0$이므로 전자기파의 속력은 $\dfrac{2x_0}{t_0}$이다.

11

두 스피커에서 발생하는 소리가 중첩되어 소리가 크게 들리거나 들리지 않게 된다. 소리의 크기가 0인 지점은 상쇄 간섭이 일어나는 지점으로, 두 스피커로부터 떨어진 거리의 차가 반 파장의 홀수 배일 때이다.

ㄱ : O는 A와 B의 가운데 지점이고, A와 B를 잇는 직선과 O와 P를 잇는 직선이 수직이므로 $\overline{AP} = \overline{BP}$이다. 따라서 P에서 경로차가 0이므로 보강 간섭이 일어난다.

ㄴ : P에서는 보강 간섭이 일어나고, P에서 $+x$ 방향으로 이동하면서 소리의 크기가 점점 작아져서 0이 되는 지점은 상쇄 간섭이 일어나는 지점이다. 첫 번째 상쇄 간섭이 일어나는 지점은 A, B로부터 떨어진 거리의 차가 반 파장인 지점이다. 진동수가 f_1일 때가 f_2일 때보다 첫 번째 상쇄 간섭이 일어나는 지점이 P에서 더 가까우므로 소리의 파장은 진동수가 f_1일 때가 f_2일 때보다 작다. 따라서 진동수는 f_1이 f_2보다 크다.

✗ : O와 P를 연결한 선은 A, B로부터 떨어진 거리가 같은 지점이므로 경로차가 0이다. 따라서 O와 P 사이에 상쇄 간섭이 일어나는 지점은 없고, 보강 간섭이 일어나는 지점만 있다.

12

ㄱ : 기름막의 윗면과 아랫면에서 반사한 빛이 간섭하여 여러 가지 색으로 보인다.

✗ : P에서 파란색으로 보이는 것은 기름막의 윗면과 아랫면에서 반사한 빛이 보강 간섭 하기 때문이다.

✗ : 기름막의 두께에 따라 보강 간섭 하는 빛의 파장이 다르다. 따라서 P가 파란색으로 보이고, Q가 노란색으로 보이는 것은 P와 Q에서 기름막의 두께가 다르기 때문이다.

13

DVD에 빛을 비추면 빛이 간섭하여 밝거나 어둡게 나타난다. 이것으로부터 DVD에 기록된 정보를 읽어낸다.

ㄱ : (가)에서 a, b는 같은 피트에서 반사된 빛이므로 경로차가 없다. 따라서 경로차가 0이므로 a, b는 보강 간섭을 한다.

ㄴ : (나)에서 c, d는 상쇄 간섭을 하므로 c와 d의 경로차는 반 파장의 홀수 배이다.

ㄷ : (가)에서는 보강 간섭을 하므로 반사된 빛의 세기가 세고, (나)에서는 상쇄 간섭을 하므로 빛의 세기가 0이다.

14

두 파원으로부터 떨어진 거리의 차가 반 파장의 짝수 배인 지점에서는 보강 간섭이 일어나고, 반 파장의 홀수 배인 지점에서는 상쇄 간섭이 일어난다.

ㄱ : P는 S_1, S_2로부터 떨어진 거리가 같은 지점으로 경로차가 0이다. 따라서 보강 간섭이 일어난다.

ㄴ : R는 S_1, S_2로부터 떨어진 거리가 같은 지점으로 보강 간섭이 일어나는 지점이고, Q는 경로차가 반 파장의 홀수 배가 되는 지점으로 상쇄 간섭이 일어나 희미하게 나타난다. R에서는 물결파가 보강 간섭되어 물이 크게 진동하지만 Q에서는 물결파가 상쇄 간섭되어 물이 진동하지 않는다. 따라서 진폭은 R에서가 Q에서보다 크다.

ㄷ : Q는 두 파원으로부터 떨어진 거리의 차가 반 파장의 홀수 배인 지점으로 Q에서는 중첩되는 물결파의 위상이 서로 반대가 되어 상쇄 간섭이 일어난다.

15

광전 효과는 빛을 에너지를 가진 입자의 흐름으로 생각해야 설명할 수 있는 현상이다.

Ⓐ : (가), (나)의 고전적 예측은 빛을 파동으로 생각했을 때의 결과들이다.

Ⓑ : 광전 효과의 실제 실험 결과에서 광전자의 방출 여부와 광전자의 최대 운동 에너지에 영향을 주는 요인은 빛의 세기가 아니라 빛의 진동수이다.

Ⓒ : 광전 효과의 실제 실험 결과에서 금속에 비추는 빛의 진동수가 금속의 문턱 진동수보다 크면 비추는 빛의 세기가 아무리 약해도 광전자는 즉시 방출된다.

16

금속에서 광전자가 방출되기 위해서는 빛의 진동수가 금속의 문턱 진동수보다 커야 한다.

ㄱ : 광전 효과는 빛의 파동성으로 설명할 수 없고, 빛의 입자성으로 설명할 수 있는 현상이다.

ㄴ : 광전자가 방출되기 위해서는 전자를 금속에서 떼어내는 데 필요한 에너지보다 큰 에너지를 갖는 빛을 비추어야 한다. 따라서 광자 1개의 에너지는 금속의 일함수보다 크다.

ㄷ : 빛의 세기를 증가시켜도 방출되는 광전자의 최대 운동 에너지는 변하지 않으므로 광전자의 최대 속력은 변하지 않는다.

17

단색광을 검전기의 금속판에 비추었을 때 금속판에서 전자가 계속 방출되므로 금속박이 오므라들었다가 다시 벌어진다.

ㄱ : 단색광에 의해 금속판에서 광전자가 방출되고 있으므로 단색광의 진동수는 금속판의 문턱 진동수보다 크다.

ㄴ : (나)에서도 광전자가 계속 방출되므로 금속박이 오므라들었다가 벌어지기 시작한다.

ㄷ : (가)에서 검전기는 (−)전하를 띠고 있지만 빛을 비추어 광전자가 계속 방출되면서 금속박이 벌어졌으므로 (다)에서 검전기는 양(+)전하를 띤다.

18

금속판에 비추는 빛의 진동수가 금속판의 문턱 진동수보다 클 때 광전자가 방출된다.

ㄱ : A를 비출 때 광전자가 방출되었으므로 A의 진동수는 금속판의 문턱 진동수보다 크다. B를 비출 때는 광전자가 방출되지 않았으므로 B의 진동수는 금속판의 문턱 진동수보다 작다. 따라서 진동수는 A가 B보다 크므로 빛의 파장은 A가 B보다 작다.

ㄴ : B와 C를 같이 비출 때 광전자가 방출되는데, 이것은 C에 의해 광전자가 방출된 것이다. 따라서 C의 진동수는 금속판의 문턱 진동수보다 크므로 광자 1개의 에너지는 C가 B보다 크다.

ㄷ : B와 C를 같이 비출 때 B에 의해서는 광전자가 방출되지 않으므로 B의 세기를 증가시켜도 광전류의 세기는 증가하지 않는다.

19

광전관에 흐르는 광전류의 세기가 셀수록 광전관에 도달하는 빛의 세기가 세고, 광전관에 흐르는 광전류의 세기가 0일 때는 광전관에 도달하는 빛의 세기가 0이다. 광전류의 세기가 최대인 지점에서는 보강 간섭이 일어나고, 광전류의 세기가 0인 지점에서는 상쇄 간섭이 일어난다.

ㄱ : P에서 광전관에 흐르는 광전류의 세기가 0이므로 P에서는 상쇄 간섭이 일어난다.

ㄴ : 광전관에 도달하는 빛의 세기가 세졌다가 약해졌다 하는 것은 이중 슬릿을 통과한 빛이 간섭을 일으키기 때문이다. 이와 같은 빛의 간섭 현상은 빛의 파동성으로 설명할 수 있다.

ㄷ : 광전관에 흐르는 광전류의 세기는 광전관에 도달하는 빛의 세기에 비례한다. 광자의 수가 많을수록 빛의 세기가 세다. 광전류의 세기는 Q에서가 R에서보다 크므로 광전관에 도달하는 광자의 수는 Q에서가 R에서보다 많다.

20

광 다이오드에 비추는 빛에너지가 띠 간격보다 클 때 광 다이오드에 전류가 흐른다.

ㄱ : 광 다이오드에 특정한 진동수 이상의 빛을 비추면 전자−양공 쌍이 생성되어 전류가 흐른다. 이것은 금속에 빛을 비추어 전자가 방출되는 광전 효과와 같은 현상이므로 빛의 입자성을 이용한 것이다.

ㄴ : 빛에 의해 p-n 접합면에 전자−양공 쌍이 생성된다. 양공은 n형 반도체 → p형 반도체 방향으로 이동하고, 전자는 p형 반도체 → n형 반도체로 이동하므로 저항에 흐르는 전류의 방향은 a → 저항 → b 방향이다.

ㄷ : (나)에서 빛의 파장이 1.4 μm일 때 광 다이오드의 수광 감도는 0이므로 광 다이오드에 전류가 흐르지 않는다. 즉, 광 다이오드의 띠 간격은 파장이 1.4 μm인 빛의 광자 1개의 에너지보다 크다.

21

㉠ : 데이비슨과 거머의 실험에서 니켈 결정에서 반사된 전자가 특정한 각도에서 최대로 관측되는 것과 같이 파동인 X선을 이용한 실험에서도 같은 결과를 얻었으며, 이를 통해 전자의 파동성이 입증되었다.

㉡ : 전자를 이용한 실험과 X선을 이용한 실험에서 같은 각도에서 최대로 관측되었으므로 전자총에서 54 V로 가속된 전자의 물질파 파장은 X선의 파장인 λ_0과 같다.

✗ : 니켈 결정에서 반사된 전자들이 특정한 각도에서 최대로 관측되었다는 것은 특정한 각도로 반사한 전자의 물질파가 보강 간섭 하였기 때문이다.

22

그림과 같이 A에서 B로 진행할 때 입사각은 굴절각보다 크고, A에서 C로 진행할 때 입사각은 굴절각보다 작다.

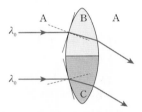

㉠ : A에서 B로 진행할 때 입사각은 굴절각보다 크므로 굴절률은 A가 B보다 작다. 따라서 단색광의 속력은 B에서가 A에서보다 느리므로 B에서 단색광의 파장은 λ_0보다 작다.

✗ : A에서 C로 진행할 때 입사각은 굴절각보다 작으므로 굴절률은 A가 C보다 크다.

✗ : A의 굴절률은 B의 굴절률보다 작고, C의 굴절률보다는 크다. 따라서 굴절률은 B가 C보다 크다. 빛의 속력은 굴절률에 반비례하므로 단색광의 속력은 B에서가 C에서보다 작다.

23

그림과 같이 A가 Ⅱ에서 Ⅰ로 진행할 때 입사각은 30°이고, 굴절각은 60°이다. P를 향해 진행하는 B의 입사각은 P에서 60°이다.

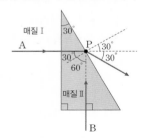

㉠ : A가 P에서 굴절할 때 굴절각이 입사각보다 크므로 단색광의 속력은 Ⅰ에서가 Ⅱ에서보다 크다. 따라서 단색광의 파장은 Ⅰ에서가 Ⅱ에서보다 크다.

㉡ : Ⅰ, Ⅱ의 굴절률을 각각 $n_{\rm I}$, $n_{\rm II}$라 하고, A가 P에서 굴절할 때 굴절 법칙을 적용하면 $n_{\rm II}\sin30° = n_{\rm I}\sin60°$이므로 Ⅰ에 대한 Ⅱ의 굴절률은 $\dfrac{n_{\rm II}}{n_{\rm I}} = \sqrt{3}$이다.

㉢ : B가 P에 입사하는 각은 60°이고, 굴절각을 θ라고 가정하면 $n_{\rm II}\sin60° = n_{\rm I}\sin\theta$에서 $\dfrac{n_{\rm II}}{n_{\rm I}} = \sqrt{3}$이므로 $\sin\theta = \dfrac{3}{2}$이어야 한다.

$\sin\theta$는 1보다 클 수 없으므로 B는 P에서 굴절하지 않고 전반사한다.

24

단색광이 매질 Ⅰ에서 매질 Ⅱ로 진행할 때 입사각이 굴절각보다 크므로 굴절률은 Ⅱ가 Ⅰ보다 크다.

㉠ : 단색광의 굴절률은 Ⅰ에서가 Ⅱ에서보다 작으므로 단색광의 속력은 Ⅰ에서가 Ⅱ에서보다 크다. 따라서 A의 파장은 Ⅰ에서가 Ⅱ에서보다 크다.

✗ : 빛은 광섬유의 코어를 따라 전반사하며 진행하므로 코어의 굴절률은 클래딩의 굴절률보다 크다. 따라서 광섬유의 코어는 매질 Ⅱ이다.

✗ : (나)에서 입사각이 같을 때 굴절각은 B가 A보다 크므로 Ⅰ에 대한 Ⅱ의 굴절률은 A가 B보다 크다. 따라서 Ⅰ과 Ⅱ 사이에서 임계각은 A가 B보다 작다. 공기에서 광섬유의 코어로 진행하는 단색광의 입사각이 클수록 코어와 클래딩의 경계면에 입사하는 각이 작아지게 된다. θ_m은 코어와 클래딩 사이에서 임계각이 작을수록 크다. Ⅰ과 Ⅱ 사이에서 임계각은 A가 B보다 작으므로 코어와 클래딩의 경계면에서 전반사가 일어날 수 있는 입사각의 최댓값 θ_m은 A일 때가 B일 때보다 크다.

25

A, B가 매질 Ⅰ에서 매질 Ⅱ로 진행할 때 굴절각은 같으나 입사각은 B가 A보다 크다.

㉠ : 단색광이 Ⅰ에서 Ⅱ로 진행할 때 입사각이 굴절각보다 크므로 굴절률은 Ⅱ가 Ⅰ보다 크다.

✗ : Ⅰ에서 Ⅱ로 진행할 때 굴절각은 같지만 입사각은 B가 A보다 크므로 Ⅰ에 대한 Ⅱ의 굴절률은 B가 A보다 크다. 따라서 Ⅰ과 Ⅱ 사이에서 임계각은 B일 때가 A일 때보다 작다.

✗ : Ⅰ과 Ⅱ 사이에서 임계각은 B일 때가 A일 때보다 작으므로 전반사한 빛은 B이다.

26

점이 보이지 않는 것은 유리에서 공기로 진행할 때 전반사가 일어나기 때문이다.

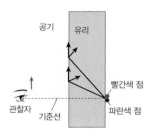

✗ : 빛의 진동수는 매질이 달라져도 변하지 않는다. 빨간 빛의 진동수는 공기에서와 유리에서가 같다.

㉡ : 유리에서 공기로 진행하는 빨간색 빛과 파란색 빛의 입사각이 같을 때 굴절각은 파란색 빛이 빨간색 빛보다 크므로 유리에서 굴절률은 파란색 빛이 빨간색 빛보다 크다. 따라서 유리에서 빛의 속력은 빨간색 빛이 파란색 빛보다 크다.

㉢ : 점이 보이지 않는 높이가 빨간색 점이 파란색 점보다 높으므로 유리에서 공기로 진행할 때 임계각은 빨간색 빛일 때가 파란색 빛일 때보다 크다.

27

두 점파원으로부터 떨어진 거리의 차가 반 파장의 짝수 배일 때 보강 간섭, 반 파장의 홀수 배일 때 상쇄 간섭이 일어난다.

ㄱ : P, Q는 S_1로부터 떨어진 거리가 같은 지점이므로 동일한 위상으로 진동한다.

ㄴ : P에서 경로차는 $|\overline{S_1P} - \overline{S_2P}| = |r - 5r| = 4r$이고, Q에서 경로차는 $|\overline{S_1Q} - \overline{S_2Q}| = |r - 3r| = 2r$이다. S_1로부터 r만큼 떨어진 지점 중에서 보강 간섭이 일어나는 지점은 P, Q 뿐이므로 Q에서의 경로차와 P에서의 경로차의 차는 파장이다. 즉, 물결파의 파장은 $4r - 2r = 2r$이다.

ㄷ : 물결파의 파장은 $2r$이고, P에서 경로차는 $4r$, Q에서 경로차는 $2r$이므로 S_1로부터 r만큼 떨어진 지점 중에서는 S_1, S_2로부터 떨어진 거리의 차가 $3r$인 지점은 두 곳이 있다. 경로차가 $3r$인 지점은 반 파장의 홀수 배이므로 상쇄 간섭이 일어난다. 따라서 S_1로부터 r만큼 떨어진 지점 중에서 상쇄 간섭이 일어나는 지점은 두 곳이다.

28

ㄱ : 금속판의 문턱 진동수가 f_0이므로 금속의 일함수는 hf_0이다.

ㄴ : 광전류의 세기는 비추는 빛의 세기가 셀수록 크다. A, B의 진동수는 금속판의 문턱 진동수보다 크므로 광전자가 방출되며, 빛의 세기는 B가 A보다 크므로 광전류의 세기는 B를 비출 때가 A를 비출 때보다 크다.

ㄷ : 광전자의 최대 운동 에너지는 비춘 광자의 에너지에서 금속판의 일함수를 뺀 값이다. 금속판의 일함수는 hf_0이고, A, B의 광자 1개의 에너지는 각각 $2hf_0$, $3hf_0$이므로 A를 비춘 경우 광전자의 최대 운동 에너지는 $2hf_0 - hf_0 = hf_0$이고, B를 비춘 경우 광전자의 최대 운동 에너지는 $3hf_0 - hf_0 = 2hf_0$이다. 따라서 광전자의 최대 운동 에너지는 B를 비출 때가 A를 비출 때의 2배이다.

29

질량이 m, 속력이 v인 입자의 물질파 파장은 $\lambda = \dfrac{h}{mv}$이다.

ㄱ : 전자는 음(−)전하를 띠며, 전자가 A에서 B로 갈 때 속력이 증가하므로 A는 (−)극, B는 (+)극에 연결되어 있다. 따라서 직류 전원 장치의 단자 a는 (−)극이다.

ㄴ : 전자는 A와 B 사이에서 등가속도 직선 운동을 하고, A를 통과한 직후의 속력은 v, B를 통과한 직후의 속력은 $3v$이므로 A에서 B까지 운동하는 동안 평균 속력은 $2v$이다. 따라서 A에서 B까지 운동하는 데 걸린 시간은 $\dfrac{d}{2v}$이다.

ㄷ : 전자의 속력은 B를 통과한 직후가 A를 통과한 직후의 3배이므로 전자의 물질파 파장은 A를 통과한 직후가 B를 통과한 직후의 3배이다.

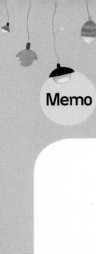

Memo

최신 교재도, 지난 교재도 한눈에!
EBS 공식 네이버 스마트스토어!

EBS
북스토어
OPEN

EBS 북스토어 🔍

https://smartstore.naver.com/ebsmain

수학의 왕도

수학 (상)

새 교과서, 새 수능 대비 EBS 수학 기본서

"국내 최대 1268문항"

개념을 시각화 했습니다. 한눈에 쏙!
591문항으로 개념다지기 누구나 할 수 있습니다.
기초에서 고득점으로 계단식 구성으로 "저절로 쏙~"

신유형·고득점문제
실력 문제
기본 문제
대표 문제
개념 문제

2015
개정
교육과정

EBS